누구나 탐내는
실전 보고서

기획 및 보고서 작성 노하우에서
구두보고, 프레젠테이션 실전 기법까지
누구나 탐내는 실전 보고서

1판 1쇄 발행 2016년 7월 15일
1판 6쇄 발행 2020년 9월 15일

지은이 이윤석
펴낸이 송준화
펴낸곳 아틀라스북스
등 록 2014년 8월 26일 제399-2017-000017호

기획편집총괄 송준화
마케팅총괄 박진규
디자인 김민정

주소 (12084) 경기도 남양주시 청학로 78 812호(스파빌)
전화 070-8825-6068
팩스 0303-3441-6068
이메일 atlasbooks@naver.com

ISBN 979-11-950696-7-5 (13320)
값 17,000원

저작권자 ⓒ 이윤석 2016~2020
이 책의 저작권은 저자에게 있습니다. 서면의 의한 저자의 허락없이
내용의 일부를 인용하거나 발췌하는 것을 금합니다.

이 도서의 국립중앙도서관 출판시도서목록(CIP)은 서지정보유통지원시스템 홈페이지
(http://seoji.nl.go.kr)와 국가자료공동목록시스템(http://www.nl.go.kr/kolisnet)에서
이용하실 수 있습니다.(CIP제어번호 : CIP2016015649)

*이 책의 일부 내용에는 네이버에서 배포한 나눔글꼴이 사용되었습니다.

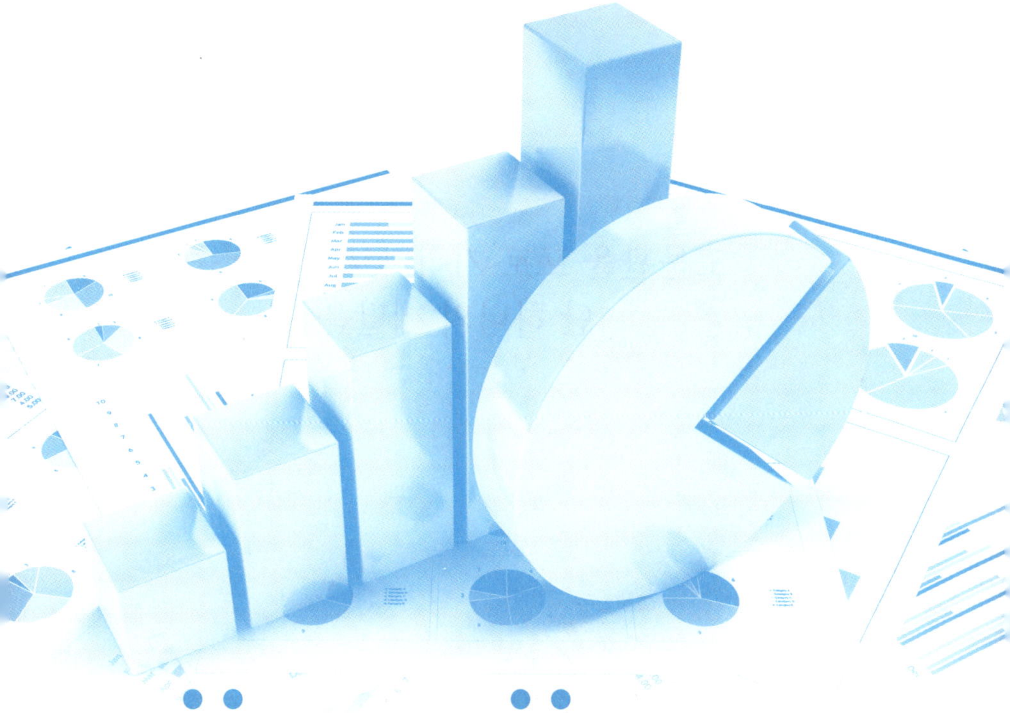

누구나 탐내는 실전 보고서

기획 및 보고서 작성 노하우에서 구두보고,
프레젠테이션 실전 기법까지

이윤석 지음

아틀라스북스

프롤로그

고문관을 프로 기획자로 만들어준
단 하나의 깨달음

20여 전 필자는 학군 장교로 입대해 사단의 인사행정 장교로 근무하고 있었다. 당시 필자가 만난 첫 번째 상사는 구두보고의 달인이었다. 필자가 문서를 만들고 있으면 빨리 달라고 재촉해서 작성이 끝나자마자 결재판에 끼워 사단장실로 달려갔고, 문서도 거의 안 본 상태에서 사단장님에게 구두로 설명한 뒤 곧바로 '결재 하시지요'라는 멘트를 날렸다. 그러면 신기하게도 그때마다 사단장님께서 흔쾌히 결재를 해주시곤 했다. 일처리가 이렇게 잘 이루어지다 보니 솔직히 필자는 '내가 일 좀 하나?' 하는 착각에 빠져 있었다.

그런데 어느 날 그 상사가 다른 부대로 전근을 가고 새로운 상사가 부임했다. 그 상사는 전 군에 무섭고 까탈하기로 소문이 난 사람이었다. 아니나 다를까 필자는 그 상사가 부임한 이후 2개월 동안 하루도 빠짐없이 질책을 당했다. 요즘 말로 멘붕이었고, 필자가 일을 꽤나 잘하는 사람이 아닌 '고문관'이었다는 사실이 드러나는 순간이었다. 그 상사는 필자가 보고를 하러 들어가면 빨간 펜을 꺼내 보고서에 난도질하기 일쑤였고, 난도질을 하다가 무서운 표정으로 이렇게 묻는 일이 다반사였다.

"이건, 왜 이래?"

그 질문에 필자가 쩔쩔매면서 "아… 육군규정에서 봤는데… 확… 확인해서 보고 드리겠습니다" 하고 버벅대면, 상사 입에서는 여지없이 "야! 이 사병 같은 놈아!"라는 욕지거리가 튀어나왔다. 장교인 필자에게는 사병과 같다는 말이 부끄럽게 생각될 수밖에 없었다. 매일 밤 '군대생활 대충 때우고 사회 나가서 잘할까? 그런데 군대에서도 못하면 사회에서는 더 못할 것 아닌가?' 등의 고민을 해보았지만 뚜렷한 답을 얻을 수 없는 시간이 이어졌다. 그러던 어느 날 문득 이렇게 마음을 고쳐먹었다.

'내 기필코 저 인간에게 인정을 받으리라.'

물론 그렇다고 현실이 쉽게 바뀌지는 않았다. 그러던 어느 토요일 오후, 필자는 모두 퇴근한 사무실에서 창밖을 내다보다가 갑자기 이런 생각이 떠올랐다.

'그래, 보고는 문서를 작성하는 내가 하는 것이 아니라, 상사가 사단장님 앞에서 하는 거잖아!'

그러고 나서 필자는 그때까지 한 번도 생각해본 적이 없던, '상사가 사단장님에게 보고하는 장면'을 떠올려보기로 했다. 예전에 필자가 작성한 문서를 보면서 보고장면을 구체적으로 상상해보았다. 그제야 필자가 참 보고하기 어렵게 문서를 써놓았다는 사실을 처음 알았다. 얼굴이 화끈거렸다. 그동안 가졌던 '참 나쁜 상사구나'라는 생각이 '결국 내가 문제였다'라는 인식으로 바뀌었다. 이런 깨우침을 얻고 나서 필자는 '상사가 사단장님에게 보고하는 모습을 구체적으로 그리면서' 월요일 아침에 상사에게 제출할 보고서를 한 줄 한 줄 다시 작성해보기로 했다. 사단장님과 상사가 진짜로 필자 앞에 있다고 상상하면서 말이다. 상사의 얼굴, 사단장님의 얼굴, 그분들의 성격과 경험·지식 등을 리얼하게 상상해보았다.

'이건 보병 출신 사단장님이 이해하기 쉽지 않겠는데… 좀 더 쉬운 말을 사용하자.'

'이건 분명히 근거를 물어보시겠지? 그럼 근거를 별도로 기록하고….'

'이건 근거가 애매한데… 그래 사단 내규에 비슷한 것이 있었지.'

이렇게 한 장면 한 장면을 리얼하게 떠올리며 작성하다 보니 비로소 그 동안 '상사가 내게 물어본 것'이 결국 '사단장님이 상사에게 물어볼 만한 것'이라는 사실을 알게 되었다. 근거는 보고서에 적고, 질문들의 답은 수첩에 적었다.

그리고 월요일 아침, 작은 기적이 일어났다. 필자가 보고서를 상사에게 펼쳐 보이자 상사는 여느 때와 마찬가지로 빨간 펜을 꺼내 들었다. 그런데 보고서를 다 읽을 때까지 상사는 빨간 선을 한 줄도 긋지 않았다. 그러고는 이렇게 물었다.

"됐네. 그런데 이건 근거가 뭐야?"

필자는 여유 있게 미리 수첩에 적어놓은 내용을 보고했다.

"육군규정 ○○조 ○○항에 의해 그렇게 됩니다."

"그럼 이건?"

"네, 그건 명확한 규정이 없어서 사단 내규 ○○조 ○○항을 준용했습니다."

이렇게 모든 질문에 술술 답변을 마친 뒤, 필자는 상사에게서 처음으로 이런 이야기를 들었다.

"수고했어!"

그 뒤 전역하기까지 2년 동안 필자가 혼날 일은 생기지 않았고, 전역하는 날에는 그 상사가 개인 돈으로 밥을 사주기도 했다. 전역 후 필자는 대학원, 대기업, IT회사, 인터넷 플랫폼 서비스회사, 게임회사 등 다양한 조직에서 경험을 쌓았고, 그런 경험을 토대로 32세 때는 책을 냈고, 34세 때는 상장회사의 팀장이 될 수 있었다. 이처럼 필자가 남들보다 빠르게 직급이 오르고 높은 연봉을 받을 수 있었던 것은 모두 군 시절에 얻은, 이 한마디의 깨달음 덕분이었다.

'내 업무나 보고서가 최종적으로 소비되는 장면을 리얼하게 상상하라.'

여기서 '리얼'이란 '눈앞에 선명하게 그려지는 수준'을 의미한다. 필자는 20여 년간 대규모 조직에서 근무하면서 이것을 깊게 고민하는 사람을 많이 보지 못했다. 만약 여러분이 여기서 책을 덮는다면 이 한마디라도 꼭 기억해주기를 부탁한다. 여러분이 조직에서 일을 하거나 인정을 받는 데 있어서 이보다 중요한 사항은 없기 때문이다.

이 책은 철저히 '실전'이라는 콘셉트에 맞춰 기술되었다. 그동안 기획이나 보고, 보고서와 관련된 다양한 책들이 나왔지만 늘 아쉬움이 있었다. 화려한 도식이나 내용을 보여주기는 하지만 막상 실전에 써먹기 어려운 경우가 많고, 우리 상황과는 맞지 않는 번역서도 많았다. 또 기획이나 콘셉트 수립, 1페이지 보고서, 파워포인트 보고서, 보고법 중에서 특정 한 가지 측면만을 다루는 책들도 많았다. 한마디로 실무자들이 '실전에서 써먹기 어려운' 책들이 상당수였다.

이 책은 위와 같은 측면을 고려해 '기획(입체적 상황분석, 원인분석, 문제해결·창의적 발상) → 문서(보고서, 기획서, 사업계획서, 이메일 등) 작성 → 실전 보고법(문서보고, 구두보고, 프레젠테이션)'에 이르는 전 과정을 체계적으로 다루려고 노력했다. 또 현장에서 실제 써먹기 어려운 것들은 과감히 빼고 가능한 한 실전 팁 위주로 구성하려고 노력했다.

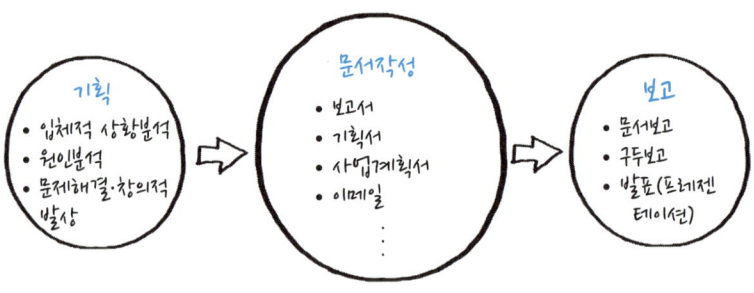

필자가 2009년에 쓴 책 《최강의 보고법》이 많은 사람의 사랑을 받아 크레듀, 휴넷 등의 e-러닝 콘텐츠 인기과정이 되었고, 기업이나 관공서 등의 요청을 받아 강의한 덕분에 수만 명의 수강자들이 그 책의 내용을 접했다. 이 책은 그로부터 6년 동안 필자가 강의한 내용과 직접 업무에 적용해가며 터득한 내용들을 추가로 반영함으로써 보다 짜임새 있는 내용을 갖출 수 있게 되었다.

'기획과 보고'는 '업무의 종합예술'이라고도 볼 수 있다. 선배들이 작성해놓은 멋진 보고서 틀만 가지고는 좋은 콘셉트와 내용을 만들 수 없으며, 좋은 콘셉트와 내용이 있더라도 이것을 문서로 만드는 기술이 없다면 말만 잘하는 사람이 될 가능성이 많다. 또한 문서가 아무리 좋아도 설명을 잘못하면 보고에 실패할 확률이 높다. 기획이나 보고업무를 성공적으로 하려면 다양한 이해관계자의 욕구나 석성들을 역지사지하고, 이것을 바탕으로 생각정리부터 문서작성, 발표기술까지를 종합적으로 활용해야 한다. 이 책은 바로 그런 종합적인 역량을 강화하는 기술과 노하우를 담고 있다.

이 책은 꼭 처음부터 읽지 않아도 좋다. 당장 필요한 부분부터 읽고 활용하면 된다. 특히 1페이지 보고서, 파워포인트 보고서가 두려운 독자들에게 큰 도움이 될 것이다. 이 책에서 제시하는 포인트들을 자신의 업무에 응용해 활용한다면 누구나 기획 및 보고서의 달인이 될 수 있다. 이 책이 통찰력, 창조력, 판단력이 중시되는 21세기 업무환경에서 독자들이 생존하고 성공하는 데 도움이 되기를 바란다.

이윤석

차례

프롤로그_ 고문관을 프로 기획자로 만들어준 단 하나의 깨달음 4

Part 1_ 기획 및 문제해결 역량 높이기

1장 보고의 출발점, 입체적 상황분석

01 보고서의 최종 소비자에게 눈높이를 맞춰라 18
최종 소비자를 고려한 5가지 보고서 작성원칙 18 / 보고서가 소비되는 최종 장면을 리얼하게 상상하는 방법 20 / 막힘없이 보고서를 쓰기 위한 3가지 핵심 조건 21

02 상사의 입장을 입체적으로 분석하는 방법 24
보고서는 결국 통하기 위한 수단 24 / 입체적 상황분석의 핵심은 역지사지 26 / 주니어의 보고 대 시니어의 보고 27

03 입체적 상황분석을 위한 핵심기술 31
상사의 마음을 파악하기 위한 5가지 질문 31 / 다양한 대안 제시를 위한 경우의 수 분석방법 35 / 이해관계자 상황분석을 위한 3가지 요건 37 / 업무현장에서 입체적 상황분석 역량을 높이는 방법 40

2장 보고의 틀을 잡아주는 근본원인 파악 및 전략수립 기술

01 문제를 문제로 인식하는 사고의 기술 44
문제를 발견하지 못하는 근본적인 이유 44 / 문제의 주인의식을 높이는 3가지 요소 45

02 문제해결의 3단계 사고(근본원인 파악 기술) 47
현상에 바로 대안을 붙이는 초보 기획자의 2단계 사고 47 / 기획 고수의 3단계 사고 48 / 업무현장에서 3단계 사고구조를 활용하는 방법 51 / 근본원인 분석 도구 활용을 위한 실전 팁 57

03 문제해결에 필요한 전략적 사고의 핵심 59

전략의 의미 59 / 란체스터 법칙으로 배우는 전략의 실질적인 의미 61 / 전략의 핵심은 '시간-공간-에너지' 3가지 요소의 조합 63 / 손자병법으로 배우는 전략의 핵심요소 65 / 일 잘하는 사람들의 공통적인 특성 68 / 80:20 법칙과 전략적 사고의 조합 69 / 문제해결의 열쇠는 변수의 단순화 71 / 퀵 윈(Quick Win) 과제에 집중하라 73

04 보고의 리스크를 줄여주는 시뮬레이션과 시나리오 기법 76

시뮬레이션 사고를 보고에 활용하는 방법 76 / 미래예측을 돕는 시나리오 기법 81 / 실제 업무에 시나리오 기법을 활용하는 방법 85

3장 창조적 발상과 문제해결을 위한 업무의 기술

01 일 잘하는 사람들의 공통점, 몰입과 상황인정 88

몰입은 기획력과 커뮤니케이션 능력을 높이는 공통역량 88 / 뇌를 항상 깨어 있게 만드는 몰입의 힘 89 / 몰입상태에 쉽게 들어가게 해주는 실전 팁 91 / 몰입을 통해 상황을 인정하고 핵심에 집중하는 방법 92

02 문제해결과 대안 제시를 돕는 창조적 발상법 96

정보수집은 창조적 발상의 출발점 96 / 제임스 웹 영의 5단계 창조적 발상법 98 / 중용으로 배우는 창조적 발상법 99 / 업무에서 성과를 내는 8단계 발상법 103 / 대안을 성과로 연결하는 데 필요한 2가지 관점 106

03 회의의 효과를 높이는 방법 109

회의의 목적은 다양한 정보와 관점을 확보하는 것 109 / 회의는 정반합의 변증법을 활용한 문제해결 기술 110 / 논의의 빈틈을 메워주는 이슈토의 목록 작성법 112 / 협업과 프로젝트 업무의 효과를 높이는 회의록 작성법 113

04 효율적인 정보수집과 문서관리를 위한 실전 노하우 116

일의 히스토리를 파악하는 방법 116 / 폴더 및 자료 구조화의 효과를 높이는 실전 팁 118 / 업무실수를 막아주는 문서파일명 관리 실전 팁 120 / 업무 관련 자료를 효과적으로 스크랩하는 실전 노하우 122

05 지식과 발상의 체계를 세워주는 독서의 기술 125

정보화 시대에서의 독서의 의미 125 / 누구나 따라 할 수 있는 빠르고 쉬운 독서법 126 / 발상력을 높여주는 독서카드 작성법 128 / 깊이 있는 정보수집을 위한 주제별 추적조사법 131

Part 2_ 보고서 작성수준 높이기

4장 1페이지 보고서 작성의 핵심기술

01 1페이지 보고서의 핵심은 간결·명료한 스토리라인 136
　보고서에 대한 고정관념 136 / 1페이지 보고서의 질과 양을 확보하는 일석이조 효과 137

02 핵심 스토리라인과 첨부자료를 구분·연결하는 기술 138

03 보고서 제목의 효과를 높이는 방법 143

04 상사의 추상적인 지시를 구체화하는 방법 146

05 주요 내용이 누락되지 않도록 목차를 구성하는 방법 149

06 문장을 효과적으로 압축하는 기술 158

07 표와 텍스트를 효과적으로 조합하는 방법 162
　표 대신 간단한 콘셉트 이미지를 활용하는 방법 166

08 결론과 실행방안을 구체적으로 제시하는 방법 168

09 보고서의 균형미를 살려주는 넘버링 활용법 170

10 보고서 작성 시 빼먹기 쉬운 요소들 173

11 1페이지 보고서 유형별 샘플 176
　제도 도입 보고서 177 / 제안형 보고서 178 / 계획보고서 179 / 결과보고서 ① 180 / 결과보고서 ② 181 / 현황·이슈에 대한 개선방안 보고서 182 / 진행사항 보고서 183 / 사업제안서 183

12 디테일을 살려주는 1페이지 보고서 점검방법 185

5장 공문(기안문·시행문) 작성의 핵심기술

01 업무 관련 문서의 유형과 성립요건 194
기준 1_ 작성주체에 따른 구분 195 / 기준 2_ 문서유통에 따른 구분 195 / 기준 3_ 문서성격에 따른 구분 196 / 문서의 성립요건 198

02 결재의 의미와 종류 200
결재의 의미와 방법 200 / 결재의 종류 201

03 공문(기안문·시행문)의 의미 203
기안문과 시행문 203 / 기안문과 품의서 203

04 기안문 작성 시 꼭 알아야 할 표기법 205
기안문(공문)을 쉽고 빠르게 작성하게 해주는 실전 팁 207

6장 품의서 작성의 핵심기술

01 품의서의 의미와 활용방법 218
품의서의 정확한 의미 218 / 품의서의 효과적인 활용사례 219

02 품의서 구성요소별 작성방법 220

7장 이메일 보고서 작성의 핵심기술

01 이메일은 매우 중요한 업무수단 226
업무수단으로서의 이메일의 가치 226 / 이메일의 3가지 강점 227 / 이메일을 잘 쓰기 위해 깨야 할 고정관념 228

02 이메일의 효과적인 활용방법 230
지시문서에 활용 230 / 협조문서에 활용 232 / 회의록에 활용 232 / 협상문서에 활용 233 / 공지문에 활용 234 / 이메일 활용수준을 높여주는 실전 팁 235

8장 사업계획서 작성의 핵심기술

01 사업계획서의 구조와 구성요소 244
사업계획서의 정의와 유형 244 / 사업계획의 4가지 구성요소 245

02 잘 작성된 사업계획서의 2가지 핵심요건 250
사업내용의 즉각적인 이해가 가능 250 / 충분한 자료수집과 분석 251

03 사업계획서 작성방법 253

9장 파워포인트 보고서 작성의 핵심기술

01 화려한 도식보다는 스토리에 집중하라 260

02 파워포인트 보고서 작성의 핵심원칙 263
파워포인트 보고서 작성의 첫 단계는 스토리 구성 263 / 파워포인트 보고서 작성의 기본 프로세스 264 / 보고서의 소비대상에 따른 꾸미기 수준 267

03 헤드메시지(헤드라인)의 효과적인 활용방법 268

04 1페이지 보고서를 파워포인트 보고서로 쉽게 전환하는 방법 272

05 파워포인트 보고서 작성속도를 높여주는 5가지 패턴 280
박스 패턴 281 / AS-IS, TO-BE 패턴 283 / 도형 패턴 285 / 표 패턴 285 / 그래프 패턴 289

06 있어 보이는 보고서로 만들어주는 실전 편집 팁 291
가로 폭 넓히기 291 / 표의 선 연하게 하기와 선 지우기 294 / 자주 쓰는 글꼴의 유형 296 / 상단 선 긋기와 헤드메시지 297 / 색감은 단순하게 300 / 기본제공 양식은 절대 쓰지 마라 301

07 시각적인 자료를 효과적으로 활용하는 방법 302
메시지에 적합한 자료를 선택 303 / 비교유형을 강조하는 그래프를 선택 304 / 시각적인 자료를 활용할 때 고려해야 할 사항 306

Part 3 실전 보고 및 프레젠테이션 역량 높이기

10장 보고서의 효과를 극대화하는 최강의 보고법

※ 실전 보고 셀프 체크 리스트 310

01 보고대상에 따라 달라지는 보고의 기술 313

02 보고 전에 반드시 고려해야 할 사항들 317
가장 효과적인 보고방식의 선택 317 / 보고대상자의 상황에 따른 효과적인 보고시점 319 / 각종 커뮤니케이션 도구의 효율적인 활용방법 323 / 상사의 성격분석에 따른 효과적인 보고패턴 328

03 구두보고의 효과를 높이는 실전 노하우 331
보고로 인정받는 2가지 유형 331 / 구두보고를 잘하는 방법 332

04 보고상황 시뮬레이션부터 보고 메시지 작성까지 335
보고상황에 대한 사전 시뮬레이션 방법 335 / 보고 메시지 작성을 위한 2가지 고려사항 337 / 보고 메시지의 4가지 기본요건 339

05 커뮤니케이션의 오류를 줄여주는 메모의 기술 341
메모습관으로 얻을 수 있는 이점 341 / 메모의 효과를 높여주는 실전 팁 342

06 실전에서 가장 중요한 중간보고의 핵심기술 346
중간보고는 잽이다 346 / 중간보고의 효과를 높이는 실전 팁 349

07 간트차트를 활용한 중간보고의 기술 353
간트차트는 프로젝트 관리기법의 핵심도구 353 / 엑셀 프로그램으로 간트차트를 쉽게 만드는 방법 355

11장 프레젠테이션의 핵심기술

01 **3P 분석은 프레젠테이션 성공의 필수조건** 360

02 **프레젠테이션은 자신감이 절반이다** 363

03 **프레젠테이션 시나리오를 쉽게 작성하는 방법** 365

04 **강한 몰입도를 유도하는 아이컨택 기술** 367

05 **보디랭귀지의 효과적인 활용방법** 370
   보디랭귀지의 강력한 메시지 전달력 370 / 보디랭귀지의 효과를 높이는 방법 371

06 **박수를 받고 시작하는 프레젠테이션 인사법** 373

07 **긴장감을 줄여주는 프레젠테이션 실전 노하우** 375
   발성과 발음을 잡아주는 아에이오우 훈련법 375 / 긴장하지 않고 말의 속도를 조절하는 방법 377 / 프레젠테이션 현장에서 긴장감을 줄이는 방법 377 / 프레젠테이션 시 청중의 반응을 확인하는 방법 379

에필로그 380

※ 아틀라스북스 공식 블로그(http://blog.naver.com/atlasbooks)에 들어오시면 이 책에 수록된 보고서 등의 문서양식을 다운로드 받으실 수 있습니다.

Part 1_ 기획 및 문제해결 역량 높이기

1장

보고의 출발점, 입체적 상황분석

001 보고서의 최종 소비자에게 눈높이를 맞춰라

● The Total Solution for Reports

최종 소비자를 고려한 5가지 보고서 작성원칙

보고서 작성은 단순히 문서를 만드는 기술이 아니다. 논리적 사고로 자신의 생각을 정리해서 상대에게 전달할 중요한 메시지를 만들고, 그 메시지를 상대방이 가장 쉽게 이해할 수 있는 방식으로 문서에 담는 과정이다. 보고서를 작성하라고 하면 대부분의 초심자들이 화려한 도형과 디자인에 정신이 팔리는 경우가 많다. 그러나 진정한 보고서 작성능력이란 상사든 외부 이해관계자든 '보고서의 최종 소비자'가 쉽고 빠르게 이해하고 공감할 수 있도록 하는 능력을 말한다. 최종 소비자를 고려한 보고서 작성의 5가지 원칙은 다음과 같다. 참고로 이러한 원칙들은 보고서뿐만 아니라 대부분의 비즈니스 문서에 공통적으로 적용된다.

1 관점 전환

보고서를 만들 때는 내 입장이 아닌, 보는 사람이나 의사결정권자의 입장에서 만들어야 한다. 즉, '보고서를 보는 사람이 느끼는 감정'을 상상하면서 만들어야 한다는 의미다.

2 일관된 논리와 문서의 구조화

보고서는 시작부터 끝까지 일관된 논리에 따라 작성해야 한다. 또한 보고서의 논리적 근거를 뒷받침하는 규정, 방침, 정보, 통계 등을 잘 이해하고 있어야 하며, 이것들을 기반으로 보고서를 작성해야만 논지를 강하게 전달할 수 있다. 특히 목차부터 정해서 일정한 얼개로 문서를 구조화하면 논지가 더욱 명확해질 뿐만 아니라 작성속도도 빨라진다.

3 쉬운 용어

보고서는 쉬운 용어를 사용해서 작성해야 한다. 특히 보고서를 읽는 사람의 지식수준을 생각해야 한다. 용어가 이해하기 쉬울수록 보고의 성공확률이 올라간다.

4 간결·명료함

보고서는 간결·명료하게 작성해야 한다. 비즈니스 문서는 논문이 아니다. 특히 의사결정권자가 보고서를 통해 빠른 의사결정을 할 수 있도록 하려면 핵심주제가 빠르게 눈에 쏙 들어오도록 작성해야 한다.

5 균형미

보고서는 읽는 사람 입장에서 눈에 잘 들어오도록 '아름답게' 작성해야 한다. 이것은 보고서를 화려하게 꾸미라는 것이 아니라, 문서의 '균형미'를 갖추어야 한다는 의미다. 예를 들어 행간이나 내용물의 배치를 보기 편하게 구성하고, 보고내용을 뒷받침하는 도표나 그래프, 그림 등을 활용하면 보고서가 좀 더 충실해지면서 상대가 이해하기도 쉬워진다.

보고서가 소비되는 최종 장면을 리얼하게 상상하는 방법

프롤로그에서 밝혔듯이 필자를 고문관에서 프로 기획자로 만들어준, 가장 큰 깨달음은 바로 이것이다.

'내 업무(보고서)가 소비되는 최종 장면을 리얼하게 상상하라.'

이 상상의 깊이에 따라 보고서 작성능력뿐만 아니라 기획역량에서도 차이가 생긴다. 이와 관련해 필자가 오랜 경험을 통해 체계화한 방법을 소개해보겠다. 물론 이것이 최고의 방법은 아니겠지만, 여러분의 상상력을 높이는 데는 큰 도움이 될 것이다.

① 우선 마음을 편안하게 하고 마음속으로 '지금'이라고 선언한 뒤 가볍게 마음을 집중한다. 산책을 하면서 해도 효과적이다. 이때 '지금'은 집중을 시작하기 위한 일종의 기합에 해당하며, 이것 대신 여러분이 좋아하는 어떤 단어를 활

용해도 좋다.
② 내 보고서가 최종적으로 소비되는 장소와 시간을 머릿속에 떠올려본다.
③ 그 장소에서 보고서를 설명하는 나 자신과 그것을 듣고 있는 사람들(이해관계자들)을 떠올려본다.
④ 이해관계자들의 표정, 말투, 성격 등을 가능한 한 구체적으로 떠올려보고, 그들이 가지고 있는 경험과 지식 등도 대략적으로 떠올려본다.
⑤ 이런 상태에서 내가 작성한 보고서를 한 줄 한 줄 읽어가면서 이해관계자들이 어떤 느낌을 받을지 생각해본다. 이때 마치 다른 사람이 작성한 보고서를 읽듯이 한 줄씩 한 줄씩 읽어본다.
⑥ 읽으면서 느낌이 자연스러운 부분은 넘어가고, 느낌이 불편하거나 찜찜한 부분은 표시해두었다가 더 자연스러운 표현을 고민해본다.
⑦ 앞서 대략적으로 상상해본 이해관계자들의 경험, 지식, 가치관 등을 토대로 보고 시에 나올 만한 질문이나 의견을 생각해보고, 그것들을 노트나 연습장에 적는다.
⑧ 이러한 상상을 통해 얻은 내용들을 바탕으로 부족한 자료를 보완하고, 문서를 다시 정리한다.

이런 방식을 전문용어로 표현하면 '관점 바꿔 보기' 정도가 될 것이다. 위의 방식을 순서대로 몇 차례 따라 하다 보면 여러분만의 더 좋은 방법을 찾아낼 수도 있다.

막힘없이 보고서를 쓰기 위한 3가지 핵심조건

어느 날은 왠지 보고서가 술술 써지다가도 어느 날은 한 줄도 진도가 안 나가는 경우가 있다. 업무현장에서 필자가 지켜본 바로는, 후자의 경우는 대부분 일을 받자마자 컴퓨터 앞에 앉아서 워드 프로그램이나 파워포인트 프로그램을 열어 놓고 문서를 작성하려고 할 때 발생한다. 특히 보고서 작성경험이 부족한 사람일수록 이렇게 컴퓨터 앞에서 멍하게 시간만 보내는 경우가 많다. 그러다 상사가 지나가면 열심히 키보드를 두들기는 척 하지만 진도와는 무관하다. 이런 상황은 주로 다음과 같은 보고서 작성을 위한 3가지 핵심조건을 충족하지 못했을 때 일어난다.

1 충분한 정보

보고서를 작성하려면 우선 정보부터 충분히 모아야 한다. 정보도 모아놓지 않고 보고서를 만들려면 당연히 진도가 안 나간다. 여기서 정보란 과거 조직에서 만들어진 다양한 산출물(히스토리), 조직 외부 사례, 조직 내 구성원들의 다양한 의견들을 모두 포함하는 의미다. 즉, 보고서를 작성하려면 사전에 조직 내외부의 자료를 최대한 끌어 모으고, 보고서의 이해관계자들과 간단한 티타임 미팅 등을 해서 그들의 마음속에 있는 대략적인 의견을 확보해야 한다.

2 현장에 대한 입체적 상황분석

많은 실무자들이 자신의 생각이나 아이디어만을 토대로 문서를 작성하곤 한다. 그러다 막상 보고하러 들어가서 상사가 "이 사안에 대해서 현업부서에 의견 좀 물어봤어?"라고 물으면 갑자기 귀밑이 빨개지면서 버벅댈 때가 많다. 이런 민망한 상황을 피하려면 현장에 대한 입체적 상황분석이 필요하다. 즉, 보고서나 기획안 등을 만들 때 전화를 해서라도 현업부서에 있는 이해관계자들의 의견을 들어보아야 한다.

● 보고서 작성을 위한 3가지 핵심조건

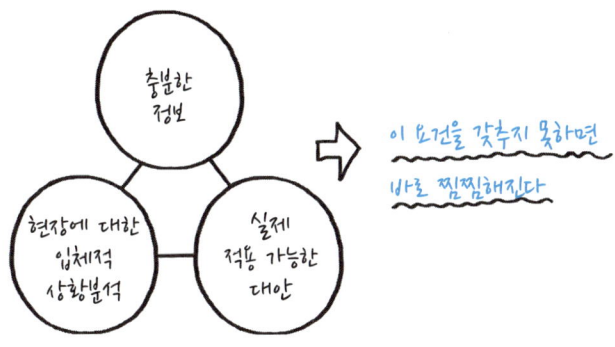

3 실제 적용이 가능한 대안 제시

보고서 작성과 관련된 실수는 대부분 너무 잘 만들려는 욕심에서 비롯된다. 또 '보고서는 화려하고 복잡해야 잘 만드는 것'이라는 오해로 인해 실수하는 경우도 많다. 예를 들어 어떤 기획자가 현업부서에서 사용할 업무양식을 보고서에 담았는데, 너무 잘 만들려는 욕심에 세세한 사항까지 모두 기록하도록 양식을 구성했다고 해보자. 이런 경우 현업에서 '이 양식을 다 작성하려면 하루 다 보내겠다' 하고 하소연할 가능성이 높다. 아니, 그 전에 보고를 받는 상사에게서 "김 대리 같으면 이거 할 수 있겠어?"라는 질책을 받을 수도 있다. 따라서 보고서에서는 실제 적용 가능한, 즉 보고자 스스로 '나라도 하겠다'라는 확신이 드는 대안을 제시해야 한다.

위와 같은 3가지 요소를 모두 충족해야만 컴퓨터 앞에서 허송세월을 보내는 일 없이 보고서나 기획안을 편하게 작성할 수 있다.

002 상사의 입장을 입체적으로 분석하는 방법

● The Total Solution for Reports

보고서는 결국 통하기 위한 수단

보고서를 작성하는 가장 큰 목적은 다른 비즈니스 문서와 마찬가지로 '상대와 커뮤니케이션(소통)'하는 데 있다. 따라서 보고서를 잘 쓰려면 먼저 커뮤니케이션에 대한 기본적인 이해가 필요하다. 커뮤니케이션의 학문적인 의미는 다음 2가지다.

'언어적, 비언어적 상징들에 의해 의미가 전달되는 과정'
'메시지를 통해 이루어지는 사회적 상호작용'

이 뜻이 어렵다면 그냥 이렇게 이해하면 된다.

'내가 외부와 통(通)하기 위해 하는 모든 것'

우리 일상에서 커뮤니케이션이 차지하는 비중은 거의 60% 이상이다. 여러분이 누군가에게 미소 짓는 행위 역시 커뮤니케이션이다. 미소로써 '나는 당신에게 호감이 있어요'라는 뜻을 전달하는 것이다. 이런 커뮤니케이션의 핵심개념을 한 글자로 압축한 것이 바로 '통(通)'이다. 커뮤니케이션(Communication)이란 단어 역시 '나누다'라는 의미를 가진 라틴어 'communicare'를 어원으로 하고 있다.

그렇다면 커뮤니케이션의 핵심요소는 무엇일까? 요약하면 '상대와 통하고 공감해서 원하는 바를 얻는 것'이다. '나의 의도를 수신자가 어떻게 해석하느냐'에 따라 커뮤니케이션의 결과가 달라진다. 결국 핵심은 '소통'과 '공감'이다. 마음이 통해야 한다.

보고도 마찬가지다. 앞서 이야기했듯이 보고서의 최종 소비자의 관점에 잘 맞추고 최종 소비자가 쉽게 이해하거나 좋아하는 단어 또는 표현을 썼을 때 공감과 좋은 피드백을 얻을 수 있다. 이런 보고를 받는 최종 소비자는 보고자의 마음을 이해하겠다는 듯 흐뭇한 표정을 짓게 된다. 다음 쪽의 그림은 이런 과정을 하나의 이미지로 표현해본 것이다.

커뮤니케이션의 또 하나의 핵심은 상대방과 메시지를 주고받는 과정에서 '메시지의 왜곡이 최소화되어야 한다'는 것이다. 커뮤니케이션에 있어서 '내 스스로 나를 둘러싼 환경과 일 등을 올바로 인식하고 있나?' 보다 중요한 요소는 없다. 실제로 이런 인식이 부족해서 나는 '아'라고 하는데 상대방은 '어'로 알아듣는 경우가 엄청 많다. 조직에서 발생하는 상당수의 커뮤니케이션 문제가 바로 여기서 비롯된다. 나 스스로 상황을

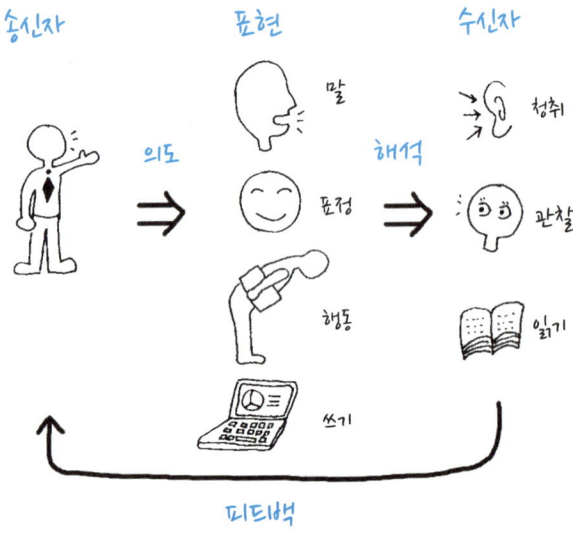

올바로 인식하려고 노력하지 않으면 훌륭한 기획안이나 보고서 작성을 기대할 수 없다.

입체적 상황분석의 핵심은 역지사지

입체적 상황분석을 사자성어로 바꾸면 '역지사지(易地思之)'가 된다. 역지사지라고 하면 대부분 도덕적인 관점을 떠올리는데, 이것은 그런 관점을 넘어 우리의 모든 일상에서 유용하게 활용되는 중요한 역량에 해당한다. 역지사지는 달리 표현하면 '관점전환' 또는 '속마음 스크리닝'이라고도 할 수 있다. 《손자병법》에는 다음과 같이 역지사지의 의미를 한마디로 압축해놓은 유명한 문구가 나온다.

知彼知己 百戰不殆 지피지기 백전불태

알다시피 '적을 알고 나를 알면 백전이 위태롭지 않다'는 뜻인데, 여기서 '적을 아는' 가장 좋은 방법이 바로 역지사지다. 적의 마음 깊은 곳까지 완전히 알고 있어야 전투에서 승리할 수 있기 때문이다. 이런 측면에서 보면 전쟁사를 빛낸 뛰어난 전략가들은 모두 역지사지의 달인이었던 셈이다.

주니어의 보고 대 시니어의 보고

많은 실무자들이 '업무는 문서로 진행된다'고 착각하곤 한다. 그러나 실제로는 여러 차례의 구두보고를 거치면서 내용이 정리되고, 그렇게 정리된 내용들을 토대로 보고서가 작성되는 경우가 많다. 이 과정에서 반드시 필요한 작업이 바로 '입체적 상황분석'이다. 이 작업이 선행되어야만 구두보고 횟수가 단축되고, 보고나 기획을 성공적으로 마무리할 수 있다.

다음 대화를 보면 그 뜻을 좀 더 구체적으로 알 수 있다. 상황은 이렇다. 영업팀의 박 팀장은 본부장에게 제안할 좋은 아이디어를 가지고 있고, 이를 추진하기 위한 추가예산을 확보해야 한다. 먼저 첫 번째 대화를 보자.

> 박 팀장 : 본부장님, 우리 팀의 업무생산성을 향상시킬 수 있는 좋은 방법이 있습니다.
> 본부장 : 그래, 어떤 방법인가?
> 박 팀장 : 새로 출시된 A 사의 고객관리 프로그램을 구입하면 고객관리에 대한 업무생산성이 크게 향상될 듯합니다.
> 본부장 : 아, 그래? 그런데 예산이 잡혀있지 않아서 구입이 쉽지 않겠는데…. 다른 대안은 없나?
> 박 팀장 : 음…. 그럼 담당사원을 1명 채용해서 엑셀 등으로 고객관리를 전담시키는 방법이 있을 것 같습니다.
> 본부장 : 2가지 방법 중 어떤 것이 좋겠나?
> 박 팀장 : 아직 명확히 분석해보지 못했습니다. 다시 분석해서 보고 드리겠습니다.

결국 박 팀장은 좋은 의견을 제시하고도 원하는 결과를 얻지 못했다. 원인은 다음 2가지다.

첫째, 자신이 무엇을 원하는지가 명확하지 않다.

둘째, 주변환경에 대한 분석과 그에 따른 전략이 없다.

즉, '상대를 알고 나를 아는 노력'이 부족해서 본부장이 다른 대안을 요구하는 상황을 대비하지 못했다는 것이 보고 실패의 핵심적인 요인이다. 본부장 입장에서는 잡혀 있지 않은 예산을 추가로 배정받으려면 자신도 예산담당 임원에게 아쉬운 소리를 해야 하는데, 보고자가 무엇을 원하는지 명확하지 않으니 답답했을 것이다.

이러한 실패를 겪지 않으려면 항상 '상사는 신이 아니라 사람이다'라는 관점을 갖고 있어야 한다. 사람은 누구나 껄끄럽고 귀찮은 일을 하기 싫어한다. 여러분도 그렇고 필자도 그렇다. 보고에 임할 때는 이런 관점에서 냉철하게 전략을 짜야 한다. 만일 박 팀장이 이런 관점에서 전략을 세우고 본부장에게 제안을 했다면 대화가 이렇게 전개되었을 것이다.

> 박 팀장 : 본부장님, 우리 팀의 업무생산성을 획기적으로 향상시킬 수 있는 좋은 방법이 있습니다.
> 본부장 : 그래, 어떤 방법인가?
> 박 팀장 : 새로 출시된 A 사의 고객관리 프로그램을 구입하면 고객관리에 대한 업무생산성이 크게 향상될 듯합니다. 초기 투자비용은 들어가겠지만 몇 개월 안에 투자비용 이상의 업무효율이 향상될 것으로 보입니다.
> 본부장 : 아, 그래? 그런데 예산이 잡혀있지 않아서 구입이 쉽지 않겠는데…. 다른 대안은 없나?
> 박 팀장 : 새로 담당직원을 1명 채용해서 엑셀 등으로 고객관리를 전담하게 하는 방법도 고려해보았지만, 관리비용이 증가하는 문제가 있기 때문에 고객관리 프로그램을 활용해서 고객을 체계적으로 관리하고 생산성을 높이는 편이 비용 대비 효과가 훨씬 좋을 것 같습니다. 대략 계산해 보았는데 문자 메시지나 이메일 발송 등 눈에 보이는 비용만 감안해도 연간 최소 5,000만 원 정도는 절감될 듯합니다.
> 본부장 : 그렇군, 알았네. 지금 보고한 사항을 간단히 정리해주면 예산담당 임원에게 요청해보겠네.

앞의 대화와의 차이는 다음 2가지다.

첫째, 원하는 목표가 분명해졌다. 즉, 고객관리 프로그램을 도입해서 생산성을 향상시키겠다는 목표가 앞의 대화보다 훨씬 명확해졌다.

둘째, 상사의 입장과 상황분석이 되어 있고, 이에 따른 전략이 분명해졌다. 즉, 예산담당 임원에게 어려운 요청을 해야 하는 본부장의 입장을

고려해서 비용 대비 효과를 분명히 밝혔고, 다른 대안도 미리 검토해 최적의 안이 무엇인지를 명확히 함으로써 보고를 성공으로 이끌었다.

비즈니스 현장에서는 입체적 상황분석, 즉 역지사지가 필요한 상황이 매순간 일어난다. 따라서 항상 자신과 상대방이 처한 상황을 정밀하게 분석해보는 노력이 필요하다. 그래야만 보고의 성공확률을 높일 수 있고, 나아가 효과적인 업무수행이 가능하다.

003　입체적 상황분석을 위한 핵심기술

The Total Solution for Reports

상사의 마음을 파악하기 위한 5가지 질문

보고에 실패하는 사람들은 대부분 이런 말들을 하곤 한다.

"상황분석? 보고서만 잘 쓰면 되지 그런 게 왜 필요해?"

"정말 열심히 기획한 건데 팀장님은 왜 그걸 몰라주실까?"

이래서는 제대로 인정받는 보고나 기획을 할 수 없다. 앞에서 강조했듯이 보고나 기획을 할 때는 먼저 입체적 상황분석을 해보아야 한다. 즉, 상사가 구체적으로 무엇을 원하는지부터 파악해야 한다는 것이다. 이를 위해서는 다음 5가지 질문에 대한 답을 찾아보아야 한다.

1 확정된 결론을 원하는가? 여러 대안을 제시해주기를 원하는가?

먼저 상사가 확정된 결론을 원하는지, 아니면 여러 대안을 제시해주기를 원하는지부터 고민해야 한다. 이와 관련해 대부분의 상사들은 부하직원이 보고하는 내용에 대해 자신의 의견을 제시하고 싶어 한다. 따라서 보고서나 기획안을 작성할 때는 다음과 같은 표를 이용해서 상사가 제시할 만한 여러 가지 대안과 함께 각각의 장·단점을 제시하는 편이 좋다. 그리고 그 중에서 보고자가 가장 좋다고 생각하는 대안을 추천하는 방식으로 보고하면 보고의 성공확률을 높일 수 있다.

구분	1안	2안	3안
내용			
장·단점			

※1안 추천

예를 들어 본부장이 팀 구성원들의 몰입과 구성원 간 친밀도를 높일 수 있는 행사를 기획해보라고 했다면 다음과 같이 3가지 대안을 제시해볼 수 있다.

구분	1안	2안	3안
내용	서울 근교 1박 2일 워크숍 (비전토의+조직활성화 프로그램)	서울 시내 교육장에서 비전토의 후 저녁식사	체육대회 (근교 체육관 대여)
장·단점	• 몰입도 향상 가능 • 구성원 재충전 및 스킨십 강화에 효과적임 • 2, 3안에 비해 비용 높음 (총 7,000천 원)	• 구성원 재충전 및 스킨십 강화효과 떨어짐 • 1, 3안에 비해 비용 저렴 (총 2,000천 원)	• 구성원 재충전 및 스킨십 강화에 효과적임 • 비전토의 진행 어려움 • 비용은 1, 2안의 중간 수준 (총 3,000천 원)

※1안 추천(현 조직상황 고려 시 방향성 정립 및 친밀도 강화가 필요)

2 긴급성을 원하는가? 정확성을 원하는가?

상사가 긴급성을 원하는지 정확성을 원하는지도 명확히 파악해야 한다. 이를 파악할 때는 상사에게 직접적으로 "급한 건인가요? 아니면 정확하게 정리를 해드릴까요?" 등의 질문을 하는 것이 좋다. 만일 긴급성이 중요한 보고라면 엑셀 프로그램 등으로 보고자료를 빨리 만드는 것이 좋다. 이럴 때 파워포인트 프로그램으로 자료를 한 땀 한 땀 만들고 있으면 상사에게서 한 소리 들을 가능성이 크다.

3 현재 상사가 상위 결재자에게서 어떤 환경에 처해있는가?

상사 위에는 또 다른 상사가 있다. 따라서 현재 상사가 그 상위 결재자에게서 어떤 환경에 처해 있는지를 고민하지 않으면 보고가 어려워질 수 있다. 이를 정확히 파악하려면 평소 하루에 10~15분 정도 타 부서의 구성원들과 티미팅을 해보는 것이 바람직하다. 남들은 다 아는 사실을 자신의 부서에서만 모를 때가 많기 때문이다. 필자 역시 조직생활을 할 당시 이런 상황에 놓이는 경우가 있었다. 유독 특정 사항의 보고에 대해서만 상사가 계속 결재를 미루거나 더 고민해보라는 답을 준 것이다. 나중에야 최종 결재권자인 본부장이 보고서에 제시된 방향을 탐탁지 않아 했다는 사실을 알게 되었다.

4 상사 또는 상위 결재권자는 주로 어떤 의견과 가치관을 가지고 있는가?

사람은 잘 안 바뀐다. 필자 역시 결혼한 지 14년이 되었지만 아내의 성격도 필자 자신의 성격도 거의 바뀌지 않았다. 이것은 직장에서도 마찬가지다. 따라서 기획이나 보고를 할 때는 상사나 그 상위 결재권자의 가치관이나 성향을 일단 인정하고 수용해야 한다. 특히 추진하려는 일을 성공시키기 위해서는 상사 등의 가치관이나 성향을 고려해서 지금 당장 바꿀 수 없는 부분을 확인하고 인정한 뒤에 개선 가능한 부분에 집중하는 것이 좋다. 살을 주고(상황을 인정하고), 뼈를 취하는 전략(꼭 이루고 싶은 것에 집중하는 것)이 필요하다는 의미다.

5 최종 결재권자는 어떤 방식의 보고를 선호하는가?

자신이 아무리 파워포인트 보고서를 잘 작성하더라도 결재권자가 워드로 작성한 1페이지 보고서를 선호한다면 그 성향에 맞출 수 있어야 한다. 이런 경우 '내가 파워포인트의 신세계를 보여주리라' 하는 마음은 접어두는 것이 바람직하다. 반대로 결재권자가 1페이지 보고서보다는 파워포인트 보고서를 선호하는 경우에도 그 성향에 맞출 수 있어야 한다. 한마디로 보고를 할 때는 무조건 보고서의 최종 소비자(결재권자)의 관점을 먼저 고려해야 한다. 그런데 간혹 최종 결재권자와 중간 결재권자의 선호도가 달라서 고민될 때가 있다. 이럴 때는 최종 결재권자가 선호하는 보고방식으로 구성하되 중간 결재권자가 선호하는 부분도 일정 수준 반영하는 전략을 취해야 한다.

다양한 대안 제시를 위한 경우의 수 분석방법

보고서에 다양한 대안을 제시하려면 그러한 대안들을 도출하기 위한 경우의 수 분석작업이 필요하다. 즉, 보고 시 상사나 이해관계자들에게서 어떤 질문(또는 의견)이 나올 것인지에 대한 경우의 수를 분석해보아야만 실제로 그런 질문을 받았을 때 당황하지 않고 잘 답변해서 보고를 성공적으로 마무리 할 수 있기 때문이다. 그렇지 않으면 보고 시 상사에게서 전혀 예상치 못한 질문을 받고 "아, 그 부분은 미처 생각해보지 못했습니다. 확인해서 다시 보고 드리겠습니다"라고 하면서 보고를 마무리하지 못할 가능성이 크다. 게다가 이렇게 여러 차례 같은 보고를 반복하다가 결국에는 보고자의 당초 제안대로 일이 진행되는 경우가 많은데, 이런 경우 보고자 입장에서는 짜증이 올라오겠지만 결국 이것은 경우의 수 분석과정을 건너뛴 보고자 스스로 초래한 상황임을 인식해야 한다.

보고서에 여러 대안을 제시하기 위한 경우의 수 분석방법은 다음과 같다.

① 우선 연습장 등에 보고하는 과정에서 나올 수 있는 경우의 수(예상 질문 등)를 적어 본다.
② 만약 경우의 수가 6가지 정도 나왔다면 그것들과 함께 각각의 장·단점을 고민해서 간략히 적어본다.
③ 그 중에서 가장 괜찮은 대안을 2~3개 정도로 간추려서 보고서에 반영하고, 나머지 대안들은 머릿속에 담아두었다가 보고 시 상사나 이해관계자가 그에 대해 질문하면 구두로 답변한다.

예를 들어 '신입사원 교육방법'에 대한 보고서라면 다음과 같이 각 사안에 대한 몇 가지 경우의 수를 연습장 등에 적어본 후, 그 중에서 가장 적절한 2~3가지 정도를 대안으로 선택하면 된다.

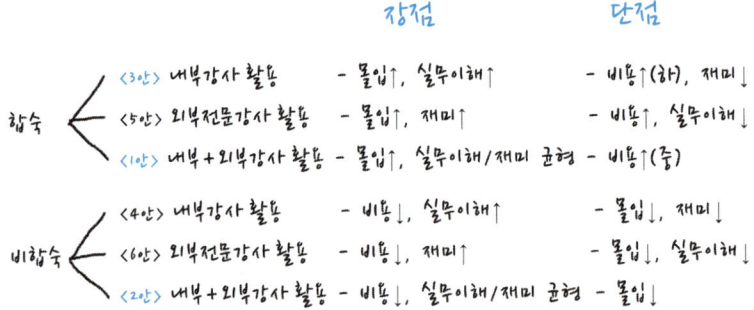

여기서 핵심은 장·단점 분석이다. 예를 들어 위의 경우의 수 중에서 1~3안을 보고서에 넣었는데 보고 시 상사가 갑자기 이런 질문을 할 수 있다.

"김 대리. 혹시 ~하는 방안(경우의 수 분석 중 5안)이 있지 않을까?"

"예, 말씀주신 방안도 검토해보았는데 ~ 라는 장점과 ~라는 단점이 있었습니다. 그래서 제가 보기에는 1안이 괜찮을 것 같습니다. 팀장님 생각은 어떠신지요?"

또한 여기서 마무리되지 않고 이런 질문이 이어질 수도 있다.

"그렇다면 ~라는 방안(경우의 수 분석 중 6안)도 있지 않을까?"

"예, 팀장님! 좋은 방안입니다. 말씀주신 방안에 대해서도 생각해보았는데 ~라는 장점과 ~라는 단점이 있었습니다. 팀장님 생각은 어떠신지요?"

이렇게 여러 경우의 수에 대한 답이 명확하면 대부분의 상사는 부하가 깊게 고민해보았다고 생각하고 1안을 선택해줄 확률이 높다. 또한 이런 문답을 통해서 상사의 머릿속에 해당 보고자(부하직원)가 '치밀한 사람'이라는 인식이 생겨 업무위임의 폭도 점차 늘어나게 된다.

이해관계자 상황분석을 위한 3가지 요건

역지사지는 꽤 흔히 쓰이는 말이지만 막상 '상대방의 마음을 역지사지 하라'고 하면 그 방법을 잘 모르겠다는 사람이 많다. 특히 기술분야 실무자들은 기계에 대한 역지사지는 훌륭한 반면 사람에 대한 역지사지는 상대적으로 부족한 편이다. 상대방에 대한 분석, 즉 역지사지를 위해서는 다음과 같이 '욕구', '두려움', '상황'이라는 3가지 요건에 대한 이해가 필요하다.

1 욕구

사람은 누구나 원하는 것이 있다. 이러한 측면을 잘 파악해보면 상대의 의도나 니즈를 정확히 이해하는 데 도움이 된다.

2 두려움

사람은 누구나 두려워하는 것이 있다. 즉, 가진 것의 많고 적음이나 역할의 크고 작음과 관계없이 누구나 욕구, 즉 얻고 싶은 것과는 반대되는 '안 되면 어쩌지?' 하는 걱정이 있다는 의미다. 역지사지에 있어서 '두려움' 분석이 중요한 이유는, 상대가 두려워하는 것을 건드리면 일이 잘 안 풀리는 경우가 많은 반면, 상대가 두려워하는 부분에 공감해주면 일이 잘 풀리는 경우가 많기 때문이다.

3 상황

사람은 누구나 각자 처한 상황이 다를 수 있다. 따라서 상대가 처해있는 상황을 잘 파악해보면 그 사람이 왜 그렇게 생각하고 행동하는지를 좀 더 명확히 이해할 수 있다.

이러한 방법을 응용해서 다음 표에 자신을 둘러싼 이해관계자, 즉 선배나 상사, 업무 관련 부서의 담당자 등을 대입해보고, 그들의 입장에서 그들이 과연 무엇을 원하고, 두려워하고, 어떤 상황에 처해있는지를 분석해보자. 지금까지보다 훨씬 입체적인 상황분석이 가능할 것이다.

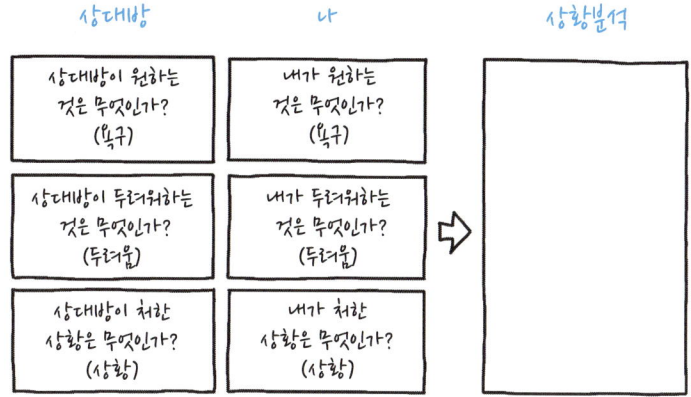

구분	이해관계자 1	이해관계자 2	이해관계자 3
누구?			
원하는 것?			
두려워하는 것?			
처한 상황?			

 예를 들어서 영업팀 김 대리가 계약진행 방식을 고민하고 있고, 그와 관련된 이해관계자로는 영업팀장, 재무팀장, 법무팀장 등이 있다고 해보자. 이때 김 대리 입장에서는 다음과 같이 각 이해관계자 입장에서 원하는 것, 두려워하는 것, 상황을 고민해봄으로써 계약을 어떻게 진행하고 어디에 집중할지에 대한 전략을 도출할 수 있다.

구분	이해관계자 1	이해관계자 2	이해관계자 3
누구?	영업팀장	재무팀장	법무팀장
원하는 것?	계약이 차질 없이 진행되는 것	수익성이 높게 계약이 되는 것	법적 리스크 없이 좋은 조건에 계약이 되는 것
두려워하는 것?	업무처리의 세심함이 부족해서 계약이 깨지는 것	매출 대비 수익성이 떨어져서 회사가 손해를 보는 것	상대 회사에 도움이 되고 우리 회사에 문제가 되는 악성 조항이 있는 것
처한 상황?	현재 본부장에게서 실적 압박을 받고 있음	회사의 비용통제 및 수익성 강화 압박을 받고 있음	최근 대형소송을 당해서 매우 민감하게 업무 처리를 하는 상황임
종합	이상의 상황을 종합해볼 때 업무를 세심하게 진행해서 계약이 깨지지 않도록 하되, 악성 조항이 들어가지 않도록 노력하는 것이 중요할 것 같다. 특히 전략적으로 수익성 확보가 가능하도록 계약하는 데 집중해야 할 것 같다.		

이런 식으로 이해관계자의 상황을 분석해보는 연습을 자주 하다 보면 나중에는 표를 작성하지 않고도 머릿속으로 자연스럽게 분석이 가능해지게 된다.

업무현장에서 입체적 상황분석 역량을 높이는 방법

이제 실제 업무현장에서 입체적 상황분석 역량을 강화할 수 있는 방법을 알아보자. 이러한 역량을 키우면 보고를 포함한 커뮤니케이션 능력과 전략적 사고력 등을 월등히 향상시킬 수 있다.

1 항상 정신을 차리고 초연한 마음을 유지한다

눈동자에 초점을 잡고 정신을 집중하는, 다시 말해 '몰입상태'에 들어가는 연습을 자주 해본다. 특히 보고서나 기획서를 만들 때나 회의를 할 때 이 방법을 활용하면 아주 효과적이다.

2 언제 어디서든 상대의 입장을 헤아려본다

몰입상태에서 '내가 상사(상사라면 부하직원)라면 어떨까?', '내가 경쟁자(또는 경쟁부서)라면 어떨까?', '내가 거래처 직원이라면 어떨까?' 등 업무 현장에서 만나는 모든 사람들과 입장을 바꿔 생각해보는 훈련을 지속적으로 해본다. 이런 훈련을 반복하다 보면 어느 순간 그냥 느낌으로 빠르게 상대가 이해될 때가 있는데, 이때가 바로 '직관'이 생기는 순간이다.

3 어떻게 하면 상대가 쉽게 이해할지를 계속 고민한다

기획을 하든, 보고서 등의 문서를 만들든, 단순히 구두로 설명을 하든, 어떤 상황에서든지 어떻게 하면 상대가 좀 더 쉽게 이해할까를 고민한다.

4 생각을 내려놓고 회의를 하는 연습을 한다

대부분의 사람은 자신의 고정관념으로 특정 사안을 판단해버리는 경향이 강하다. 이럴 때 생각을 내려놓고 회의에 참석해서 다양한 생각을 가진 사람들의 의견을 경청하고 이해하는 연습을 해보면 입체적 상황분석 역량을 크게 향상시킬 수 있다.

5 자신의 생각의 흐름을 관찰한다

입체적 상황분석 역량을 높이는 것은 나와 상대를 동시에 이해해야 가능한 일이므로 기본적으로 자신의 생각의 흐름을 관찰할 수 있어야 한다. 다중지능 이론에서는 이를 '자기성찰지능'이라고 정의하면서, 이를 강화하면 어떤 분야에서든 최고가 될 수 있다고 했다. 자신의 생각의 흐름을 관찰하려면 외부로만 향하는 생각의 시선을 자신 쪽으로 돌려야 한다. 즉, '왜 내가 이런 생각을 하고 있지?', '나는 왜 이게 옳다고 생각하지?' 등 자신의 생각을 계속해서 성찰해보는 자세가 필요하다.

Part 1_ 기획 및 문제해결 역량 높이기

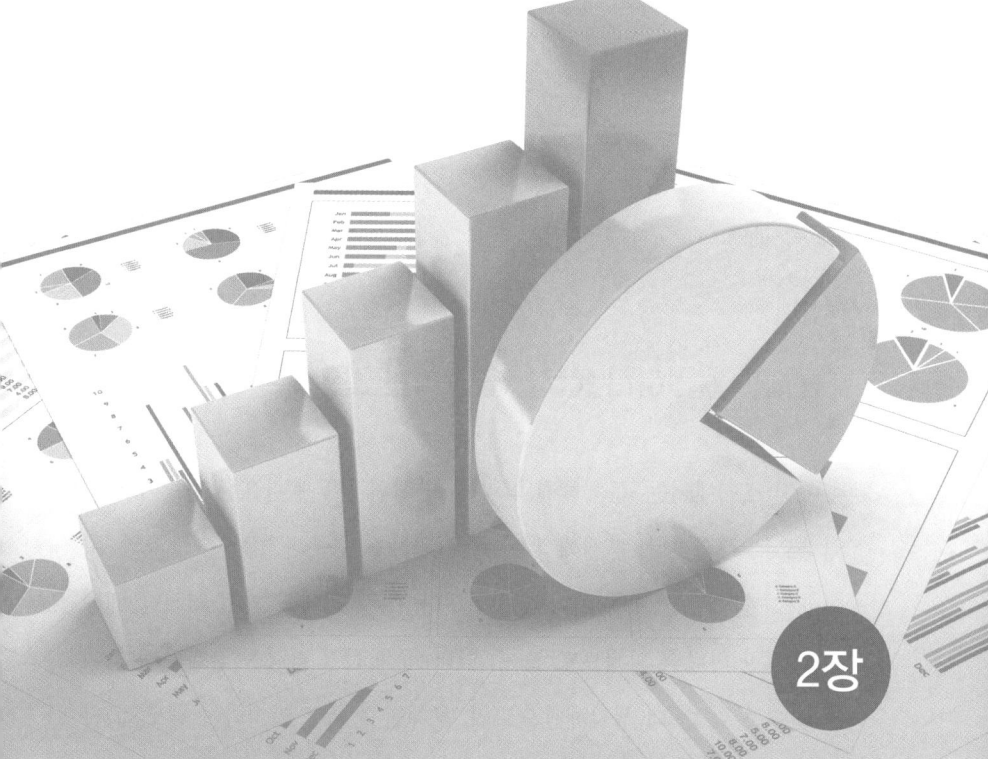

2장

보고의 틀을 잡아주는
근본원인 파악 및 전략수립 기술

001 문제를 문제로 인식하는 사고의 기술

● The Total Solution for Reports

문제를 발견하지 못하는 근본적인 이유

어떤 조직에서든 '문제해결 역량'을 구성원들에게 필요한 가장 중요한 역량으로 생각한다. 문제해결은 보통 '원하는 수준과 현재 수준과의 '차이(gap)'를 메우는 활동'이라고 정의된다. 이런 점에서 기획 역시 문제해결을 위한 하나의 과정으로 볼 수 있다. 문제해결 역량을 강화하려면 어떤 일이든 한 번 더 생각해봄으로써 '문제를 문제로 인식하는 태도'를 가지는 것이 중요하다.

필자가 한 소규모 회사에서 경험했던 일이다. 어느 날 회사가 운영하던 고객서비스 내용에 중요한 변경사항이 생겨서 이를 고객들에게 알려야 했는데, 이를 담당하는 직원의 업무방식이 필자의 마음을 조금 답답하게 했다. 그 직원은 하루 종일 전화기를 붙잡고 일일이 고객들에게 전화를 걸어 그 사실을 알리고 있었다. 보다 못해 필자가 일을 좀 더 쉽게 할 수 있는 방법을 알려주었다.

"SMS 발신 사이트에 가서 엑셀로 작성된 고객 휴대전화 명단을 쭉 긁어서 넣고 변경된 서비스 내용을 복사해서 넣으면 그렇게 일일이 전화하지 않아도 되지 않겠어요?"

그런데 그 말에 대한 담당직원의 대답이 더욱 필자의 가슴을 답답하게 만들었다.

"제 선임 때부터 이런 일이 생기면 이렇게 처리해 와서 그런 생각을 해 본 적이 없었어요…."

이런 사례처럼 조직 내에서 발생하는 대부분의 문제는 그것을 문제라고 인식하지 못하고 그냥 조금 불편한 것, 지금까지 그렇게 해왔던 것 등으로 방치하는 데서 비롯되는 경우가 많다.

문제의 주인의식을 높이는 3가지 요소

문제를 바라보는 인식을 바꾸려면 문제에 대한 '주인의식'을 가지고 항상 스스로 '왜?'라고 의문을 가져보는 태도를 가져야 한다. 이와 관련해 다음 3가지 요소를 몸에 익히면 문제를 인식하는 태도는 물론 문제해결 수준을 높이는 데도 크게 도움이 된다.

1 항상 '왜?'라는 생각을 가져야 한다

무엇보다 항상 '왜 이렇게 해야 하지? 가장 최선인가?'라는 생각으로 문제를 인지하려고 노력해야 한다. 이것이 바로 문제해결의 핵심이 되기 때문이다. 문제 자체를 인지하지 못하면 당연히 문제를 해결할 수 없다. 이를 위해서는 예전에 한 드라마를 통해 유행했던 '이게 최선입니까?'라는 질문을 스스로에게 계속해서 던져 보아야 한다.

2 포기하지 않는 마음을 가져야 한다

눈앞에 놓인 문제에 대해 '절대 포기하지 않겠다'는 긍정적이고 낙천적인 마음을 가져야 한다. 모든 문제에는 여러 변수가 있기 마련이다. 한두 번 찔러본다고 절대 묘수가 나오지 않는다. 일단은 될 때까지 찔러본다는 긍정적인 생각을 가져야 한다.

3 문제에 대한 주인의식이 필요하다

문제해결의 가장 중요한 요소는 '이 문제는 내 것'이라는 주인의식(Ownership)과 그것을 반드시 완수하고야 말겠다는 책임감이다. 문제해결을 추진하다가 상황이 어려워진다고 해서 '무엇(특정 상황) 때문에', '누구 때문에' 등의 이유를 대며 책임을 미루면 문제해결의 길은 멀어질 수밖에 없다.

이러한 3가지 요소는 뛰어난 기획력을 갖추고 보고서를 작성하는 데 있어서 중요한 밑받침이 된다. 기획형 보고 또는 개선형 보고의 절반은 그 목적이 특정 이슈나 문제를 해결하는 데 있기 때문이다. 어떤 현상을 바라보면서 '이것이 가장 올바른 방법인가?'라는 문제인식을 갖추지 않으면 기획형 보고나 개선형 보고 자체를 할 수가 없다.

002 문제해결의 3단계 사고(근본원인 파악 기술)

● The Total Solution for Reports

현상에 바로 대안을 붙이는 초보 기획자의 2단계 사고

초보 기획자들에게 기획거리를 제시하고 보고서를 써보라고 하면 상당수가 천편일률적인 답안을 내놓는다. 대부분 팀장 등 지시한 사람이 제시한 내용을 목적으로 잡고, 대략적으로 현황을 분석한 뒤 아이디어를 짜내는 식으로 보고서를 작성한다. 이럴 때 쉽게 빠지는 함정이 바로 'A라는 현상에 바로 B라는 대안을 붙이는 방식'이다. 예를 들어 다음과 같은 현상에 대해 대안을 제시하라는 지시를 받았다고 해보자.

> 영국의 유명 헤비메탈 그룹인 아이언 메이든은 높은 인기에도 불구하고 남미지역에서 P2P사이트를 통해 음원이 대량 불법 유통되고 있어서 매출에 큰 타격을 받고 있다. 음반기획사 입장에서 어떻게 문제를 해결해야 할까?

초보 기획자들의 경우 이러한 현상에 대해 대부분 다음과 같이 2단계 사고방법을 이용해서 대안을 도출한다.

> 〈현상〉 남미에서 음원이 불법 유통되고 있어서 아이언 메이든의 음원 매출이 줄고 있다.
> → 〈대안〉 지적재산권 전문 법무법인을 활용해 남미지역에서의 P2P 음원 불법유통을 금지시키고 법적 처벌을 강화한다.

물론 현상이 복합적이지 않고 단순하다면 이런 대안만으로도 문제해결이 가능할 수 있다. 그러나 정확한 원인파악 없이 대안을 제시하는 경우 아무래도 마음이 내내 불안할 수밖에 없다. 더구나 정확한 원인이 해결되지 않는다면 일시적으로는 해결된 듯 보여도 결국 같은 문제가 재발할 가능성이 크다. 현상에 대한 분석까지는 잘 하는데 대안은 아이디어 수준에 머물거나, 보고서를 쓰는 내내 불안감을 느끼는 이유가 바로 이처럼 정확한 원인파악이 부족하기 때문이다. 또한 보고서에서 현황분석과 대안이 따로 분리되는 느낌이 드는 경우 역시 대부분 이런 이유에서 비롯된다.

기획 고수의 3단계 사고

그러면 기획의 고수들은 어떻게 사고할까? 그들은 모든 현상이나 문제에 대해 다음과 같이 3단계 사고방법을 활용한다.

> 〈현상〉 남미에서 음원이 불법 유통되고 있어서 아이언 메이든의 음원 매출이 줄고 있다.
> → 〈원인〉 아이언 메이든의 인기는 높은데 중남미 현지 팬들의 구매력은 떨어진다.
> → 〈대안〉 다양한 행사와 이벤트, SNS 관리를 통해 아이언 메이든의 인지도를 높이고, 트래픽 확장을 통해 매출크기를 키운다.

실제로 아이언 메이든은 위와 같은 분석을 통해 대규모 남아메리카 투어를 지속적으로 진행하고, 자신들의 다큐멘터리 영화를 발매하는 등의 전략을 실행해서 온라인 팬의 규모를 급성장시킬 수 있었다고 한다. 직접적인 대안으로 거위의 배를 가르기보다 거위를 키워서 계속 알을 낳게 하는 전략을 활용한 것이다.

위 사례와 같이 문제에 대한 근본원인을 파악하려면 '왜(Why)?'라는 질문을 스스로에게 계속해서 던져보는 노력이 필요하다. 이를 통해 원인 파악이 되면 그 원인에 맞는 쉽고 명확한 대안도 도출할 수 있다. 이것이 바로 '현상 → 원인 → 대안'으로 이어지는 '3단계 사고구조'다. 반면에 '현상 → 대안' 식의 2단계 사고를 하면 아이디어 수준의 막연한 대안이 도출될 수밖에 없다.

3단계 사고구조에 대한 이해를 돕기 위해, 이러한 사고법을 이용해 문제를 획기적으로 해결한 역사적인 사례를 하나 소개하겠다.

고려 4대 왕 광종이 왕위에 올랐을 때 고려는 창업공신인 호족의 세력이 지나치게 커져서 왕의 입장에서 나라를 일관된 방향으로 이끌기가 매우 어려운 상황이었다. 더구나 모든 이익이 호족세력에게 집중되다 보니 국가의 균형발전을 도모하기도 힘들었다. 광종 역시 이러한 현상이 벌어진 이유를 '호족세력의 군사력과 경제력이 왕의 권력보다 강하기 때문'이라고 생각하고 그 근본원인을 이렇게 판단했다.

'호족세력이 많은 노비를 거느리고 있을 뿐 아니라, 그들의 자제들이 중앙정계의 대부분의 요직을 차지하고 있다.'

이러한 판단을 기준으로 광종은 '호족의 노비 수를 줄이고, 호족 자제 이외의 유학을 배운 충성스러운 신하를 확보할 필요가 있다'고 생각했다. 이러한 생각에 따라 광종이 낸 묘책이 바로 '노비안검법'과 '과거제'였다. 노비안검법은 삼국통일 과정에서 올바르지 못한 방법으로 노비가 된 사람들을 일반 백성으로 만들어주는 법이고, 과거제는 시험(능력)으로 관료를 선발하는 제도였다.

결과는 성공적이었다. 노비안검법의 시행으로 노비가 줄고 일반 백성이 늘어 세수가 확보됨으로써 국가 재정은 강화되고 호족의 힘은 약화되었으며, 과거제를 통해 다양한 계층의 인재들을 관료로 선발함으로써 국가 정책을 보다 올바르게 이끌 수 있게 된 것이다.

위의 사례를 3단계 사고구조에 따라 표로 정리해보면 다음과 같다.

현상	• 호족의 힘이 너무 강해 국정운영에 지장이 있다.
1차 원인	• 호족의 경제력이 왕실보다 우위에 있다. • 호족의 군사력이 무시할 수 없는 상황이 되었다. • 호족에게 유리한 정책이 시행되고 있다.
근본원인	• 노비가 호족의 경제력과 군사력의 기반이 되고 있다. • 관료들이 대부분 호족 출신이다.
추진방향	• 노비를 줄일 수 있는 정책을 추진한다. • 다양한 출신에서 관료를 확보한다.

대안	• 통일전쟁 때 또는 이유없이 억울하게 노비가 된 사람들을 풀어준다고 하면 되지 않을까? 노비안검법이라고 하자. • 과거제를 도입해서 능력으로 사람을 뽑자.

업무현장에서 3단계 사고구조를 활용하는 방법

이제 다음과 같은 필자의 경험을 통해 3단계 사고구조를 실제 업무현장에서 활용하는 방법을 알아보자.

예전에 필자가 근무했던 IT 관련 회사에는 인수·합병 등으로 인해 5개 회사 출신의 인력들이 모여 있었다. 이러한 상황에서 합병·피합병 회사 직원 간의 연봉 불만, 경쟁사로 이탈하는 직원들, 합병된 회사 출신 인력들의 피해의식과 제도에 대한 불만 제기 등의 문제들이 지속적으로 제기되었다.

이러한 문제를 '현상→대안'의 2단계 사고법으로 해결한다면, 합병된 회사 출신 인력들의 연봉을 높여주는 방법이 있을 수 있으나, 이 경우 보상재원의 한계에 부딪칠 수 있었다. 필자는 이러한 한계를 감안해 상황을 재분석해봄으로써 연봉에 쓰이는 보상재원이 적지 않음에도 불구하고, 연봉 인상률을 전사 차원에서 정하다 보니 보상재원이 효율적으로 쓰이지 못하고 있다는 문제를 발견했다. 또한 연봉이 높은 사람과 연봉이 낮은 사람에게 같은 인상률을 적용하다 보니 연봉격차가 갈수록 커진다는 사실도 알게 되었다.

이에 필자는 좀 더 세밀한 분석을 통해, 회사의 평가·보상체계가 정확한 능력기준이 아닌 기존 연봉과 직급 기준에 근거하고 있다는 데 근본원인이 있다고 판단했다. 또 전사 차원에서 연봉 인상률을 정하다 보니 세밀한 조정이 어렵고, 현장의 의견을 반영할 수 없어서 현장 리더들이 구성원들의 보상책임을 회피하게 만드는 결과를 초래했다고 판단했다.

필자는 위와 같은 원인분석을 근거로 평가·보상체계를 각 현장에서 유연하게 조정할 수 있도록 다음과 같은 3가지 개선안을 제시했다.

① 직급을 폐지한다.
② 보상재원에 대한 권한을 현장 리더에게 부여한다.
③ 전사 차원에서는 꼭 필요한 기본 가이드만 제시한다.

그리고 이러한 제도를 실제로 1~2년 간 시행해본 결과 보상으로 인한 퇴직이 거의 발생하지 않았으며, IT분야 인재들에게 시장가치에 부합하는 연봉을 세밀하게 맞춰줄 수 있는 시스템을 갖추는 효과도 얻을 수 있었다.

이런 식으로 회사의 문제를 해결하게 된 과정을 하나의 파워포인트 장표로 구성해보면 다음과 같다.

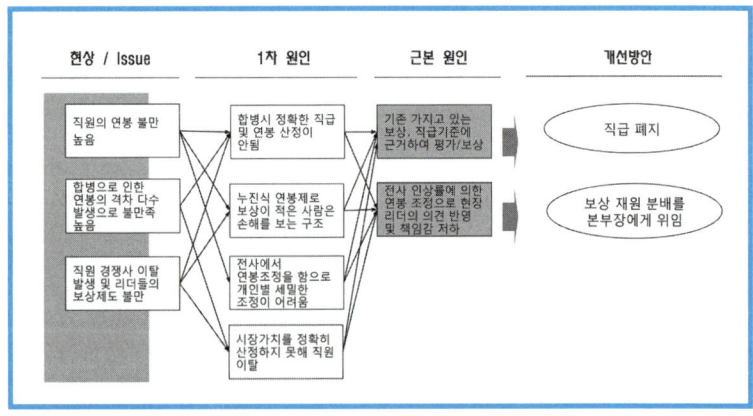

앞서 설명했듯이 프로 기획자들은 위와 같은 '현상→원인→대안'의 3단계 사고구조가 습관화되어 있어서 항상 문제의 근본원인을 심도 있게 탐구해서 가장 올바른 대안을 제시한다. 또한 문제해결을 주업으로 하고 있는 컨설턴트들 역시 원인파악과 올바른 대안제시를 위해 다음과 같은 '근본원인 분석도구(Root cause analysis tool)'를 사용하고 있다.

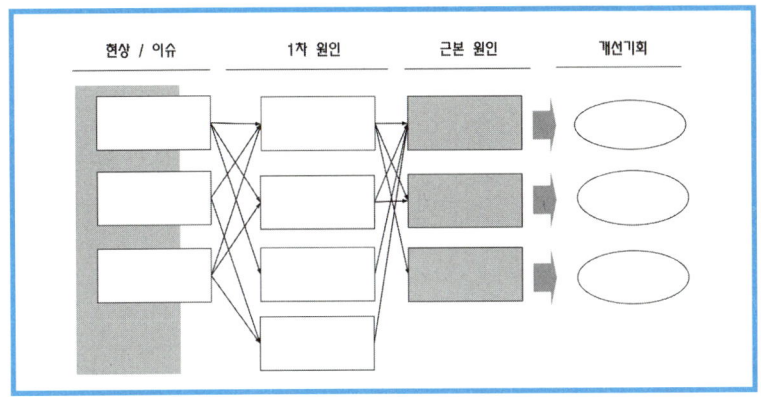

물론 원인분석을 위해 꼭 위와 같은 정형화된 도구를 사용할 필요는 없다. 다만 어떤 도구를 활용하든 다음과 같은 원인분석의 핵심만은 반드시 기억해야 한다.

'왜(why)?'가 끝날 때까지 문제를 파고든다.

예를 들어 '출산율 저하'라는 현상이 있다면 근본원인을 찾을 때까지 계속해서 '왜?'라고 질문하면서 거기서 나온 원인들을 다음 그림처럼 화이트보드에 적어나갈 수도 있다.

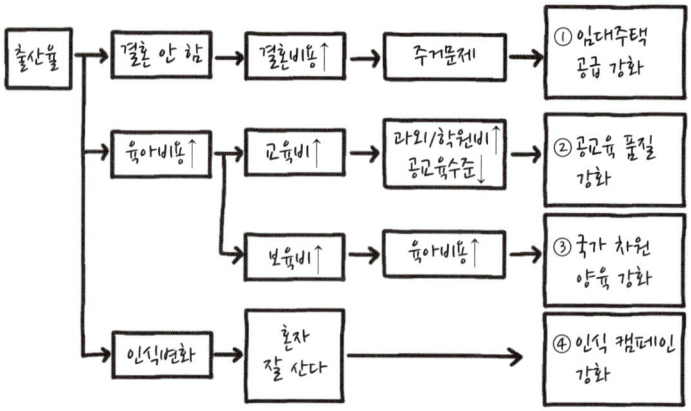

또한 꼭 적을 필요 없이 다음과 같이 머릿속으로 질문제시와 원인도출 과정을 이어나가도 된다.

> 출산율이 저하되고 있다 → (왜?) → 결혼을 안 하니까 → (왜?) → 결혼비용이 많이 드니까 → (왜? 무슨 비용?) → 결혼 초기에 집을 구하는 비용이 너무 높아서 → (왜?) → 전셋값이 비싸니까 → (왜?) → 전셋값이 비싸니까… 그런데 더 내려갈 기미가 안 보이네…

다음은 위의 사례를 그림으로 표현한 것이다.

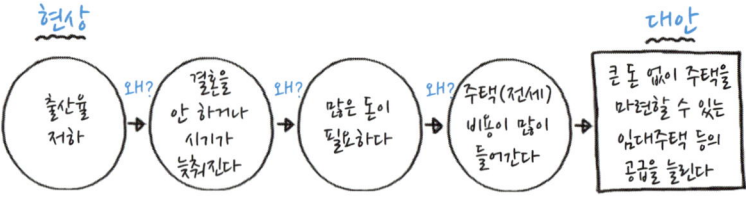

위의 사례에서는 '출산율 저하'의 근본원인으로 '집값이 비싸다'가 도출되었다. 이런 식으로 근본원인을 찾아내면 '임대주택 확대' 등의 대안을 보다 쉽게 도출해낼 수 있다.

또 다른 사례를 하나 살펴보자.

한 IT회사에서 지속적으로 시스템 장애가 발생해서 신규 서비스 개발 기간이 계속해서 지연되고, 보안이슈까지 발생하는 상황이 빚어졌다. 이에 해당 회사에서는 구성원 FGI(포커스그룹인터뷰)를 통해 구체적으로 다음과 같은 현상들을 찾아냈다.

---

① 시스템 장애가 많이 발생하고 효과적으로 대응하지 못하고 있다.
② 신규 서비스 출시가 늦어지고 있다.
③ 시스템 자산이 효과적으로 활용되지 못하고 있다.
④ 인적 자원이 웹 개발자 위주로 구성되어 있다.

이 회사에서는 이런 현상을 두고 다시 구성원 브레인스토밍을 통해 '전문가 부족'과 '업무프로세스 정비 미흡'이라는 2가지 핵심원인을 도출해냈고, 이에 따라 '채용'과 '업무표준화'라는 2가지 개선안을 실행함으로써 문제를 해결할 수 있었다. 지금까지 설명한 이 회사의 문제해결 과정을 하나의 파워포인트 장표로 표현해보면 다음과 같다.

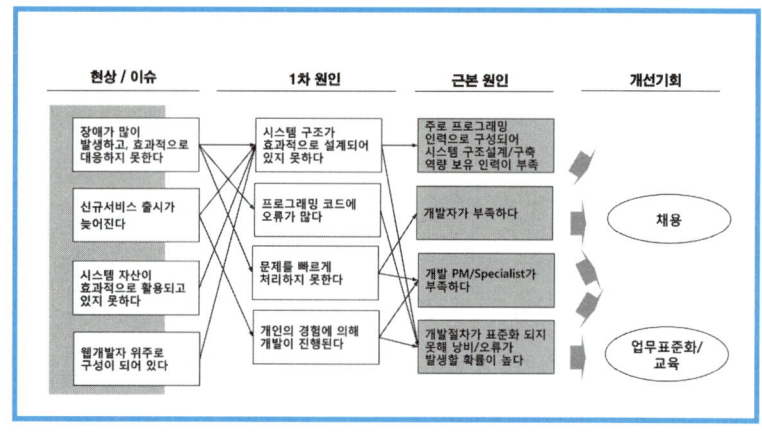

그런데 위와 같은 형태의 분석자료를 그대로 보고서 본문에 넣으면 다소 복잡해보일 수 있다. 따라서 보고서 본문에는 위의 내용 중 핵심사항만 정리해서 넣고, 나머지 세부내용은 별도의 첨부문서로 작성하는 것이 바람직하다.

또한 위의 사례에서 도출한 2가지 개선안 중 '채용'을 기준으로 구체적인 대안을 보고서에 담는다면 다음과 같이 정리해볼 수 있다.

핵심 확보분야	Core Spec	확보규모(분기별)				확보방법
		2/4	3/4	4/4	계	
Sys. Architect	• 대용량 System Architecture 설계, 튜닝, 분산객체 경험 보유자(4년 이상)	1	1		2	인적 네트워크 활용
DB전문가	• DB모델링 및 튜닝전문가 • 개발경험 4년 이상의 PM급 인력		1	1	2	인적 네트워크 활용
QA전문가	개발방법론, 형상관리, 감리전문가		1		1	헤드헌팅 및 인적 네트워크 활용
개발 PM	• 개발경험 5년 이상의 전문가로 대용량 분산시스템 구축 PM 경험자		1	1	2	헤드헌팅 및 인적 네트워크 활용

근본원인 분석도구 활용을 위한 실전 팁

업무현장에서 근본원인 분석도구를 이용해서 원인분석을 할 때 다음과 같은 방법을 활용하면 큰 도움이 된다.

① 여러 사람 또는 팀 차원에서 근본원인 분석도구를 활용할 때는 다음 사진과 같이 화이트보드와 포스트잇을 활용하면 편리하다.
(혼자서 활용할 때는 연습장 등을 이용해도 좋다.)

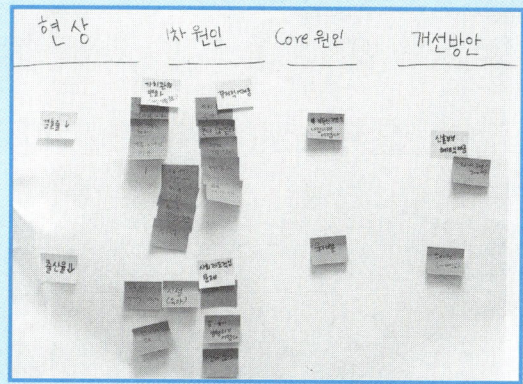

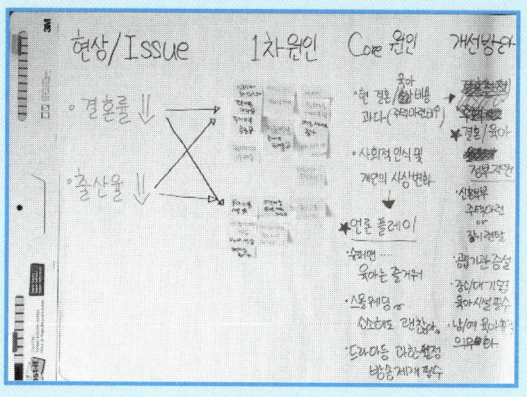

② 먼저 맨 왼쪽 '현상' 영역에는 현재 발견한 현상이나 이슈들을 포스트잇에 적어서 붙여놓는다.
③ 그다음에는 '그 현상이 왜 발생했는지'를 생각하면서 '1차 원인'을 같은 방식으로 적어서 붙여놓는다.
④ 1차 원인이 진짜 근본원인지 재검토해서 최종적으로 찾아낸 '핵심(core)원인'을 포스트잇에 적어서 세 번째 영역에 붙여놓는다. 바로 이 핵심원인을 찾아내야만 개선기회를 확보할 수 있다.

위와 같은 과정은 80:20 법칙과도 동일하다. 즉, 20%의 근본원인을 찾아서 해결하면 문제의 80% 이상을 해결하는 효과를 얻을 수 있다는 의미다.

003 문제해결에 필요한 전략적 사고의 핵심

The Total Solution for Reports

전략의 의미

보고서나 기획서를 작성할 때 3단계 사고구조만큼이나 중요한 것이 바로 '전략적 사고'다. 전략적 사고의 핵심이 바로 보고서를 통해서 문제를 해결하고 일을 성공시키는 데 있어서 가장 중요한 요소인 '한정된 자원과 시간을 어디에 집중할 것인지'를 결정하는 데 있기 때문이다.

'전략'이라는 용어는 매우 흔하게 쓰이지만, 그 정의를 정확히 이해하는 사람은 매우 드물다. 심지어 전략담당자나 사업기획자를 채용하는 면접자리에서 '전략이 무엇인지'를 물어봐도 대부분 지엽적인 설명을 할 뿐 명확한 정의를 설명하는 경우는 많지 않다.

국립국어원에서 펴낸《표준국어대사전》에는 '전략'의 의미가 다음과 같이 정의되어 있다.

1. 〈군사〉 전쟁을 전반적으로 이끌어가는 방법이나 책략. 전술보다 상위의 개념이다.
2. 정치, 경제 따위의 사회적 활동을 하는 데 필요한 책략.

또 《Basic 고교생을 위한 국어 용어사전(2006.11.5.)》에서는 '어떤 목표에 도달하기 위한 최적의 방법을 뜻한다'라고 정의하고 있고, 《두산백과사전》에서는 '전쟁에서의 승리를 위해 여러 전투를 계획·조직·수행하는 방책'이라고 정의하고 있다. 이런 정의들을 종합해보면 전략이란 원래 군사적인 용어로 활용되었으며, 그 의미를 '경쟁상황에서 승리하기 위한 책략'이라고 생각해볼 수 있다.

전략(strategy) 또는 전략계획(strategy plan) 등의 용어는 앨프리드 챈들러(Alfred D. Chandler)가 1962년에 쓴 《경영전략과 조직(Strategic & Structure)》이라는 책을 통해 최초로 군사적인 의미에서 벗어나 조직경영 분야에 등장했다. 이 책에서 챈들러는 경영전략을 '기업의 기본적인 장기목표 및 목적을 결정하고 그 목표를 달성하는 데 필요한 활동방향과 여러 가지 자원을 배분하는 것'이라고 정의했다. 이후 경영전략에 대한 본격적인 연구는 이고르 앤소프(Ansoff)에 의해 시작되었다고 볼 수 있는데, 그는 그의 저서 《기업전략(Corporation Strategy)》을 통해 경영전략을 '경영목표를 달성하기 위한 의사결정 내지 지침'이라고 정의했다.

지금까지 살펴본 사전적 정의와 경영학자들의 정의를 종합해보면 결국 '전략'에는 다음과 같은 요소들이 포함되어 있음을 알 수 있다.

① 전쟁 또는 경쟁사와의 경쟁환경이라는 요소
② 부족한 자원을 효과적으로 배분하여 목표를 달성한다는 요소
③ 계략, 책략 등 계산적이고 분석적인 요소

위의 요소들을 기준으로 전략의 의미를 한마디로 정의해보면 다음과 같다.

'경쟁환경에서 승리하기 위해 자원을 효과적으로 배분함으로써 목표를 달성하는 계산 또는 계획'

란체스터 법칙으로 배우는 전략의 실질적인 의미

란체스터 법칙은 전략의 개념을 과학적으로 가장 잘 설명하고 있는 대표적인 이론이다. 영국의 항공학자 란체스터는 1,2차 세계대전의 공중전 결과를 분석하면서, 전투 당사자 간의 원래 전력차이가 결국 전투의 승패는 물론이고, 그 전력차이를 더욱 크게 만든다는 사실을 발견했다. 예를 들어 다음 그림과 같이 동일한 성능을 가진 아군 전투기 5대와 적군 전투기 3대가 전투를 벌인다고 해보자. 이때 전투기 5대를 보유한 아군이 이길 것이라는 점은 누구나 생각할 수 있다. 그렇다면 이 전투에서 과연 아군 전투기는 몇 대가 살아남을까?

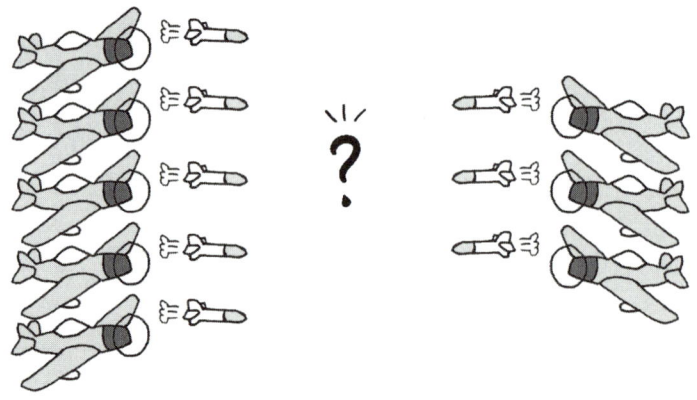

단순하게 계산해보면 아군 전투기 2대(5대-3대)가 살아남을 것이라고 생각할 수 있다. 그러나 란체스터 법칙에 의하면 다음 공식이 성립한다.

$$\sqrt{(m^2-n^2)} = x$$

(m : 많은 수, n : 적은 수, X : 살아남은 수)

위의 공식에 앞에서 제시한 상황을 대입해보면 다음과 같은 결론을 얻을 수 있다.

$$\sqrt{(25-9)} = 4대$$

즉, 전력상 차이가 있는 양자가 전투를 벌이는 경우 전력차이가 원래 전력차이의 제곱만큼 더 커지는 것이다. 그렇다면 다시 남은 아군 전투기 4대와 적군 전투기 2대가 맞붙으면 어떻게 될까? 마찬가지로

'$\sqrt{(16-4)}$=약 3.46대'가 살아남는다는 결론이 나온다. 물론 이것은 확률적인 결과이지만, 이 공식대로라면 전력차이가 2배가 되면 아군 전투기는 거의 상하지 않고 적을 무력화시킬 수 있다는 결론을 얻을 수 있다. 이것이 바로 전략의 핵심이다. 이러한 결과만으로 보면 전략은 일종의 수 계산이라고도 할 수 있다.

전략의 핵심은 '시간-공간-에너지' 3가지 요소의 조합

란체스터 법칙을 통해 살펴보았듯이 전략의 핵심은 '시간-공간-에너지'라는 3가지 요소를 조합으로써 승리를 얻는 데 있다. 다시 말해 '같은 시간과 같은 공간에 상대보다 많은 에너지를 집중함으로써 승리를 쟁취하는 것'이다. 독일의 군사·전략전문가로서 《전쟁론》을 저술한 클라우제비츠 역시 이와 비슷하게 '전략은 언제, 어디서, 어떤 병력으로 싸울 것인가를 정한다. 따라서 전략은 이 3가지 사항에 대한 결정을 통해 싸움의 결말에 크나큰 영향을 미친다'라고 말했다.

우리 역사에서 '시간-공간-에너지'라는 3가지 요소를 가장 잘 활용한 사례로는 임진왜란 당시 이순신 장군이 활용한 전략들을 들 수 있다. 임진왜란과 정유재란을 통틀어 23전 23승이라는 신화를 이룬 이순신 장군은 철저하게 동일한 지역에서 상대보다 많은 에너지를 집중하는 전략을 활용했다.

이순신 장군이 처음 전쟁에 나섰을 때 이순신 장군이 보유한 판옥선은 24척이었으며, 원균이 몰고온 4척의 판옥선을 합쳐도 28척밖에 되지 않았다. 더구나 이때는 아직 거북선도 완성되지 않은 상황이었다. 이에 반해 적의 전투함은 수백 척에 이르렀다. 한마디로 전면전으로는 승산이 없는 싸움이었다. 이런 상황을 타개한 것이 바로 '각개격파 전략'이었다. 적군이 조선의 각 포구를 점령하고 노략질을 하려고 분산되었을 때 병력을 모아 그 포구들을 하나씩 급습함으로써 승리를 쟁취한 것이다. 즉, 각 포구에서 포격전을 벌일 때 적 전투함의 수보다 아군 전투함의 수가 많다는 점과, 포격 가능한 아군 전투함의 전투력이 적군에 비해 2배 이상 강하다는 점을 이용함으로써 아군의 피해는 거의 없이 적을 거의 궤멸할 수 있었던 것이다. '동일시간, 동일 지역에 더 많은 에너지'라는 전략의 핵심을 정확히 보여주는 사례다.

이순신 장군은 원균이 칠천량해전에서 크게 패해 배가 12척밖에 남지 않았을 때 벌인 명량해전에서도 이러한 전략의 원리를 철저하게 지켰다. 당시 이순신 장군은 울돌목이라는 곳에 12척의 배를 일렬로 세우고 적을 맞았는데, 이곳은 물길이 워낙 좁아 적 전투함 수가 200척이라고 해도 맞붙어 싸울 수 있는 전투함 수는 양쪽이 비슷할 수밖에 없었다. 이런 상황에서 적 전투함에 비해 2배 이상의 전투력을 가진 전투함으로 전투를 벌임으로써 아군의 큰 피해 없이 대승을 거둔 것이다.

이 사례처럼 전략에 있어서 '시간-공간-에너지'라는 3가지 요소는, 이것을 이해하면 '전략의 50%를 배웠다'고 할 수 있을 정도로 매우 중요하다. 특히 전략적 사고를 필수적으로 갖추어야 하는 기획자의 경우 이 3가지 요소를 항상 머릿속에 담아두고 있어야 한다.

손자병법으로 배우는 전략의 핵심요소

《손자병법》은 '전략의 바이블'이라고 평가받을 만큼 전략에 대한 핵심적인 내용들이 많이 담겨 있다. 여기서는 그 중 주요 내용만 간추려서 살펴보기로 하자. 《손자병법》 전반을 아우르는 핵심은 바로 이것이다.

'싸우기 전에 미리 정확하게 계산을 해서 이길 수 있는 싸움만 하라.'

특히 손자는 이 책에서 '경쟁은 서로 간에 큰 소모를 불러오기 때문에 잘못했다가는 구성원의 피해와 조직의 멸망을 초래할 수도 있다'는 점을 지속적으로 강조했다. 그 대표적인 것이 '전쟁은 나라의 중대한 일이다. 국민의 생사와 나라의 존망이 달려 있으니 깊이 살피지 않을 수 없다'는 말이다.

《손자병법》모공 편을 보면 우리가 익히 알고 있는 '적을 알고 나를 알면 백 번을 싸워도 위태롭지 않다(知彼知己 百戰不殆)'는 말이 나온다. 이 말은 싸움(경쟁)에 앞서 나와 상대방의 역량, 즉 나의 강점과 약점은 물론 상대방(경쟁자)의 강점과 약점을 명확히 파악하고 접근해야만 큰 실패를 겪는 위태로움을 피할 수 있다는 의미를 담고 있다.

《손자병법》에는 '도천지장법(道天地將法)'이라는 5가지 요소를 이용해 나와 경쟁자를 분석하는 방법이 제시되어 있다. 손자는 이 5가지 요소를 분석해보면 전쟁을 하기 전에 미리 승패를 점칠 수 있다고 이야기했다. 다음과 같은 도천지장법 각각의 의미를 살펴보면, 오늘날의 경영분석 관점에서 보더라도 전혀 손색없는 경쟁력 비교기준이 된다는 사실을 알 수 있다.

- 도(道)
사명(미션), 비전, 추구하는 길, 방향, 전략 등에 해당한다. 즉, 리더가 어떤 사명과 가치를 가지고 조직을 이끌 것인지를 의미한다.

- 천(天), 지(地)
싸울 시기와 장소, 즉 언제 어떤 분야에서 경쟁할 것인지를 의미한다.

- 장(將)
어떤 인재를 기용하고 이들을 통해 어떻게 조직역량을 높일 것인지를 의미한다.

- 법(法)
어떠한 방식과 제도, 시스템으로 조직을 관리할 것인지를 의미한다.

이런 기준을 보고나 기획에 활용하면 다음과 같은 분석이 가능해진다.

● 구글(Google)의 경쟁력 분석

구분	내용
비전/리더십	가치의 본질에 집중하는 유연한 리더십
경쟁분야/시점	검색분야를 선점
인적자원	세계 최고의 엔지니어를 보유
시스템	업무집중을 지원하는 시스템 구축

손자는 《손자병법》 허실 편(虛實篇)에서 다음과 같은 말로 주도권, 즉 '선점'의 중요성을 강조하기도 했다.

'무릇 전쟁터에 먼저 가서 적을 기다리는 자는 편안하고, 늦게 전쟁터로 달려가서 급하게 싸우는 자는 피곤하다.'
'잘 싸우는 자는 이끌되 적에게 이끌림을 당하지 않는다."

경쟁에서 승기를 잡으려면 주도권을 절대 놓치지 말라는 이야기다. 실제로 오늘날 기업경영에서도 선점기업이 시장점유율의 70%를 가져가고, 2위 기업이 20%, 나머지 기업이 10% 미만을 가져가는 경우가 많다.
《손자병법》에서는 다음과 같이 '집중'의 중요성에 대해서도 이야기하고 있다.

'적은 드러나게 하고 나는 드러나지 않으면 나는 집중하게 되고 적은 병력을 분산하게 되어 나는 하나가 되고, 적은 열로 나누어지니 이것은 10배의 힘으로 하나를 공격하는 상황이 된다. 그러면 나는 많고 적은 적어지니 다수로 작은 수를 공격하면 쉽게 승리할 수 있다.'

오늘날로 치면 작은 기업이 아주 큰 기업과 경쟁을 하더라도, 작은 기업이 큰 기업의 분산된 여러 사업분야 중에서 가장 잘하는 분야에 집중해서 더 좋은 제품을 만들고 마케팅 능력을 발휘하면 승리할 수 있다는 의미가 된다.
결국 《손자병법》에서 말하는 전략의 핵심 키워드는 '① 사전 역량분석, ② 선점, ③ 집중'으로 압축해볼 수 있다.

일 잘하는 사람들의 공통적인 특성

지금까지 설명한 전략의 핵심요소들을 실제로 업무에 잘 활용하는 사람들은 어떤 특성이 있을까? 필자가 오랜 기간 업무현장에서 살펴본 바로는 그런 사람들은 공통적으로 다음 그림과 같이 앞에서 설명한 '입체적 상황분석, 원인분석, 집중, 창조적 문제해결'이라는 4가지 요소가 유기적으로 돌아가는 사고를 갖추고 있었다. 또한 이것이 바로 전략적 사고의 핵심이기도 하다.

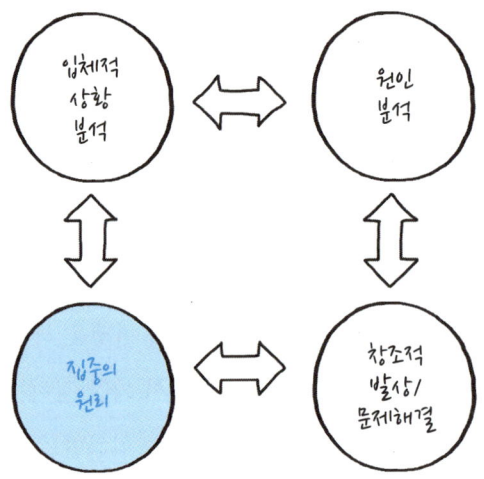

이러한 전략적 사고를 갖춘 사람들은 특히 이것저것 다하겠다는 생각보다는, 현재 자신이 가진 자원을 효율적으로 이용하는 '선택과 집중의 원리'를 효과적으로 활용하는 경향이 강하다.

80:20 법칙과 전략적 사고의 조합

몇해 전 방영된 SBS 스페셜 〈세상은 생각보다 단순하다〉 편에서는 자연법칙과 같이 우리의 삶에도 일정한 패턴이 숨어 있다는 여러 주장들을 소개했다. 이러한 패턴법칙들은 실제로 비즈니스 분야에서도 많이 활용되고 있는데, 빅데이터나 멱함수 등이 그 사례들이다. 특히 그 중에서도 가장 대표적인 것이 바로 우리가 익히 알고 있는 '80:20 법칙', 즉 '파레토 법칙'이다.

파레토 법칙은 이탈리아의 경제학자인 파레토가 유럽의 소득분포를 분석하다가 상위 20%의 사람들이 전체 부(富)의 80%를 가지고 있다는 사실을 알아내고 발견한 법칙이다. 이후 이 법칙은 다양한 분야에서 응용되었는데, 상위 20%의 고객이 매출의 80%를 창출하고, 20%의 핵심 문제를 해결하면 전체 문제의 80%를 해결할 수 있다는 것 등이 그 대표적인 사례들이다.

파레토 법칙은 전략과도 잘 매칭이 된다. 예를 들어 기획안을 작성할 때 모든 것을 다하겠다 식으로 구색을 맞춰 작성하는 실무자들이 많은데, 실제로 그런 기획안대로 일을 진행할 경우 에너지만 분산될 뿐 실질적인 결과를 가져오기 어렵다. 따라서 실제로 좋은 결과를 내기 위해서는 '가장 핵심적인 대안에 과감하게 자원을 투입하겠다'는 식으로 기획안을 작성하는 것이 바람직하다. 앞에서 설명한 문제해결의 3단계 사고를 바탕으로 현상에서 발생하는 문제의 근본원인을 파악한 후, 다음 그림과 같이 조직이 가지고 있는 자원과 에너지를 그것을 해결하는 데 과감하게 집중하면 결과적으로 문제의 80% 이상을 해결할 수 있기 때문이다. 이처럼 문제해결의 3단계 사고와 전략은 밀접하게 연관되어 있다.

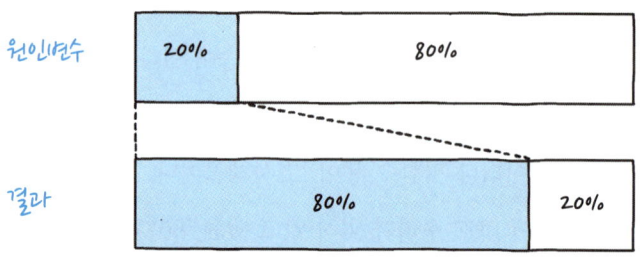

또한 기획안에 여러 가지 대안을 제시하더라도 그 중에서 특히 집중해야 할 대안의 자원비중을 높여서 실질적인 효과를 낼 수 있도록 해야 한다. 예를 들어 고객클레임의 빈도와 유형을 분석하는 자료를 만든다면 다음 그림과 같이 가장 빈번하게 발생하는 A와 B 유형에 자원을 집중한다는 식의 대안을 제시해야만 실질적인 효과를 얻을 가능성이 크다는 것이다.

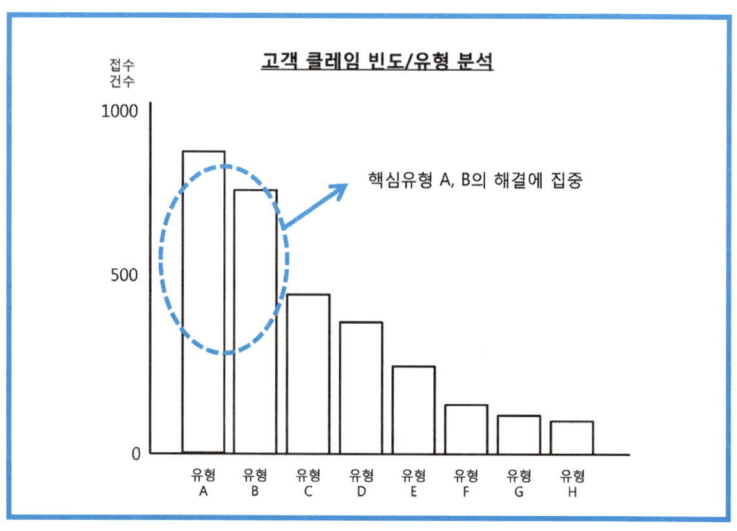

문제해결의 열쇠는 변수의 단순화

기획은 뭔가 멋지고 화려하고 복잡해야 한다는 고정관념을 가지고 있는 사람이 많다. 그러나 이러한 고정관념으로 보고서나 기획안을 작성하면 다음 그림과 같이 구색 맞추기와 데코레이션 현상이 발생할 가능성이 크다. 또한 정확한 문제해결 방안이 준비되어 있지 않거나, 자신이 제시한 문제해결 방안에 대한 자신감이 없을 때도 같은 현상이 발생한다.

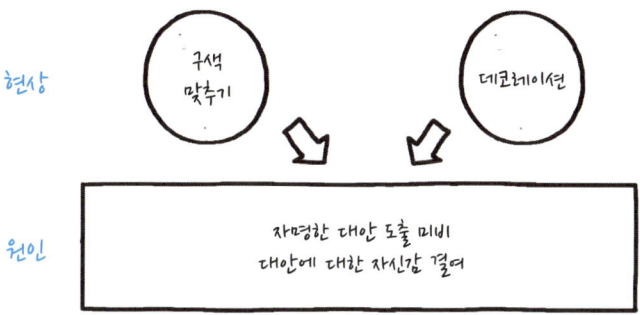

실패하는 기획안은 대체로 복잡하다. 그런 기획안들은 보통 2~3가지의 변수를 동시에 충족해야 달성이 가능한 구조로 되어 있는데, 현실에서는 그것들을 모두 충족시키기가 매우 어렵다. 특히 스타트업들의 사업계획서에서 이러한 사례를 자주 접할 수 있다. 이런 경우 사업모델은 좋은데 2가지 이상의 변수가 동시에 충족되지 않으면 현실에서 작동하지 않는다는 문제가 발생한다. 세상이 자신의 뜻대로 움직일 것이라는 생각은 기획에서는 치명적인 실패요인이 된다. 꿈은 멋지게 꾸되 가정은 냉철해야 한다. 따라서 다음 그림과 같이 변수를 단순화함으로써 한 가지 변수만 충족하더라도 기획 또는 사업계획의 결과가 성공적으로 산출될 수 있도록 해야 한다.

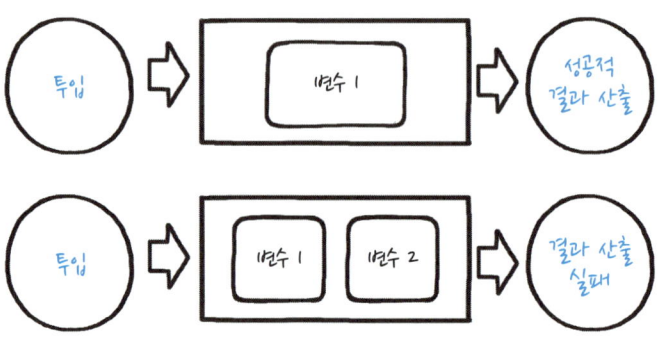

예를 들어 어떤 회사가 신상품 A와 신상품 B 개발을 계획하고 있다고 해보자. 현재 이 회사는 5억 원의 개발자금을 가지고 있으며, 신상품 A와 신상품 B에 대한 개발비와 출시 후 예상 매출액은 다음과 같다고 한다.

- 신상품 A : 개발비 10억 원, 연간 예상 매출액 10억 원
- 신상품 B : 개발비 3억 원, 연간 예상 매출액 5억 원

이와 같은 상황에서 사업계획을 세울 때 가장 많이 하는 실수가 다음 '전략 1'과 같이 최선의 가정을 잡는다는 것이다.

- 전략 1 : 추가로 5억 원을 투자받아 신상품 A를 만들어서 연간 10억 원의 매출을 올린다.

위와 같은 전략에서의 문제는 '현실에서는 통제가 안 되는 측면이 많다'는 점을 감안하지 않았다는 것이다. 예를 들어 실제 통장에 들어올 때까지 장담할 수 없다는 '투자'라는 변수가 일의 성공 가능성을 상당히 떨어뜨릴 가능성이 크다. 이에 반해 다음과 같은 '전략 2'는 단순하지만 통제 가능한 변수만을 반영했기 때문에 성공 가능성이 매우 높다.

- 전략 2 : 신상품 B를 만들어서 연간 5억 원의 매출을 올린다.

기획은 'Simple is best!' 라는 점을 항상 기억해야 한다.

퀵 윈(Quick Win) 과제에 집중하라

회사에서 일을 하다 보면 1년 내내 열심히 무언가 한 것 같은데, 막상 연말 업무평가서에 쓸 만한 내용이 떠오르지 않을 때가 있다. 이런 문제는 대부분 어떤 일을 기획하는 초기에 '비즈니스에서의 중요도'와 '달성 용이성'이라는 2가지 요소를 제대로 고려하지 않았기 때문에 발생한다. 일반적으로 비즈니스와 관련된 과제는 다음 그림과 같이 '비즈니스에서의 중요도'와 '달성 용이성'을 기준으로 크게 4개 부분으로 구분된다.

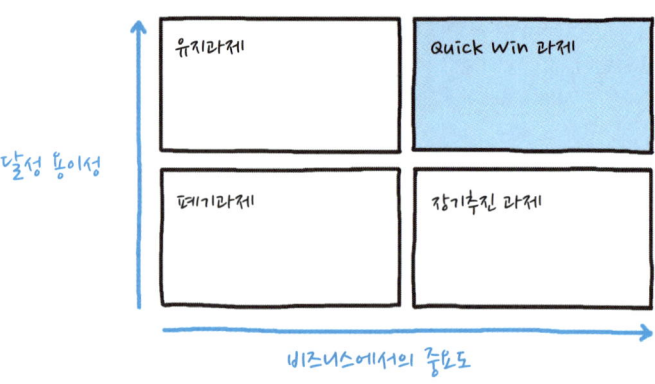

위 그림에서 각 부분에 대한 의미는 다음과 같다.

- 퀵 윈(Quick win) 과제 : 사업에 미치는 영향이 크고, 다른 업무들과의 관련성이 높지 않아서 달성이 쉽고 짧은 시간 안에 가시적인 효과를 볼 수 있는 과제
- 장기추진 과제 : 사업에 미치는 영향이 커서 추진해야 하지만, 다른 업무와의 연관성이 높고 고도의 기술이 필요해서 달성이 쉽지 않은 장기 과제
- 유지과제 : 달성은 어렵지 않지만 중요도가 떨어져서 적절한 자원을 활용해서 유지만 하면 되는 과제
- 폐기과제 : 달성이 어렵고 비즈니스에서의 중요도도 낮아서 제외할 수 있는 과제

조직에는 늘 자원이 부족하기 마련이다. 그러다보니 업무현장에서는 늘 추진하려는 일을 두고 여러 이해관계자들 사이에서 자원배분의 효율성을 점검해보는 작업이 이루어지곤 한다. 이런 상황에서 일을 성공적으로 수행하려면 위의 4가지 부분 중 퀵 윈 과제에 60% 이상의 노력을

집중해야 한다. 이를 통해 작은 성공들을 쌓아나가서 이해관계자들의 신뢰감을 확보해야만 계속해서 자원을 안정적으로 공급받을 수 있기 때문이다.

일반적인 업무라면 '① Quick Win 과제→② 장기추진 과제→③ 유지과제→④ 폐기과제' 순으로 중요도를 주어야 하며, 연간 사업계획과 관련된 일이라면 '① Quick Win 과제'의 비중을 높이되, '② 장기추진 과제'를 일정 부분 반영하는 방식으로 하는 것이 좋다.

만일 팀 차원에서 연간 사업계획을 세운다면 막연하게 팀원들의 아이디어를 종합하는 방식보다는, 먼저 위에서 설명한 4분면을 화이트보드에 그리고 팀원들의 아이디어를 받아서 포스트잇 등에 적은 뒤에 논의를 통해 각 분면에 배치함으로써 체계적으로 할 일을 정하는 것이 효과적이다.

004 보고의 리스크를 줄여주는 시뮬레이션과 시나리오 기법

The Total Solution for Reports

시뮬레이션 사고를 보고에 활용하는 방법

시뮬레이션 사고란 '어떤 일을 실행하기 전에 미리 그 일의 진행결과를 예측해보는 사고법'을 말한다. 이런 사고법을 익히면 미래에 발생할 수 있는 여러 가지 장애요인이나 리스크를 최소화할 수 있다. 예를 들어 보고서를 작성한다면 실제 보고 전에 반드시 지적될 만한 요소에 대한 대안과 장·단점 등을 머릿속에서 시뮬레이션해보는 식이다. 그게 어렵다면 노트에 적어가면서라도 이러한 과정을 반드시 거치는 것이 좋다. 보고서 작성 시 시뮬레이션해보아야 할 고민거리는 보통 다음 3가지 정도로 요약할 수 있다.

① 이 보고안이 실제로 시행되면 어떤 결과가 나올까?
② 이 안 외에 다른 대안은 없을까? 그 대안을 활용하면 어떤 결과가 나올까?
③ 각 안의 장·단점은 무엇일까? 내가 추천할 대안은 정말 가장 좋은 안일까?

시뮬레이션 사고법은 다른 말로 '경우의 수를 찾아내는 능력'이라고도 한다. 또 어느 정도 업무경력이 쌓여야 이러한 사고법이 가능하다는 점에서 주니어와 시니어를 구분하는 기준이 되기도 한다. 다만 주니어 시기부터 훈련하지 않으면 나중에 시니어 위치에 오르더라도 이러한 사고법을 활용하지 못하는 경우가 많다.

시뮬레이션 사고가 부족해서 상사에게서 질책을 받는 상황은 보통 다음 3가지 경우를 들 수 있다. 먼저 구체적인 근거를 고민해보지 않았거나, 단순한 아이디어만 가지고 보고할 때 많이 발생하는 사례다.

〈상황 1〉
사원 : 팀장님 지난 번 지시하신 사안은 A안으로 처리하면 좋을 것 같습니다.
팀장 : 음, 그래? 그렇게 생각한 근거는 뭔데?
사원 : 네? 근거요? 음… 그냥 A안이 좋겠다는 생각이 들어서요….
팀장 : 너무 막연하지 않아? 고민이 더 필요하지 않겠어? 근거를 고민해서 다시 보고해!

또한 보고를 하기 전에 상사가 어떤 질문을 할지 고민해보지 않았을 때는 주로 이런 상황이 발생한다.

〈상황 2〉
사원 : 팀장님, 이번 건은 A안으로 처리하면 좋을 것 같습니다.
팀장 : 음, 그것도 좋지만… B안으로 처리하는 방식은 어떨 것 같아?
사원 : 아… 그 방식은 미처 생각해보지 못했습니다. 다시 확인해서 보고 드리겠습니다.
팀장 : 좀 더 다양하게 고민 좀 해줘!

어떤 질문을 하더라도 막힘없이 대답하는 부하직원을 싫어할 상사는 없다. 이런 점을 감안해 보고하기 전에 상사가 물어볼 만한 질문들을 가능한 한 다양한 측면에서 고민해보면 맡은 업무에 대해 치밀하고 깊게 생각하고 있다는 인식을 줄 수 있다.

다음은 고민 없이 습관적으로 기존 관행대로 일을 했을 때 주로 발생하는 상황이다.

〈상황 3〉
사원 : 팀장님, 지난 번 지시하신 건에 대한 보고서입니다.
팀장 : (보고서를 보다가) 음… 왜 이렇게 처리했나?
사원 : 네? 전임 담당자 때부터 그렇게 처리했었는데요?
팀장 : 좀 바꿔볼 생각은 안 해 봤어?
사원 : 그게… 기존 방식대로 처리해도 특별히 문제가 없을 것 같아서….
팀장 : 제발 생각 좀 하면서 일을 하자고!

상사는 부하직원이 처리한 방식이 맞든 아니든 항상 '왜 그런 방식으로 처리했는지'를 궁금해 한다. 따라서 자신이 맡은 일이 아무리 사소하고 정해진 프로세스대로 진행하는 일이라도 한 번 정도 더 좋은 방법이 없는지, 상사에게 제안할 만한 사항은 없는지 등을 미리 고민해보는 것이 바람직하다.

위와 같은 상황들을 겪고 싶지 않다면 항상 생각하면서 일하는 습관을 들여야 한다. 즉, 항상 머릿속에서 일에 대한 시뮬레이션을 해보아야 한다는 것이다. 이러한 시뮬레이션의 바탕이 되는 가장 중요한 질문은 다음 2가지다.

① 이 일은 '왜' 하는 걸까?
② 이 일을 이렇게 처리하는 '논리적 근거'는 무엇일까?

이 2가지 질문을 머릿속에 담아두고 매순간 생각하면서 일하는 습관을 들이면, 업무현장에서 시뮬레이션이 필요한 상황이 생겼을 때 효과적으로 활용할 수 있다. 마치 바둑이나 장기를 둘 때 몇 수 앞을 내다보는 것과 같은 이치다. 이와 함께 시뮬레이션 습관을 익히는 데 도움이 되는 노하우를 정리해보면 다음과 같다.

1 상사나 동료와 대화 또는 회의하는 장면을 미리 머릿속에 떠올려 본다
이때 핵심은 이런 상황을 막연하게 떠올려서는 안 되며, 실제 눈앞에서 벌어지고 있는 것처럼 생생하게 떠올려보아야 한다는 것이다. 그래야만 실제 그런 상황에서 상사나 동료가 어떤 말을 하고, 어떤 반응을 보일지를 효과적으로 예측할 수 있다. 이때 상사·동료들의 성격이나 행동패턴을 이해하고 있으면 이러한 시뮬레이션에 큰 도움이 된다.(328쪽 내용 참조)

2 위와 같은 상상을 통해 대화·회의·보고를 할 때 나는 어떤 대안들을 제시할 것이며, 각각의 장·단점은 무엇인지를 파악해놓는다

보고를 시행착오 없이 한 번에 끝내고 싶다면 시뮬레이션을 통해 상사가 제시할 만한 사소한 대안에 대한 대응책까지 미리 대비해두는 것이 좋다. 그렇지 않으면 같은 사안에 대한 보고를 여러 차례 반복하게 되는 시행착오를 겪을 수 있다.

3 각 대안에 대한 장·단점을 분석할 때는 그 대안들이 실제 현장에서 시행되었을 때 어떻게 작용할지까지 상상해본다

사전에 이런 상상을 해보지 않으면 상사에게서 "당신이 담당자라면 이대로 일이 된다고 생각할 수 있겠어?"라는 질책을 듣고 말문이 막힐 수 있다. 이러한 상황을 피하려면 실제 업무현장에서 그 일을 담당할 사람들의 행동이나 사고는 물론, 소비자의 욕구와 행동패턴까지 감안해서 자신이 생각한 방향대로 일이 잘 진행될 것인지 여부와 각각의 대안에 따른 장·단점 등을 미리 고민해보아야 한다.

4 보고 또는 대화를 할 때 갑자기 발생할 수 있는 리스크와 그러한 리스크에 대한 대안을 미리 생각해놓는다

보고를 할 때는 상사 또는 이해관계자들의 성향에 따라 다양한 리스크가 발생할 수 있다. 이것은 보고뿐만 아니라 평소 상사와 업무적인 대화를 할 때도 똑같이 적용되는 사항이다. 특히 자신이 제안한 방향과 상사나 이해관계자가 평소 걱정하고 두려워하는 방향이 일치할 때가(38쪽 내용 참조) 가장 리스크가 크다. 따라서 보고를 할 때는 반드시 사전에 자신이 제안한 방향에 이러한 리스크 요인이 없는지 다시 한 번 확인해보고, 만일 있다면 어떻게 방어할지도 미리 고민해보아야 한다.

5 보고 또는 대화를 할 때 말문이 막히지 않도록 '왜(Why)'와 '어떻게(How)'를 구체적으로 생각해놓는다

보고 또는 대화를 할 때 상사가 갑자기 미처 문서로 준비하지 않은 내용에 대해 질문하는 경우가 있다. 이럴 때 당황하지 않으려면 항상 '그 일을 왜 하는지, 어떻게 할지'를 구체적으로 생각해놓아야 한다. 그래야만 상사가 언제 무엇을 물어도 구체적인 안을 내놓을 수 있다. 예를 들어 주간업무 보고서에 '소비자 구매패턴 조사'라는 업무를 간략히 한 줄로 써놓았는데, 상사가 '조사는 어떤 방법으로 진행할 생각인지'를 물으면 구두로라도 구체적인 조사방법을 설명할 수 있어야 한다. 이때 대답을 얼버무리면 생각을 깊게 하지 않는 사람으로 인식될 수 있다.

미래예측을 돕는 시나리오 기법

시장예측 등에 관련한 보고서나 기획안 등을 작성하다 보면 누구나 막연한 미래를 들여다보고 싶은 마음이 간절해지기 마련이다. 경영진이나 상사 또는 소비자의 반응을 미리 알 수 있다면 그만큼 쉽게 성공적인 결과를 얻을 수 있기 때문이다. 그러나 현실적으로 미래를 예측하기는 쉽지 않은데, 이러한 어려움을 해결해주는 유용한 도구 중에 하나로 '시나리오 기법'이 있다.

시나리오 기법은 미래에 실현될 가능성이 있는 여러 가지 시나리오를 구상한 후 각 시나리오에 따른 문제점이나 흐름을 추정하는 방법을 말한다. 시나리오 기법은 다른 말로 '가설수립'이라고도 하는데, 일의 흐름이 어떻게 변해갈지 가설을 세우고 그 가설에 따라 일을 방향성 있게 준비하는 기법이라는 의미다.

시나리오 기법에서 가장 중요한 요소는 '변수'다. 시나리오를 작성하려면 예상변수를 충족했을 때 어떤 변화가 올 것인가를 계속해서 질문해 보아야 하기 때문이다. 이때 가장 많이 활용하는 변수로는 마이클 포터 교수의 '5Force 모형'이 있다. 포터 교수는 다음 그림과 같이 '① 산업 내 경쟁자, ② 잠재적 경쟁자, ③ 대체재, ④ 소비자, ⑤ 공급자'를 '5Force', 즉 조직을 둘러싼 5개의 경쟁세력으로 규정하고, 이것들이 조직의 전략과 미래를 좌우한다고 보았다. 특히 그는 기술의 변화로 인한 새로운 대체재나 잠재적 경쟁자의 진입, 소비자의 행태변화 등이 큰 변화를 가져오는 경우가 많다고 주장했다.

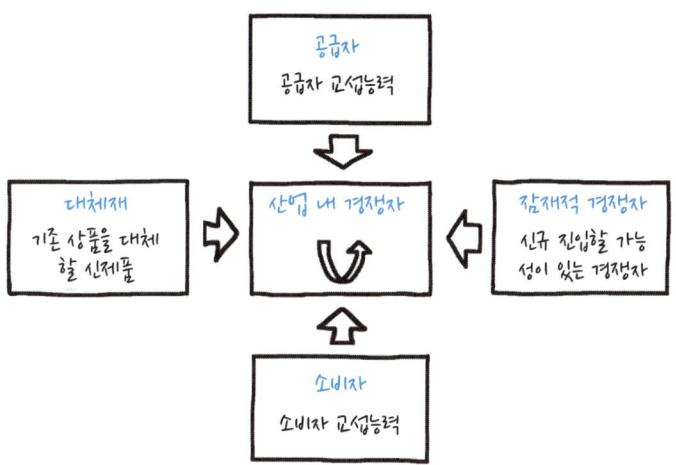

지금까지 많은 미래학자들이 이 시나리오 기법을 이용해서 미래를 예측해왔으며, 오늘날에는 빅데이터 기술과 연계되어 더욱 다양한 영역에서 활용되고 있다. 이러한 기법을 효과적으로 활용한 대표적인 사례로는 1960년대 후반 석유기업 로열더치쉘(이하 '쉘')이 시도한 '시나리오 경영'을 들 수 있다. 그 대략적인 내용은 다음과 같다.

> 1950~1960년대는 전 세계 석유기업들이 큰 호황을 누린 시기였다. 당시 메이저 석유기업들은 앞으로도 이러한 분위기가 계속될 것이라는 편안함을 느끼고 있었다.
> 그런데 당시 쉘만은 다른 경쟁사들과는 조금 다른 생각을 가지고 있었다. 쉘의 기획실에서는 향후 유가변동을 초래할 만한 경우의 수를 분석하고 각각의 경우에 따른 예상 시나리오를 구체적인 스토리로 작성했다. 이를 통해 경영진이 그러한 변화들이 초래할 효과를 한눈에 들여다보고 사전에 대책을 세울 수 있도록 한 것이다.

특히 이들은 당시에 결성된 OPEC(석유수출국기구)의 움직임에 주목했다. 산유국들이 모여 결성한 OPEC이 결국에는 정치적인 판단을 할 것이라고 예측하고 그에 따른 다양한 시나리오를 작성한 것이다.

결과적으로 이들의 판단이 들어맞았다. 1973년에 발발한 중동전쟁에서 서방세계들이 이스라엘을 지원하고 나서자, 이에 반감을 가진 중동국가들이 OPEC을 통해 석유공급 제한조치를 취한 것이다. 이로 인해 한 순간에 석유수급이 끊어지자 유가가 폭등하고, 석유기업들이 줄지어 파산했다.

반면에 쉘은 이러한 위기에 흔들리지 않았다. 미리 작성해둔 시나리오에 따라 사전에 석유 공급처를 중동 외 지역으로 다양화해놓았고, 석유 비축량을 늘려놓았으며, 산유국과의 관계도 우호적으로 다져놓았기 때문이다. 그 결과 쉘은 7위에 불과했던 업계 순위를 단번에 2위까지 끌어올릴 수 있었다.

이 일을 겪은 후 쉘은 시나리오 경영을 상시화했으며, 이를 통해 1986년에 발생한 유가급락까지 예상하고 준비함으로써 계속해서 다른 경쟁자들에 앞서 나갈 수 있었다고 한다.

반면에 IBM은 1990년대에 미래예측에 실패함으로써 큰 손실을 보았다. 당시 IBM은 1970년대의 PC 수요를 기반으로 1990년대 PC시장을 예측해본 결과 예상수요가 수십만 대에 불과하다고 생각하고 PC시장에서 철수했다. 그러나 그들의 예측과는 달리 실제 PC 수요는 수억 대에 이르렀고, 결국 후발주자로 뛰어든 여러 PC 제조회사들과 마이크로소프트는 큰 수익을 얻은 반면, IBM은 PC 개발 및 제조에 대한 독보적인 역량을 보유하고 있었음에도 불구하고 큰 손실을 볼 수밖에 없었다. 과거를 기반으로 미래를 예측하려고 한 데 따른 패착이었다.

실제 업무에 시나리오 기법을 활용하는 방법

조직에서 일하는 사람은 항상 담당업무와 관련해서 조직의 미래에 영향을 미칠 수 있는 변수들을 끊임없이 추적해야 한다. 그러한 변수들의 변화에 민감하게 대응하고 미리 그려놓은 시나리오에 따라 빠르게 대처하는 것이 담당하고 있는 일이나 사업의 성공뿐만 아니라 조직의 영속성에도 큰 영향을 미치기 때문이다.

이처럼 예상되는 변수들의 변화에 따라 시나리오를 그려서 실제 업무에 활용하는 방법을 요약해보면 다음과 같다.

① 미래에 발생할 수 있는 다양한 변수(상황)에 대해 정보를 수집하고 그에 따른 경우의 수를 분석한다.
② 최악, 보통, 최선의 3가지 상황에 집중해서 각 상황별로 어떻게 대처할지를 정한다.
③ 항상 최악의 시나리오를 염두에 두고 일한다.
④ 새로운 일이나 사업을 준비할 때는 그것이 궤도에 오를 때까지 당초 생각보다 2배의 시간이 걸릴 수 있다는 점을 감안한다.

이러한 사항들을 기준으로 실제로 신상품 개발에 관한 시나리오를 작성해보면 다음과 같다.

구분	내용	대응방안
최선	• 신상품 10개 출시(20××년 6월까지 달성) • 매출 20억 원 달성 상품 2개 • 경쟁사에서 신규 경쟁상품 2개 출시	• 성공가능성 높은 상품에 마케팅 비용을 과감하게 투입
보통	• 신상품 7개 출시(20××년 8월까지 달성) • 매출 20억 원 달성 상품 1개 • 경쟁사에서 신규 경쟁상품 3개 출시	• 현재 사업계획 유지
최악	• 신상품 5개 출시(20××년 12월까지 달성) • 매출 20억 원 달성 상품 없음 • 경쟁사 신규 경쟁제품 4개 출시로 시장상황 악화	• 20××년 3월까지 점검 후 최악 가능성 높아질 경우 사업방향성 및 계획 변경 • 비용절감 계획 운영

Part 1_ 기획 및 문제해결 역량 높이기

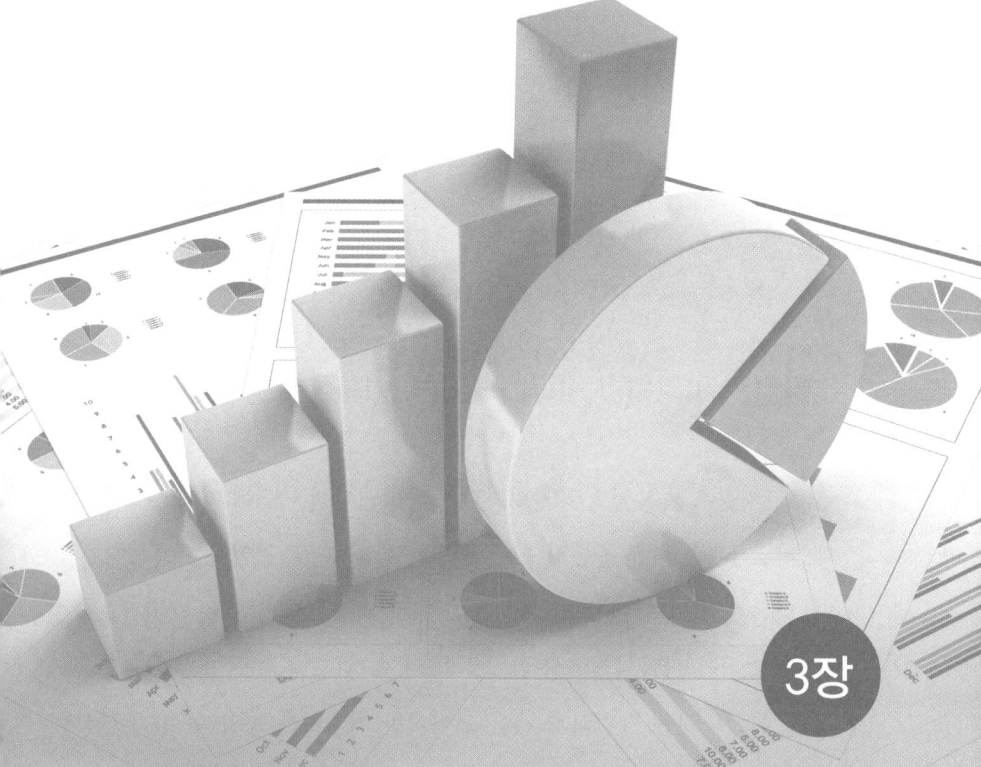

3장

창조적 발상과 문제해결을 위한 업무의 기술

001 일 잘하는 사람들의 공통점, 몰입과 상황인정

● The Total Solution for Reports

몰입은 기획력과 커뮤니케이션 능력을 높이는 공통역량

보고역량은 기본적으로 기획력과 커뮤니케이션 능력에 따라 달라지는데, 이 2가지 능력은 공통적으로 '몰입'을 통해 높일 수 있다는 특성이 있다. 다음 그림과 같이 몰입을 통해 초연한 마음으로 상황을 객관적으로 볼 수 있어야 커뮤니케이션 능력을 높일 수 있으며, 마찬가지로 몰입을 통해 '아하!' 하는 영감과 직관을 얻어야만 기획력을 높일 수 있기 때문이다.

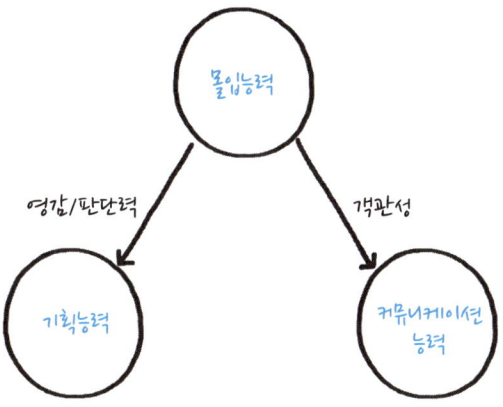

특히 과거의 방식에서 벗어나 자유롭게 새로운 대안을 창출하기 위해서는 '지금 이 순간'에 집중하는 몰입능력이 필수다. 실제로 보고를 포함한 모든 업무성과의 차이가 바로 이 몰입능력에 따라 결정된다고 해도 지나친 말이 아니다.

뇌를 항상 깨어있게 만드는 몰입의 힘

세계적인 리더십의 권위자 로버트 퀸 박사는 《하이퍼포먼스 조직》이라는 책을 통해 훌륭한 리더는 중요한 난제에 부딪혔을 때 가끔 다른 의식수준에 접속될 때가 있는데, 이 상태를 '리더십의 근원적 상태'라고 정의했다. 이것을 다른 말로 표현하면 바로 '몰입상태'가 된다. 퀸 박사는 리더가 이 상태에 이르면 이기적인 마음을 떠나 모두의 이익을 생각하게 되고, 남을 의식하기보다는 자신의 가치에 따르게 되며, 외부에 개방

적이고 도전적인 자세를 갖게 된다고 설명했다. 과거 조선시대 선비들은 이러한 상태를 '거경(居敬)'이라고 부르기도 했다. '항상 정신을 차리고 깨어 있는 상태'라는 의미다.

뇌과학을 연구하는 미국의 마커스 라이클 박사는 2001년에 뇌 영상 장비를 이용해 사람이 아무런 인지활동을 하지 않을 때 활성화되는 뇌의 특정 부위를 밝혀냈다. 그는 이 부위를 '디폴트 모드 네트워크(DMN, Default Mode Network)'라고 지칭하고, 과학적 연구와 뇌 사진을 통해 사람의 자아성찰, 자전적 기억, 사회성과 감정의 처리과정, 창의성 등을 담당하는 이 부위가 사람이 아무런 인지활동을 하지 않을 때, 즉 편안히 휴식을 취하고 있을 때 활성화된다는 사실을 확인했다고 밝혔다.

24시간 서버를 운영하는 온라인 서비스회사에서 간혹 알 수 없는 오류로 갑자기 서버에 장애가 발생할 때가 있다. 이럴 때 가장 손쉬운 해결책이 무엇일까? 바로 서버를 껐다가 켜는 방법이다. 이 단순한 방법으로 장애의 70%가량이 해결된다고 한다. 이와 마찬가지로 우리의 뇌도 수많은 생각 덩어리가 꽉 차 있을 때 효율성이 크게 떨어진다. 마치 컴퓨터 화면에 한꺼번에 많은 프로그램을 띄워놓으면 컴퓨터의 성능이 떨어지는 것과 같은 이치다. 이처럼 생각의 과부하를 피하려면 수시로 퀸 박사가 말한 뇌의 디폴트 모드 네트워크를 활성화시켜야 한다. 여러 연구에 의하면 디폴트 모드 네트워크가 활성화되면 창의성과 특정 수행능력이 향상된다고 한다. 자리에 앉아 생각을 쥐어짠다고 좋은 생각이 나오지는 않는다는 의미다.

몰입상태에 쉽게 들어가게 해주는 실전 팁

디폴트 모드 네트워크를 활성화시키는 가장 좋은 방법은 앞서 설명한 리더십의 근원적 상태, 즉 몰입상태에 들어가는 것이다. 필자의 경우 몰입상태에 들어갈 때 '지금!'이라는 키워드를 사용한다. 현재에 집중하자는 의미다. 과거와 미래에 관심을 끊고, 지금 이 순간에 집중하면 바로 정신이 깨어난다. 이렇게 깨어난 상태에서 자신이 풀어야 할 문제를 차분히 생각해보면 창조적인 아이디어와 해결책을 얻을 수 있다. 이것은 필자가 홍익학당에서 9년 동안 배우고 멘토링하면서 익힌 기법으로, 이를 실천하기 위한 좀 더 구체적인 방법은 다음과 같다.

① 우선 어떤 대상에 가볍게 눈동자를 고정시키고 초점을 잡는다. 물건도 좋고 경치도 좋고 허공도 좋다. 핵심은 눈동자가 구르지 않게 하는 것이다. 눈동자가 구르면 자꾸 다른 생각에 빠지게 된다.
② 이 상태에서 마음속으로 '지금!'이라고 선언한다. 이때 '지금!', '모른다!', '집중!' 등 자신이 좋아하는 키워드를 자유롭게 선택하면 된다
③ 이후 잠깐 동안 느껴지는, 별 생각은 없는데 정신이 또렷해지는 상태를 깊이 만족하고 즐기면서 마음속으로 '딱 좋다!'라고 선언한다.
④ 이 과정을 1~2차례 반복한다.

이런 식으로 몰입상태에 들어가는 연습을 자주 하다 보면 직관력과 기획력은 물론 역지사지와 대인관계 능력까지 향상시킬 수 있다. 참고로 위에서 '지금!' 등의 키워드를 이용해 마음속 선언을 하는 것은 프로 스

포츠 선수들의 루틴과 비슷한 의미가 있다. 즉, 프로 스포츠 선수들 역시 평정심을 갖고 몰입하기 위해 신발 끈을 고쳐 매거나 모자를 벗었다 쓰는 등 저마다의 루틴을 가지고 있는 것이다.

몰입을 통해 상황을 인정하고 핵심에 집중하는 방법

조직에서 많은 일을 하다 보면 욕심대로 일이 진행되지 않을 때가 많다. 실제로 현재 자신이 10개의 일을 맡고 있다면 그 중 3~5개만 제대로 처리해도 성공적인 결과로 볼 수 있다. 특히 대규모 조직일수록 이런 현상이 더욱 심해진다. 많은 이해관계가 얽혀있는 일을 하다 보면 자신의 역량만으로는 상황을 일이 잘되는 방향으로 바꾸기가 그만큼 어렵기 때문이다.

이럴 때 필요한 것이 바로 '상황인정'이다. 즉, 복잡한 상황 자체를 인정하고 엉킨 실타래를 풀듯 그 안에서 지금 이 순간 자신이 할 수 있는 일을 하나씩 해나가야 한다는 의미다. 필자가 현업에서 실무자들의 업무 멘토역할을 했을 때 가장 많이 들었던 고민 역시 '문제가 있는데 지금 당장 내가 바꿀 수 있는 것이 없다'는 것이었다.

상사의 성격이 갑자기 바뀌거나, 오랫동안 다져온 조직의 일하는 방식이 한 번에 바뀔 까닭이 없다. 그렇다면 이러한 문제를 어떻게 풀어야 할까? 이에 대해 스티븐 코비 박사는 그의 책《성공하는 사람들의 7가지 습관》을 통해 '관심의 원'과 '영향력의 원'이라는 개념을 이용해서 그러한 문제를 해결하는 방법을 제시하고 있다. 여기서 관심의 원(비통제의 원)

은 우리가 관심을 가지고 있지만 상황을 바꿀 수 없는 영역을, 영향력의 원(통제의 원)은 우리가 상황을 통제해서 바꿀 수 있는 영역을 의미한다. 코비 박사는 다음 그림과 같이 성공하는 사람들은 영향력의 원에 집중해서 점차 자신의 영향력을 키워가는 반면, 실패하는 사람들은 관심의 원에 에너지를 뺏겨서 결국 영향력의 원도 작아지게 만든다고 주장했다.

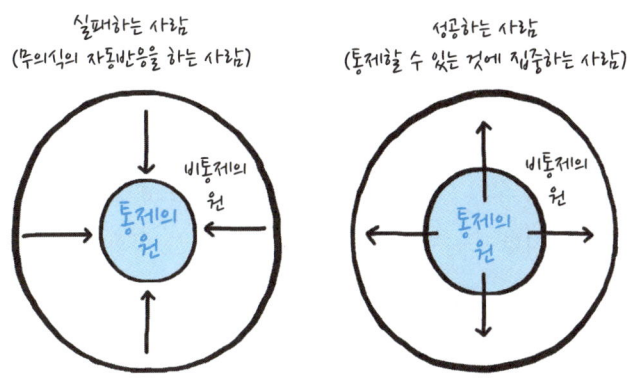

실제로 조직 내에서 똑똑하고 아는 것도 많은데 막상 맡은 일을 잘 풀어내지 못하고 문제만 일으키는 사람이 있는 반면, 일하는 방식은 투박하지만 어떤 일이든 술술 잘 풀어내는 사람이 있다. 이런 차이는 대부분 현재 자신 앞에 놓인 여러 장애요인, 즉 현실 상황을 인정하고 지금 자신이 할 수 있는 일에 집중하는 데서 생긴다고 볼 수 있다.

예를 들어 한 회사의 인사팀장이 인센티브 개선안을 만들어 보고했는데, 임원 중 한 명이 인센티브를 전사 차원에서 일괄 지급할 경우 부문별 성과우수자에게 과감하게 지급할 재원이 부족하다면서 크게 반대했다고 해보자. 이 임원은 비록 인사분야에 대한 전문지식은 없지만 회사 내에서 영향력이 매우 큰 인물이다. 이런 경우 인사팀장은 다음 2가지 문제 사이에서 고민이 될 수 있다.

> ① 해당 임원의 의견대로만 개선안을 수정하면 인센티브제도의 정합성이나 공정성이 훼손될 수 있다.
> ② 해당 임원의 영향력을 생각하면 그의 의견을 일정 부분이라도 수용해야 한다.

이럴 때 필요한 것이 바로 '상황인정'이다. 인사팀장 입장에서 해당 임원의 생각을 무시할 수는 없는 노릇이므로, 일단 그 상황을 인정하고 합리적인 수정안을 만들 방법을 고민해야 한다. 예를 들어 그 임원의 의견을 반영해 다음과 같은 수정안을 고려해볼 수 있다.

'인센티브 재원을 전사 재원과 부문별 재원으로 나누어 활용하고, 각 부문 내에서 할당된 재원을 과감하게 배분할 수 있도록 구성한다. 단, 부문별 재원배분 사유를 정확히 기록하도록 가이드를 정하는 선에서 계획을 잡아보자.'

위의 사례처럼 상황을 냉철하게 인정하고 현재 자신이 할 수 있는 일에 집중하는 것은 일상적인 업무뿐만 아니라 기획과 보고역량을 높이는 데도 큰 도움이 된다.

참고로 필자가 활용하고 있는 상황을 인정하고 핵심에 집중하는 방법을 정리해보면 다음과 같다.

① '지금!'이라는 선언으로 몰입상태에 들어간다.
② 스스로에게 '이 일은 내가 통제할 수 있는 일인가? 통제할 수 없는 일인가?'라는 질문을 던져본다.
③ 위의 질문에 대해 고민해본 후 지금 당장 자신의 힘으로 바꿀 수 없는, 즉 통제할 수 없는 부분이 있다면 이렇게 외친다. "상황인정! 오케이!" 이렇게 상황을 인정했다면 그것을 주도적으로 수용한다는 의미에서 가볍게 미소를 짓는다. 여기서의 핵심은 참는 것이 아니라 '상황을 수용'하는 데 있다.
④ 상황인정 후에는 추가적으로 '그럼 지금 이 순간 내가 할 수 있는 것은 무엇인가?'를 고민해보고 그 일에 집중한다.

참고로 인지심리학자 김경일 교수는 한 강의에서 '메타인지(Metacognition)'라는 개념에 대해 이야기한 적이 있다. 그는 메타인지 능력, 즉 '자기 자신을 명확하게 인식하는(아는 것을 안다고 하고 모르는 것을 모른다고 하는) 능력'을 가진 사람은 '생각의 슈퍼맨' 같은 역량을 발휘할 수 있다고 이야기했다. 그런데 이 메타인지 능력은 위에서 설명한 몰입과 상당히 연관성이 깊다. 우리가 몰입상태에 자주 들어가야 하는 이유는 결국 사물을 초연히 바라보면서 확실한 것과 찜찜한 것을 명확히 가리는 역량을 키우기 위해서인데, 이것이 바로 메타인지 능력과 다를 바가 없기 때문이다. 따라서 몰입을 통해 과거와 미래를 초월해 상황을 낯설고 냉철하게 보는 노력을 꾸준히 해나가면 메타인지 능력을 극대화함으로써 탁월한 업무성과를 발휘하는 데 큰 도움을 얻을 수 있다.

002 문제해결과 대안 제시를 돕는 창조적 발상법

● The Total Solution for Reports

정보수집은 창조적 발상의 출발점

'왜 나는 아이디어가 부족할까?'

직장인이라면 누구든 이런 고민에 빠지는 경우가 있다. 특히 보고서나 기획서 등을 작성할 때 더욱 그렇다. 남들보다 독특한 대안이나 아이디어를 제시하고 싶은데 도무지 머릿속에 떠오르는 생각이 없기 때문이다. 그렇다면 필요한 순간에 좋은 아이디어가 떠오르지 않는 이유는 무엇일까? 이것을 요리재료와 요리실력 간의 관계에 비유해 알아보자.

만일 요리를 해야 하는데 요리재료가 좋지 않으면 어떻게 될까? 아마도 최고의 요리를 기대하기는 힘들 것이다. 반대로 요리재료는 좋은데 요리실력이 부족하다면? 이 경우 또한 좋은 요리를 기대하기는 힘들 것이다. 이것을 아이디어와 연관 지어 생각해보면 요리재료는 '데이터와 정보'에 해당하고, 요리실력은 '창조적 재조합 능력 및 발상능력'에 해당한다. 즉, 요리재료와 요리실력이 모두 좋아야 훌륭한 요리를 만들 수 있듯이, 양질의 데이터 및 정보와 이것을 재조합하는 능력과 발상능력이 어우러져야만 제대로 된 아이디어나 창조적 대안이 나올 수 있는 것이다.

《BCG전략 인사이트》라는 책에서는 이것을 다음 그림과 같이 '좌뇌와 우뇌의 통합능력'이라는 개념으로 설명하고 있다. 즉, 좌뇌에는 패턴정보가 들어 있고, 우뇌에는 이것을 새롭게 재조합하는 능력이 들어 있는데, 결국 이 2개의 능력이 통합되어야만 창조적 발상이나 대안이 나온다는 것이다.

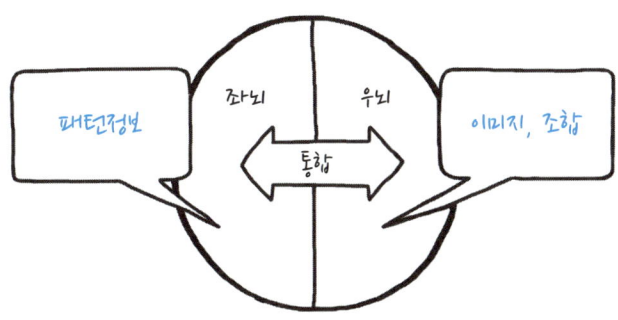

이와 관련한 사례를 하나 들어보겠다. 필자가 한 기업의 채용 책임자로 근무했을 때 일이다. 당시 필자는 입사 최종면접에 참여해 지원자들에게 주로 추론이 필요한 질문을 던지곤 했는데, 이것은 지원자들의 과거 경험에 따라 추론을 풀어내는 수준이 달라진다는 사실을 감안한 질문이었다. 실제로 지원자들의 대답을 들어보면, 학생시절부터 다양한 경험을 하고 책을 폭넓게 많이 읽은 지원자들은 추론문제를 잘 풀어내는 반면, 학교와 집만 왔다 갔다 한 지원자들은 제대로 된 답을 내지 못하는 경우가 많았다.

　이 사례처럼 창의력 수준을 높이려면 1단계로 '정보'를 충분히 확보해야 한다. 또한 그것은 '체험(경험)'과 '개념'이 합쳐진 명확한 정보여야 한다. 어설프게 확보한 정보는 그 양이 아무리 많더라도 창의력에는 전혀 도움이 안 되기 때문이다. 예를 들어 신규 스마트폰 앱 서비스를 기획하고 있는 기획자가 인터넷으로 수집한 여러 서비스에 대한 평가와 자료만을 조합해서 보고서를 만든다면, 상사에게서 '그 앱을 실제로 써봤느냐'는 질문을 받고 말문이 막힐 수밖에 없다.

　정보의 핵심은 양이 아니라 '명확함'이다. 명확함이 떨어지는 정보는 억측을 하게 만든다.

제임스 웹 영의 5단계 창조적 발상법

　미국의 전설적인 광고 기획자인 제임스 웹 영은 《손에 잡히는 아이디어》라는 책을 통해 아이디어를 내는 과정을 다음 표와 같이 5단계로 구분해 설명해주고 있다.

단계	내용
정보수집	현안문제에 관한 자료와 일반적 지식을 체계적으로 풍부하게 수집하고, 수집한 자료들을 충분히 검토하고 예민한 감각으로 느끼며, 그것들의 관계에 대해 음미한다.
정보정리	위의 단계를 통해 떠오르는 생각들을 빠짐없이 기록하고 말로 표현한다.

집중과 휴식	위의 두 단계를 거친 후에는 그 주제에 대해 완전히 잊는다. 아이디어는 무의식 속에서 숙성되기 때문이다.
확답도출	'유레카!' 하면서 아이디어가 튀어나온다.
논의 및 구체화	도출된 아이디어는 다른 현명한 사람들의 비평(의견)을 받아 더 다듬어 현실로 만든다.

표와 같이 제임스 웹 영 역시 창의적인 생각의 출발점을 '정보수집'이라고 생각했다. 정보도 없이 창의적인 아이디어가 하늘에서 뚝 떨어질 수는 없다는 의미다.

그다음 단계는 정보정리, 즉 떠오르는 생각을 기록하는 것이다.

그다음 단계가 매우 중요하다. 바로 '잊으라!'는 것이다. 좋은 아이디어는 무의식(잠재의식) 속에서 숙성되어 어느 순간 '유레카!' 하며 떠오르기 때문이다. 이것은 앞에서 설명한 '몰입상태' 또는 '디폴트 모드 네트워크'의 개념과도 일치한다. 이렇게 찾아낸 아이디어는 다른 사람들의 조언과 비평을 받아 현실화할 수 있다. 제임스 웹 영이 제시한 5단계 아이디어 도출법은 어떤 업무에서든 유용하게 활용할 수 있다.

중용으로 배우는 창조적 발상법

최근 인문학이 크게 각광을 받고 있다. 인류가 보유한 수천 년의 지혜를 현 시대에 활용하자는 조류라는 점에서 매우 바람직해보인다. 이러한 지혜가 담긴 중요한 고전으로 4서5경 중 하나인 《중용》을 들 수 있다. 이 책에는 사람이 현명해지기 위해 필요한 많은 지혜가 담겨 있다. 특히 《중용》에는 다음과 같이 문제의 답을 찾는 지혜를 얻기 위한 방법이 나와 있는데, 그것이 앞에서 이야기한 제임스 웹 영의 5단계 아이디어 도출방법과 매우 유사하다.

'널리 배우고, 깊게 질문하며, 신중하게 생각하고, 명확하게 답을 내고, 독실하게 실천하라.' 博學之 蕃問之 愼思之 明辯之 篤行之

이런 사례를 보면 시대에 관계없이 인간의 뇌를 잘 쓰는 방법은 동일한 듯하다. 그럼 위의 내용을 하나씩 구체적으로 살펴보자.

1 박학(博學)

박학이란 우선 '널리 배우라'는 뜻이다. 제임스 웹 영과 마찬가지로, 《중용》에서도 문제에 대한 답을 얻으려면 일단 다양한 정보를 수집하라고 강조한다.

2 심문(蕃問)

심문은 '깊게 물어 보라'는 뜻이다. 즉, 다양한 분야를 경험한 사람들이나 전문가들에게 물어서 보다 깊은 정보를 얻으라는 것이다. 묻기를 게을리 하면 얕은 지식으로 끝날 가능성이 크다. 답을 찾는 데 활용할 수 있는 입체적인 지식이 필요하다.

3 신사(愼思)

신사는 '깊게 고민하라'는 뜻이다. 이것 역시 제임스 웹 영이 제시한

3단계, 즉 '떠오르는 생각들을 빠짐없이 기록하라'의 의미와 동일하다. 이때 계속 집중만 하면 머릿속이 답답해지므로 집중과 휴식을 번갈아 해야 한다는 것이 중요하다. 이런 식으로 다양한 재조합, 다양한 경우의 수, 다양한 절차 등을 계속해서 고민하다 보면 무의식 속에서 좋은 생각의 조합이 정리된다.

4 명변(明辯)

명변은 '밝게 답을 내라'는 뜻이다. 이때 핵심은 찜찜함이 없이 속 시원한 답을 얻어야 한다는 것이다. 제임스 웹 영이 말한 '유레카!' 하며 떠오르는 아이디어가 바로 그것이다. 머릿속이 시원하고 기분이 좋은 명변을 얻으려면 신사, 즉 깊게 고민하는 과정을 계속해서 반복해야 한다.

5 독행(篤行)

독행은 '독실하게 실천하라'는 뜻이다. 이것은 제임스 웹 영이 제시한 '여러 현명한 사람들에게 의견을 구해 아이디어를 세밀하게 다듬는 단계'에 해당한다. 아무리 좋은 아이디어나 대안도 세심하게 다듬어서 성실하게 실천하지 않으면 현실의 문제를 풀 수 없기 때문이다.

위와 같이 《중용》에서 제시한 발상법을 응용해 필자가 만든 '업무 점검양식'을 소개하면 다음 표와 같다. 참고로 이 표는 인문학(철학) 연구단체인 홍익학당의 윤홍식 대표가 쓴 《내안의 창조성을 깨우는 몰입》에도 포함되어 있다. 이 양식에서 제시하는 질문에 따라 현재 자신이 하고 있는 업무를 분석해보면 지금 내가 어떤 역량이나 노력이 부족하고 무엇이 필요한지를 스스로 깨달을 수 있다.

사안		
깨어있음	지금 이 순간 깨어 있는가? (정신차림)	
정보수집 (박학(博學), 심문(審問))	이 문제를 해결하기 위해 이미 알고 있거나, 질문·독서·검색을 통해 수집한 핵심적인 정보는 무엇인가? 문제를 풀기에 정보가 충분한가? 신뢰할 수 있는 정보인가?	
분석 (신사(愼思))	수집된 정보를 통해서 분석한 결과 문제의 원인은 무엇이며 몇 가지 대안, 아이디어, 경우의 수가 도출되는가?	
아이디어 (신사(愼思))	산책, 휴식, 명상 중 '아하!' 하는 자명한 아이디어나 해결책이 있었는가?	
논의·양심분석 (신사(愼思))	다양한 이해관계자와 정신차리고 논의해본 결과 자명한 것은 무엇인가? 정반합의 결론을 얻었는가? 혹시 양심(인의예지)에 어긋나는 것은 없는가?	
답안 (명변(明辯))	이런 과정을 통해 도출된 가장 자명한 답안은 무엇인가?	
피드백 (독행(篤行))	도출된 답안으로 실행해본 결과와 배울 점은 무엇인가?	

업무에서 성과를 내는 8단계 발상법

지금까지 살펴본 다양한 발상법들을 토대로 실제 업무현장에서 활용할 수 있는 8단계 발상법을 정리해보면 다음과 같다.

1 조직 내부의 과거 유사 사례나 히스토리를 검토한다

문서나 면담 등을 통해 조직 내에서 과거에 유사한 업무를 수행한 사례나 히스토리들을 찾아 검토한다. 이를 통해 현재 당면한 문제와의 유사점과 차이점을 파악한다.

2 조직 외부의 유사 사례나 히스토리를 검토한다

조직 외부에서 벤치마킹할 만한 유사 사례나 히스토리 등도 찾아내 검토한다.

3 관련 도서나 자료를 찾아서 읽는다

현재 당면한 문제와 관련된 도서나 자료들을 찾아서 읽어보고, 그 내용을 음미해본다. 이러한 과정을 통해 무의식(잠재의식) 속에서 문제를 해결할 수 있는 아이디어(해결방법)가 숙성된다.

4 내·외부 전문가와의 미팅을 통해 다양한 관점을 확인한다

조직 내·외부의 전문가나 이해관계자들과의 미팅을 통해 문제에 대한 다양한 관점을 확인한다. 이런 식으로 문제를 다양한 관점에서 바라보면 중요한 포인트를 놓치지 않고, 이해가 부족했던 점을 최소화할 수 있기 때문에 문제의 원인을 좀 더 정확하게 파악할 수 있다. 정식 미팅이 어렵다면 티미팅을 요청해서라도 편하게 의견교환을 할 수 있는 자리를 마련한다.

지금까지 설명한 1~4단계는 '다각도에서 정보를 모으는 과정'에 해당한다. 정보가 부족하면 확신 있는 판단을 하기가 어려우므로 가능한 한 다양한 방법을 이용해 정보를 모아야 한다.

5 조사된 자료를 정리한다
1~4단계를 통해 확보한 각종 정보와 자료를 정리하고 문서화한다. 이 단계를 통해 문제해결에 필요한 아이디어나 원인파악이 점차 숙성된다. 이때 정리된 자료는 나중에 보고서의 첨부문서로도 활용할 수 있다.

6 집중과 휴식을 반복한다
조사된 자료를 바탕으로 문제의 원인이나 해결방안, 아이디어 등을 집중적으로 고민해본다. 다만 한 번의 고민으로 답이 나오는 경우는 흔치 않으므로 집중과 휴식을 반복해주어야 한다. 이러한 과정을 반복하다 보면 점차 원인이나 해결방안에 대한 확신이 생기게 된다. 그리고 어느 순간 뇌리를 치는 생각이 떠오르게 되는데, 바로 이것이 '유레카!'다. 집중과 휴식을 반복하는 과정에서 자신도 모르게 무의식, 즉 잠재의식 속에서 다양한 정보들이 유기적으로 결합됨으로써 만들어지는 결과다.

7 내면의 확답(유레카)을 얻는다

자신의 내면에서 유레카, 즉 섬광처럼 떠오른 아이디어나 해결방안에 대해 확신이 있는지 여부를 계속적으로 물어보는 단계다. 이전 단계까지는 아직 검증이 안 된 답, 즉 '가설'이라고 할 수 있으므로 스스로 확신이 들 때까지 이 과정을 반복해야 한다.

8 확답을 논의하고 구체화한다

최종적으로 자신의 내면에서 확답이라고 확신이 든 아이디어나 해결방안 등을 상사나 동료들과의 미팅을 통해 공유하고 그들의 다양한 관점을 더해 점차 세밀하게 다듬어가는 단계다. 이런 과정을 통해 아이디어나 해결방안 등이 현실화된다.

뛰어난 기획이나 창의적인 아이디어는 대부분 이러한 과정을 통해서 나오며, 실제 업무현장에서 좋은 성과로 이어진다. 마지막으로 '정보'와 '재조합'이라는 요소를 항상 고민하라는 점을 다시 한 번 강조한다. 한 사람이 짧은 시간 동안 과거에 만들어진 수많은 정보와 지식을 넘어서기는 쉽지 않다. 따라서 좋은 아이디어나 해결방법을 얻고 싶다면 과거에서부터 현재까지 만들어진 다양한 정보와 패턴을 학습하고 경험해야 한다. 이러한 학습과 함께 고정관념을 내려놓고 당면한 문제의 해결방안을 원점에서 재조합해보는 노력을 기울여야 한다.

대안을 성과로 연결하는 데 필요한 2가지 관점

좋은 평가를 받지 못하는 기획들은 대부분 기획방향이 '추상적'이거나 '천편일률적'이라는 문제가 있다. 예를 들어 사내에 생긴 문제에 대해 막연하게 '교육을 시키겠다'는 대안을 제시하는 식이다. 노련한 상사들은 이런 기획을 보고 대번에 '아직 아마추어 수준에서 벗어나지 못했다'고 생각하게 된다.

문제를 개선하기 위한 좋은 대안을 제시하려면 일단 기획의 대상, 즉 개선하거나 바꾸어야 할 '대상'이 무엇인지부터 고민해야 한다. 물론 이런 대상이 전사적인 인프라나 시스템인 경우도 적지 않지만, 사실 대다수 기획의 실질적인 대상은 '사람'인 경우가 많다. 즉, 제도를 바꾸든 마케팅을 하든 서비스를 개선하든 일단 사람들이 그러한 개선이나 변화에 관심을 가지고 움직이게 하는 데 기획의 목적이 있는 것이다. 따라서 좋은 대안을 제시하려면 항상 다음과 같은 2가지 측면을 고려해야 한다.

심리적으로 움직일 것인가? → 나라도 하겠는가?	프로세스로 정착되겠는가? → 반복적으로 정착될 것인가?

1 심리적으로 움직일 것인가?

기획의 핵심은 그 기획(안)에 따라 사람들의 심리를 움직이는 데 있다. 예를 들어 자사 상품을 구매한 소비자들에게 어떤 보상을 해주는 마케팅 기획을 했다고 해보자. 이때 가장 중요한 기준은 '나라면 사겠는가?'라는 질문에 스스로 확답할 수 있어야 한다는 것이다. 나조차도 하지 않을 대안을 아이디어 차원에서 제안했다면 그 자체로 아마추어 기획일 가능성이 크다. 사람은 대부분 이익에 따라 움직인다. 따라서 안일하게 '의도가 좋으니 사람들이 따라올 것이다'라고 생각해서는 안 되며, 사람들이 실제로 움직일 만한 확실한 유인을 제시해야 한다.

2 프로세스로 정착될 것인가?

약국에 가서 위가 아프다고 하면 위장약을 주고, 기침이 나온다고 하면 기침약을 준다. 이처럼 환자가 아프다고 호소하는 증상에 따라 약을 처방해주는 것을 '대증처방'이라고 한다. 그런데 업무현장에서도 특정 문제에 대해 대증처방식의 대안을 제시하는 경우가 많다. 예를 들어 어떤 백화점에서 고객서비스가 잘 안 된다고 하면 '매장 담당자들에게 서비스 교육을 시키자'는 대안을 제시하는 식이다. 물론 이런 식의 접근방법으로도 어느 정도 효과는 볼 수 있다. 그러나 근본적인 원인이 해소되지 않는다면 결국 같은 문제가 재발할 가능성이 크다.

따라서 올바른 대안이 되려면 그 대안을 실행했을 때 반복적으로 작동되어 정착될 수 있는지, 즉 '프로세스화'가 가능한지를 고려해야 한다. 예를 들어 고객서비스에 문제가 있다면 직원들을 대상으로 단순 집체교육을 시키겠다는 방식보다는, 먼저 서비스 제공 프로세스를 개선하고, 그 내용을 전자책으로 매뉴얼화해서 활용하겠다는 방식이 정착비율을 훨씬 높일 수 있다.

또한 신입사원 교육을 예로 든다면, 단순 이벤트성 교육을 진행하겠다는 대안 보다는, 다음과 같이 교육 후 일정 시점에 추가 보수교육과 피드백을 실시하겠다는 대안이 실질적인 기본역량 향상을 위한 프로세스로 정착될 가능성이 높다.

신입사원 조기 전력화 1년 프로그램

구 분	내 용		
	오리엔테이션 (입사 전)	입문교육 (입사 후)	사후 F/U 프로그램 (현업 배치 후)
목적	• 우수인재의 사전 이탈방지 • 향후 진행과정 이해도 제고	• 자사 비전 및 가치에 부합하는 인재육성 • 기본 비즈니스 스킬 습득을 통한 업무 수행력 제고	• 지속적인 케어를 통한 현업적응 지원 • 리텐션(Retention) 강화 지원
교육기간	• 4H	• 5박 6일	• 현업 배치 후 ~ 1년
장소	• 사내 회의실	• 외부 연수원	• 온라인 • 사내 회의실 • 외부 연수원
교육내용	• 조직문화 • 자사 복지제도 • 입문교육 과정안내	• 산업/회사에 대한 이해 • 신입사원 마인드 배양 • 비즈니스 기본스킬	• 사회공헌 활동 • OJT 다이어리 작성 • 신입사원 메일링 • 신입사원 워크숍
교육방식	• 집합교육	• 집합(합숙)교육	• 집합교육 • 온라인 메일링 • 이러닝

003 회의의 효과를 높이는 방법

● The Total Solution for Reports

회의의 목적은 다양한 정보와 관점을 확보하는 것

보고서나 기획서 작성에 익숙하지 않은 사람들은 다음 2가지 실수를 많이 한다.

첫째, 무턱대고 자리에 앉아서 워드 프로그램이나 파워포인트 프로그램을 여는 경우다. 뭔가 빨리 써보려는 욕심 때문에 그러겠지만 이런 경우 결국 화면만 멍하니 바라보게 될 가능성이 크다.

둘째, 상사에게서 기획을 지시받고 관련 작업을 혼자서 다 진행하고 파워포인트 등으로 문서 꾸미기까지 마무리해서 보고하는 경우다. 이래야만 기획력을 인정받을 수 있다고 생각해서일지 모르지만, 이처럼 기획 과정에서 다양한 관점을 반영하는 과정을 생략하면 좋은 결과를 얻기 힘들다. 또 이런 경우 상사 입장에서도 자신의 의견을 반영할 만한 여지가 없으니 답답할 수밖에 없으므로, 결국 '기획력이 좋은 사람'이 아닌 '소통이 안 되고 고집 센 사람'이라는 평가를 받을 수 있다.

이런 실수들은 대부분 '정보와 관점의 부족'에서 비롯된다. 다양한 관점이 부족하니 방향이 안 잡혀서 멍하니 시간을 보내게 되고, 정보가 부족하니 문서 프로그램만 열어놓고 진도를 못 나가게 되는 것이다. 이런 문제를 해결하는 데 있어서 큰 도움이 되는 방법이 바로 다양한 이해관계자들과 '회의'를 하는 것이다. 이런 회의를 통해 문제를 다양한 관점에서 바라보는 시각을 이해하고, 각기 다른 사람들의 머릿속에 있는 다양한 정보를 끄집어낼 수 있기 때문이다.

우리 역사에서 '회의를 통한 경영'을 가장 잘 실천한 인물로는 '세종'을 들 수 있다. 세종은 회의를 할 때 항상 서로 의견이 상반되는 관료들을 참여시켜서 소위 '끝장토론'을 시키고, 이들의 의견이 좁혀졌을 때 그것을 잘 다듬어서 정책으로 만들어 반포했다고 한다. '한 사람에 의해 왜곡될 수 있는 시각을 다양한 관점에서 검토해봄으로써 최선의 안을 도출해낸다'는 회의의 기본적인 목적을 잘 이해할 수 있는 사례다.

회의는 정반합의 변증법을 활용한 문제해결 기술

모든 현상이나 일에는 서로 모순되는 2가지 상반된 측면이 있다. 예를 들면 길다/짧다, 남자/여자, 겉/속, 음/양, 물/불 등이 그것이다. 앞서 세종의 사례처럼, 회의를 통해 '집단지성'을 이용하면 이러한 상반된 관점을 통합하는 '정반합(正反合)의 변증법'을 활용할 수 있기 때문에 창조적 대안이나 문제해결 방법을 찾는 데 큰 도움이 된다. 이와 관련한 사례를 하나 살펴보자.

국내 A기업에서는 입사 당일 신입사원이 이탈하는 상황이 반복되자 회의를 통해 이런 문제를 최소화하는 방안을 논의했다. 이 회의에서 여러 의견이 오가던 중 '입사 당일 신입사원 집 앞으로 택시를 보내자'는 의견이 나왔다. 그러자 '좋은 의견이다'라는 동의가 있는 반면, '제때 시간 맞춰서 택시를 보내는 게 가능하겠냐'는 부정적인 의견도 만만치 않았다. 결국 갑론을박 끝에 '모범택시를 활용하자'는 의견으로 정리되었고, 실제로 그 안대로 실행한 결과 입사 당일 신입사원 전원 출근이라는 성과를 만들어냈다.

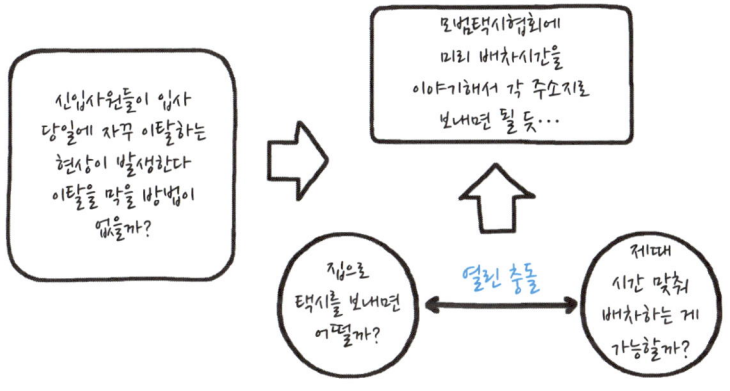

위의 사례처럼 일반적으로 조직 내부에는 같은 사안을 전혀 다른 시각으로 바라보는 사람들이 모여 있기 마련이다. 따라서 좋은 업무성과를 창출하려면 항상 서로 상반된 시각을 가진 사람들의 다양한 의견을 구해

업무와 관련된 경우의 수나 발생 가능한 리스크를 폭넓게 고민해보아야 한다. 다른 사람에게 조언을 구하는 것은 부끄러운 일이 아니라 더 좋은 결과를 달성하기 위한 현명한 행동이다.

논의의 빈틈을 메워주는 이슈토의 목록 작성법

회의의 핵심은 '논의해야 할 사항이 빠져서는 안 된다'는 것이다. 이러한 핵심을 지키는 데 효과적으로 활용할 수 있는 도구가 바로 '이슈토의 목록'이다. 이슈토의 목록은 다음 표처럼 간단한 형식으로 구성하면 되고, 이와 유사한 형태 또는 단순히 목차만 적어 놓은 형식이라도 상관없다.

● 주식 인센티브 도입방안 토의목록

구분	추진(안)	주요 이슈/보완사항	근거 및 기타
부여 방법	· 직책자는 스톡옵션 부여 · 구성원은 우리사주 부여	· 스톡옵션은 주식보상비용 발생 · 부여가격 결정방법	· 비상장사의 부여가격은 상속세 및 증여세법 준용 · A 사 스톡옵션 전체 주식 수의 10% 부여 · B 사 우리사주 전체 주식 수의 5% 부여

단순해 보이지만 이러한 토의자료 역시 일종의 보고서다. 보고서는 1페이지 형식이나 파워포인트 형식으로 만들어야 한다는 생각부터 버려야 한다. 그것도 고정관념이다. 실제로 간혹 이슈토의 목록을 1페이지 보고서 또는 파워포인트 보고서처럼 만드는 데 열중하는 실무자들이 있는데, 이럴 경우 시간도 많이 걸릴 뿐 아니라 문서의 형식을 맞추는 데 집

중하느라 정작 중요 논의사항을 빠뜨리는 오류가 생기기도 한다.

정식 보고서나 기획서를 작성하기 전에 위와 같은 이슈토의 목록을 활용해서 회의를 진행하면 주요 논점을 빠뜨리는 오류를 막을 수 있을 뿐 아니라, 그러한 논점들에 대한 다양한 관점을 확보하는 이점도 얻을 수 있다. 특히 여러 사람이 협업하는 일이나 프로젝트와 관련한 회의를 할 때는 반드시 이슈토의 목록을 활용해서 주요 논의사항이 빠짐없이 공유되도록 해야 한다.

이슈토의 목록을 작성하는 구체적인 방법은 다음과 같다.

① 우선 자신이 생각하는 기본방안을 간략하게 기술한다.
② 기본방안대로 일을 진행할 경우 발생할 수 있는 이슈와 함께 추가로 보완해야 할 사항을 기술한다.
③ 근거 및 기타항목에는 현재 논의하는 사안과 유사하게 진행했던 과거 사례 및 외부 사례 등을 기술하고 그 시사점 등을 적는다.

협업과 프로젝트 업무의 효과를 높이는 회의록 작성법

회의록의 핵심적인 기능은 회의에서 논의된 사항과 결정사항, 추후 논의할 사항 등을 간결하게 정리함으로써 향후 중요한 기록문서로서 활용하는 데 있다. 조직에서 회의를 하다 보면 참석자들이 회의가 끝난 후 각자 팀에 돌아가서 회의에서 결정된 사항에 대한 입장을 바꿔버리는 상황이 수시로 발생한다. 이런 상황은 대부분 팀마다 회의 시 결정된 사항에 대한 이해관계가 다르기 때문에 발생하는데, 이로 인해 결국 회의가 반복적으로 이어지고 일의 진척도 늦어지는 결과가 초래되곤 한다. 반면에 회의록을 작성하면 이처럼 팀 간 협업이나 대내외 프로젝트를 진행할 때 각자의 이해관계에 따라 회의내용이 은근슬쩍 변경되는 현상을 방지할 수 있다. 그래서 회의록을 속칭 '나중에 딴 말 못하게 하는 문서'라고 정의하기도 한다. 참고로 입사 초기에 자발적으로 회의록을 잘 정리해서 메일로 공유하면 상사나 선배에게서 신임을 얻는 데 큰 도움이 된다. 귀찮아하는 일을 대신해 주는 것만큼 고마운 일도 없기 때문이다.

회의록을 작성할 때 알아야 할 핵심적인 노하우는 다음과 같다.

① 일시, 장소, 회의주제, 참석자, 논의사항, 결정사항, 향후 논의사항 등을 잘 기록한다. 회의가 장시간 이어진다면 전자녹음기나 스마트폰으로 녹음하는 방법을 활용할 수도 있다.
② 회의록은 기본적으로 육하원칙, 즉 언제, 어디서, 누가, 무엇을, 어떻게, 왜라는 사항이 잘 기록되어야 한다.
③ 회의를 통해 합의된 결정사항을 기록하는 것이 무엇보다 중요하다. 이 내용이 바로 회의록을 '나중에 딴 말을 못하게 하는 공문서' 역할을 하도록 해주기 때문이다.
④ 논의가 마무리되지 않은 사항은 보류·추후 논의사항 또는 향후 논의사항 등의 항목에 기록해놓는다.
⑤ 회의록을 작성할 시간이 부족하다면 '결정사항'과 '향후 논의사항' 2가지만이라도 기술한다.
⑥ 완성된 회의록은 회의 참석자들에게 메일로 회람하고, 의견을 받거나 공람해 서명을 받는다. 회의록은 향후 중요한 과정기록 문서가 되기 때문에 반드시 이 과정을 거쳐야 한다. 요즘은 보통 이메일로 회의록을 공유하므로 이메일

에 '아래와 같이 정리했으니 검토해보시고 의견 부탁드립니다'라고 쓴 뒤 '특별한 의견이 없으시면 이대로 진행하겠습니다'라고 이해관계자들에게 의견을 구해놓는 것이 좋다. 이럴 경우 나중에 아무 의견을 주지 않더라도 확정된 효과가 있다고 보면 된다.

다음 그림은 위에서 설명한 내용대로 회의록을 작성한 사례다.

기술이력관리시스템 구축 회의록

일시 : 20XX.12.5(수) 14:00
장소 : 3층 1회의실
참석자 : 홍길동, 장길산, 임꺽정, 전우치(총4명)

1. 주요 안건
- 기술이력관리 시스템 구축방안 논의

2. 세부 논의사항
- 기술이력관리시스템에는 기술분류가 코드로 반영될 필요가 있음
- 프로젝트 수행경험에 대한 세부내용이 기술이력관리시스템에 반영되면 좋을 듯함

(중략)

3. 결정사항
- 기술이력시스템에 보유기술, 프로젝트 수행경험을 반영하기로 정보시스템팀과 합의

4. 향후 논의사항
- 기술분류 코드는 반영하는 것으로 정하되 구체적인 분류(안)이 나오면 한 번 더 논의하기로 함

홍길동 (서명), 장길산 (서명), 임꺽정 (서명), 전우치 (서명)

004 효율적인 정보수집과 문서관리를 위한 실전 노하우

● The Total Solution for Reports

일의 히스토리를 파악하는 방법

새로운 업무를 맡았을 때는 항상 '히스토리(history)를 파악하라'는 핵심사항을 기억해야 한다. 어떤 일이든 그 히스토리를 모르면 시행착오와 마주칠 가능성이 크기 때문이다. 반대로 일을 시작하기에 앞서 히스토리를 파악하면 과거 그 일이 진행되었을 때의 경과와 시사점을 얻을 수 있기 때문에 오류를 최소화해서 일의 성공 가능성을 높일 수 있다. 이것은 마치 우리가 역사 속 선현들의 경험을 공유하고 그것을 기반으로 이 시대에 필요한 새로운 창조물을 만들어내는 것과 같은 이치다.

필자의 경우 새로운 조직에 들어갈 때마다 처음 일주일 정도는 과거에 만들어진 모든 문서를 읽어보았다. 또 주변 사람들에게서 그 조직의 히스토리를 최대한 많이 들어보았다. 현재의 체계나 업무방식 등은 결국 과거에 어떤 이유로 인해 만들어졌을 것이라는 생각 때문이었다.

과거의 업무 히스토리는 '입체적인 정보가 많을수록 좋은 아이디어나 개선방안이 나온다'는 관점에서도 매우 중요한 의미가 있다. 간혹 조직에서 과거에 실패한 일을 맡은 실무자가 '그때는 그 사람들이 변변치 못해서 실패한 거야'라고 단정하고 무작정 일을 밀어붙이는 경우가 있다. 그러나 그런 경우 대부분 과거의 시행착오를 그대로 따라가는 결과로 이어진다. 과거에 실패한 일을 다시 시도하지 말라는 이야기가 아니다. 과거에 실패한 일을 다시 시도하려면 그때의 실패원인을 분석하고, 그 분석결과를 토대로 새로운 전략을 짜야 한다는 의미다.

히스토리를 파악하는 방법은 어렵지 않다. 먼저 과거에 작성된 각종 기획문서와 규정, 업무방침, 회의록, 메일 등을 찾아보고 그것들을 시간 흐름에 따라서 읽다 보면 어떤 과정을 통해 현재의 제도, 시스템, 일하는 방식들이 정해졌는지를 이해할 수 있다. 이와 함께 주변 사람들에게서 조직과 관련한 과거 이야기들을 많이 듣다 보면 조직에 대한 입체적인 상황이 파악되고, 이를 바탕으로 효율적으로 일할 수 있는 통찰력을 얻게 된다. 보고서 등을 작성하기 위해 히스토리를 파악하는 방법을 간략하게 정리해보면 다음과 같다.

① 먼저 조직의 서류철을 일의 시작부터 마무리 보고 순의 흐름으로 읽어 본다. 이때 조직의 전반적인 업무흐름을 알 수 있도록 자신의 담당분야 서류뿐만 아니라 다른 분야의 서류들도 함께 읽어보는 것이 좋다.
② 조직의 공용 폴더나 클라우드 서비스에 올라와 있는 문서를 읽어보면서 문서의 틀과 구조, 형식, 내용 등을 파악한다.

③ 조직에서 어떤 형식의 보고서나 문서를 선호하는지 파악한다. 특히 문서의 최종 소비자(결재권자)가 좋아하는 형태를 알아두면 보고할 때 크게 도움이 된다.
④ 전자결재 또는 품의를 받은 문서도 함께 읽어보면 예산집행에 필요한 절차를 파악할 수 있다.

폴더 및 자료 구조화의 효과를 높이는 실전 팁

한 조직에서 오랫동안 일하다 보면 컴퓨터 안에 엄청난 양의 자료와 결과물이 쌓이는데, 이런 내용물들을 체계적으로 축적해놓은 사람과 그렇지 않은 사람 사이에는 '자료의 활용'과 '자료를 이용해 아이디어를 발상하는 시간'이라는 2가지 측면에서 큰 차이가 생기게 된다.

컴퓨터에 쌓여있는 자료를 언제든 효과적으로 활용하려면 평소에 폴더의 구조화, 즉 폴더의 구조를 체계적으로 정리해놓는 작업이 필요하다. 폴더의 구조화는 기본적으로 자신이 자료를 이용하기 편한 방식으로 하면 되는데, 가장 일반적으로는 다음과 같은 방식이 있다.

먼저 자신이 원하는 순서대로 폴더 앞에 번호를 붙이되, 가급적 10자리 아래 번호에도 '01., 02., 03., …' 식으로 두 자릿수를 부여하는 것이 좋다. 그렇지 않고 '1., 2., 3., …' 등으로 부여하면 컴퓨터 프로그래밍 특성상 '1.' 다음에 '11.'이 오는 문제가 생기기 때문이다. 그다음에는 중복되지 않게 점차 하위항목으로 구조화하면 되는데, 예를 들면 이런 식이다.

〈1단계〉
01. 기획
02. 서비스 운영

〈2단계〉
01. 기획
　　01. 경영기획
　　02. 마케팅
02. 서비스 운영
　　01. 운영정책
　　02. 운영규정
　　03. 운영관리

이때 폴더를 필요할 때마다 만들지 말고 큰 틀을 미리 정해놓으면 저장할 때와 관련 파일을 찾을 때 시간을 훨씬 절약할 수 있다.

또한 다음과 같이 최상위 폴더명을 현재 업무에 사용하는 자료들과 그 업무와 관련된 과거자료들로 구분해서 관리하면 더욱 활용하기 편리하다.

01. 업무
02. 자료

폴더나 자료를 구조화할 때 많이 하는 실수가 인터넷 검색이나 다양한 활동을 통해 얻은 자료들을 '나중에 또 찾아보면 되겠지'라는 생각으로 저장해놓지 않는 것이다. 그런데 그 사이트가 언제 없어질지 모르고, 나중에 그런 자료가 있었다는 사실을 기억하지 못할 수도 있으므로 특별히 저장공간의 문제가 없다면 찾아본 자료는 한 번 빠르게 읽어 본 후 그때그때 지정된 분류공간에 저장해놓는 것이 좋다.

다음 그림은 필자가 인터넷이나 기타 여러 모임 등에서 얻은 업무 관련 자료를 몇 년 동안 구조화해놓은 것이다. 필자의 경우 일을 하다가 생각이 막히면 관련 분야의 유사 문서들을 몇 개 찾아 읽으면서 그 문서를 만든 사람의 고민을 따라가보곤 했다. 그러면 신기하게도 현재 하고 있는 일의 대한 스토리라인이나 새로운 발상이 떠오를 때가 많았다.

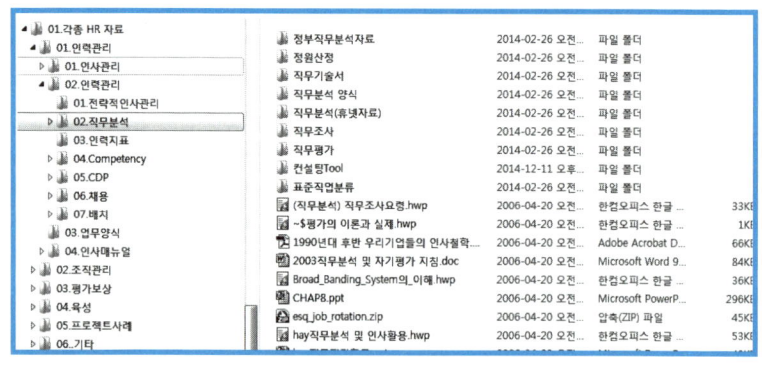

업무실수를 막아주는 문서파일명 관리 실전 팁

문서파일의 제목을 관리하는 것도 폴더의 구조화만큼이나 중요하다. 상당수의 실무자들이 이런 중요성을 인지하지 못하고 갖가지 실수를 하곤 한다. 예를 들면 과거 버전의 문서를 상사나 업무관계자들에게 보내거나, 현재 버전보다 좋았던 이전 버전의 문서를 덮어쓰기로 없애버리거나, 문서파일 제목이 비슷비슷해서 어느 것이 최종 버전인지 확인하지 못하는 경우 등이 대표적이다. 사소한 습관이지만 문서를 만들고 저장하는 시점에 약간의 주의만 기울이면 자료를 보다 효과적으로 관리할 수 있다. 문서파일 관리와 관련한 핵심사항을 정리해보면 다음과 같다.

① 문서파일 제목을 구체적으로 기록해서 관리한다. 다음과 같이 두루뭉술하게 기록하면 작업한 시점과 어떤 내용을 담고 있는지 파악하기 어렵다.

- 평가,보상제도 개선.doc

따라서 문서파일 제목은 다음과 같이 정확한 시점과 내용을 알 수 있도록 구체적으로 기록해야 한다.

- 2020년 평가제도 개선방안(업적평가제도 개선을 중심으로)_2020.02.23._1.doc

② 연도별로 진행하는 업무라면 위의 예시처럼 문서파일에 진행연도를 붙여주어야 한다.
③ 문서파일 제목을 작성할 때는 다음과 같이 '_' 등의 특수문자를 활용해서 버전과 작성일자 등을 붙여주어야 한다.

- 2020년 평가,보상제도 개선방안 검토 Ver.1.1_2020.03.11.doc

④ 여러 버전의 보고서를 작성한 후 최종 보고가 마무리되었다면 다음과 같이 문서파일 제목에 '최종', '완료', 'Final' 등을 붙여준다.

- 2020년 경영계획_경영전략실_2019.12.20._Final.doc
- 2020년 평가,보상제도 개선방안 검토(완료)_2020.03.11.doc

⑤ 어떤 조직이나 회사에서 작성했는지를 기록할 필요가 있는 경우 문서파일 제목에 해당 조직명이나 회사명을 붙여주는 것이 좋다. 예를 들어 정부기관에 신청하는 사업의 경우 여러 회사에서 지원하게 되므로 다음과 같이 파일제목에 작성 회사명을 붙여주는 것이 좋다.

- 2020년 신기술 개선과제 사업계획서_(주)XX화학_2020.03.30.doc

⑥ 실무적인 문서라면 문서파일 제목 뒤에 문서의 성격을 나타내는 문구를 붙여주는 것이 좋다. 예를 들어 문서파일 제목 뒤에 '~ 품의', '~ 보고', '~ 현황조사', '~ 회의록' 등의 문구를 붙여주면 보고를 받는 상대방이 문서의 성격을 쉽게 인식할 수 있다.

특히 지금은 이메일 보고가 많기 때문에 더욱 문서파일 제목관리에 주의를 기울여야 한다. 예를 들어 상사에게 이메일로 보고를 하면서 문서파일 제목을 잘못 작성하거나 잘못된 버전의 보고서를 첨부한다면 상사 입장에서는 '과연 이 사람이 자료관리를 잘 하고 있을까'라는 의구심을 가질 수밖에 없다. 꼭 이런 실수를 막기 위해서뿐만 아니라 스스로의 업무효율을 높이기 위해서라도 위에서 설명한 방법들을 잘 활용해서 평소에 문서파일의 제목이나 버전을 관리하는 습관을 들여야 한다.

업무 관련 자료를 효과적으로 스크랩하는 실전 노하우

업무 관련 자료는 크게 2가지 부류로 나눠볼 수 있다. 하나는 책, 보고서 등 구조화된 자료고, 또 하나는 신문기사, 잡지, 블로그, 연구보고서, 사례

자료 등의 동향자료들이다. 보고서나 기획서 등의 품질을 높이기 위해서는 이 2가지 부류의 자료들을 모두 효율적으로 수집·관리해서 활용해야 한다.

예전에는 신문기사 등의 자료를 주로 스크랩북, 즉 신문기사를 가위로 오려서 흰 종이에 붙인 뒤 클리어파일에 모으는 식으로 관리했다. 그러나 지금은 스캔기술이 발전하고 PC 저장공간이 늘어나서 주로 디지털 자료형태로 관리하고 있으며, 이에 따라 자료검색과 활용의 효율성도 크게 증가했다. 이런 디지털 자료를 보다 효과적으로 관리하는 노하우를 살펴보면 다음과 같다.

① 에버노트나 알툴즈 등에서 제공하는 웹스크랩 도구를 PC에 미리 설치해놓는다. PC의 '보조프로그램 〉 캡쳐도구'를 활용해도 좋다.

〈에버노트 웹스크랩 도구를 활용한 스크랩 사례〉

② 스마트폰에도 스캐너 프로그램을 설치해놓는다. 참고로 에버노트의 경우 문서 스캔 프로그램이 앱에 내장되어 있다. 스마트폰에 내장된 카메라로 촬영해서 관리해도 된다.

③ 신문기사나 블로그, 홈페이지의 자료들을 읽어보다가 좋은 자료를 발견하면 상황에 맞춰 위에서 미리 준비한 프로그램이나 앱 등을 이용해서 저장해놓는

다. 이때 PC 브라우저에 바로가기, 단축키를 설정해놓거나 스마트폰에서 버튼 1~2번을 누르면 바로 스크랩이 되도록 세팅해놓으면 더욱 편리하다.
④ 내용 스크랩이 어려운 자료의 경우 다음과 같이 이미지 자체를 스크랩하거나 링크를 스크랩한다.

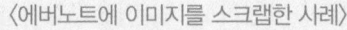
〈에버노트에 이미지를 스크랩한 사례〉

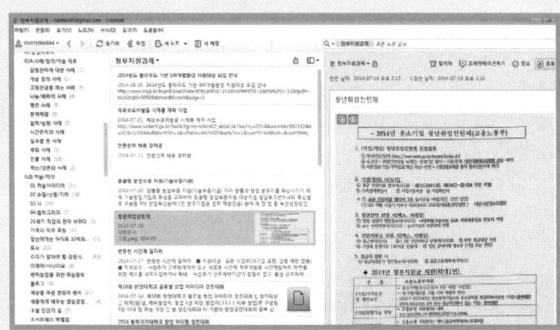

⑤ 블로그 또는 에버노트를 이용해 스크랩할 경우 각 자료에 태그를 붙여서 나중에 태그를 이용해 관련 자료를 한 번에 모아볼 수 있게 하는 것이 좋다. 다음 그림은 에버노트에서 태그기능을 활용해 관련 자료를 한 번에 모아서 보는 화면을 나타낸 것이다.

⑥ 종이신문이나 출력물 원본을 꼭 보관해야 하는 경우에는 클리어파일을 활용하고, 찾기 쉽도록 견출지로 탭을 붙여놓는다.

005 지식과 발상의 체계를 세워주는 독서의 기술

● The Total Solution for Reports

정보화 시대에서의 독서의 의미

책 읽는 인구가 해가 갈수록 줄고 있다. 긴 시간을 들여 책을 읽기 보다는 필요한 정보를 PC나 스마트폰 검색을 통해 확인하거나, 긴 글보다는 짧은 글을 즐기는 경향이 늘어났기 때문일 것이다. 그런데 이렇게 찾은 정보나 글들로 최신 경향을 파악하는 일 정도는 가능하겠지만, 그것만으로 정보 재조합 능력을 키우거나 생각과 발상의 체계를 세우기는 쉽지 않다. 특히 '오늘날처럼 수많은 정보가 급속도로 산출되는 시대에는 지식의 유효기간이 2~3년에 불과할 것'이라는 어느 미래학자의 이야기처럼, 어쩌면 끊임없이 생성되는 지엽적인 정보를 기억하는 일 자체가 별 의미 없는 행위가 될 수도 있다.

이처럼 단순히 정보를 찾거나 축적하는 수준에서 벗어나 나만의 '지식

체계'를 만들기 위해 꼭 필요한 것이 바로 '독서'다. 책을 쓰기는 아주 어렵다. 블로그 글을 잘 쓴다고 해서 책 한 권을 쓸 수 있는 것도 아니다. 책을 쓴다는 것은 한 가지 주제에 대한 고민이 깊지 않으면 불가능한 작업이기 때문이다. 그렇기 때문에 책은 우리에게 다양한 지식을 붙여 나갈 수 있는 깊이 있는 뼈대지식을 제공한다. 눈사람을 만들 때 연탄재 같은 뼈대가 있으면 눈이 잘 달라붙듯이, 책을 읽고 어떤 분야에 대한 뼈대지식을 만들어놓으면 온라인 환경에서 습득한 동향정보나 지식들이 그 뼈대에 잘 달라붙어 지식과 발상의 체계를 더 크게 확장해나갈 수 있다.

문제는 그럼에도 불구하고 많은 사람이 여러 가지 이유로 책을 못 읽고 있다는 데 있다. 여기서는 그런 사람들의 고민을 해결해주는 독서의 기술에 대해 살펴보자.

누구나 따라 할 수 있는 빠르고 쉬운 독서법

직장인들에게 책을 읽지 않는 이유를 물으면 대부분 '시간이 없어서'라고 대답한다. 그러나 필자의 관점은 조금 다르다. 시간이 없어서라기보다는 '요령이 부족해서'라고 생각한다. 직장인들의 평균 출퇴근시간은 1~2시간 정도다. 이 시간에만 책을 읽어도 일주일에 책 1권을 충분히 읽을 수 있다. 이를 위해서는 스마트폰으로 음악을 듣거나 정보를 검색하는 습관을 들이는 것처럼 버스나 지하철에서 책 읽는 습관을 들이는 것이 중요하다.

우리가 책을 읽을 때 고려해야 할 사항은 책의 모든 부분이 다 훌륭하지는 않다는 것이다. 작곡가가 핵심적인 테마를 계속 변주하면서 곡을 작곡하듯이 책을 쓰는 사람들도 어떤 핵심적인 주제를 바탕으로 내용을 넓혀간다는 점에 주목할 필요가 있다. 달리 말하면 작가가 정말 심혈을 기울인 부분에 책의 핵심이 담겨있다는 것이다. 책 읽기에도 80:20 법칙이 적용되는 셈이다. 즉, 책에 담긴 20%의 핵심내용을 읽었다면 그 책을 다 읽은 것과 같다고 볼 수 있다. 이러한 관점을 기준으로 일주일에 2권의 책을 읽을 수 있는 노하우를 설명하면 다음과 같다.

① 좋아하는 분야의 책을 아무거나 선택한다. 독서습관을 들이려면 우선 '호감'이 필요하다. 음악은 좋아하는 것, 책은 싫어하는 것이라는 호감의 차이가 결국 독서습관을 방해한다. 따라서 처음에는 자신이 좋아하는 분야의 책을 선택해야 질리지 않는다. 무협지, 소설, 역사 책 등 어떤 것이든 상관없다. 일단은 좋아하는 책을 읽는다.
② 책을 고를 때는 우선 서문과 목차를 훑어본다. 서문과 목차만으로도 책의 전체 내용을 대략적으로 알 수 있기 때문이다.
③ 책을 골랐으면 우선 재미있을 것 같고 흥미가 끌리는 목차의 내용을 찾아서 읽어본다. 사실 그런 부분이 그 책의 핵심내용인 경우가 많으므로 결국 그 내용만 읽어도 책 내용의 대부분을 얻는 셈이다. 책은 꼭 처음부터 안 읽어도 된다. 이렇게 생각을 바꾸면 책 읽기가 편해진다.
④ 많은 사람이 책을 머리말부터 시작해서 목차 순서대로 정독해보려고 욕심을 부리다 결국 책 읽기를 포기하곤 한다. 이런 경우 ③의 방법처럼 우선 흥미가 끌리는 핵심내용을 읽어본 후 책을 앞뒤로 왔다 갔다 하면서 읽어보자. 이렇게 중요한 내용을 왔다 갔다 하면서 읽다 보면 어느새 책을 다 읽게 되는 경우가 많이 생기게 된다.
⑤ 출퇴근시간과 화장실에 있는 시간을 잘 활용한다. 지하철이나 버스에서 책을 보면 처음에는 어지럽기도 하고 집중이 안 될 수도 있지만 꾸준히 한 달 정도

> 실천해보면 아주 자연스럽게 독서습관을 들일 수 있다.
> ⑥ 쉽게 읽을 수 있는 책은 이북으로 구매해서 읽어도 좋다. 익숙한 스마트폰 화면으로 책을 읽다 보면 몰입이 잘 되고, 중요한 구절을 스크랩하기도 좋다.
> ⑦ 책을 다 읽었으면 중요한 대목을 독서카드 등에 따로 적어둔다. 개인 블로그를 이용하는 방법도 좋다. 그래야만 나중에 업무 등에 필요할 때 효과적으로 활용할 수 있다. 필요할 때 독서카드에 기록된 내용만 다시 읽어도 전체 내용을 기억하기 쉽고, 기획서나 보고서 등에 인용하는 데도 도움이 된다.

위와 같은 방법으로 독서습관을 들이면 아주 적은 시간에 많은 책을 볼 수 있다. 이렇게 읽는 책이 많아질수록 정보와 지식도 기하급수적으로 증가하고, 다양한 뼈대지식와 경로지식을 갖추게 됨으로써 인터넷 등을 통해 자료를 검색할 때도 남들보다 차별화된 정보들을 더 쉽게 구할 수 있게 된다.

발상력을 높여주는 독서카드 작성법

독서카드를 이용해 자신이 읽은 책에서 느낀 점과 중요한 대목들을 기록해놓으면 나중에 새로운 발상을 하는 데 좋은 자료로 활용할 수 있다. 특히 다음 그림과 같이 블로그 글쓰기 도구 중 '책 도구'를 활용하면 책의 기본정보(지은이, 목차 등)가 자동으로 따라오기 때문에 책의 내용이나 느낀 점만 기술하면 되고, 나중에 검색도 편리하다는 장점이 있다.

위와 같이 블로그를 이용해 독서카드를 정리할 때는 기본적으로 다음 3가지 요소를 넣어주는 것이 좋다.

① 책을 읽고 자신이 느낀 점을 적는다.
② 그 아래에 책의 내용 중 좋은 통찰이나 감동을 준 구절들을 옮겨서 적는다.
③ 책의 페이지 번호는 반드시 넣어준다.

이래야만 나중에 보고서 등에 인용할 책의 내용을 쉽게 찾아볼 수 있다.

블로그 외에 클라우드 서비스나 웹하드를 이용해서 독서카드를 관리하는 방법도 있다. 이 방법을 활용하려면 독서카드에 들어갈 내용을 하나의 텍스트파일이나 문서파일로 저장해야 한다. 이때 해당 파일의 제목은 검색하기 쉽도록 다음과 같이 작성하는 것이 좋다.

카르마 경영. 이나모리 가즈오 저. 김형철 역. 서돌. 2005.txt

그런 뒤에 자신이 사용하는 웹하드나 N드라이브 등에 게시해놓으면 필요시 언제든 스마트폰 등을 활용해 읽어볼 수 있다. 참고로 독서카드 내용에 자신의 의견을 반영하는 경우에는 구분이 쉽도록 다음과 같이 다른 색의 글자 등으로 표시해놓는 것이 좋다.

리처드 브랜슨.『비즈니스 발가벗기기-쇼걸에서 우주여행까지 도전을 멈추지 않는 버진그룹 CEO의 7가지 성공 원칙』. 박슬라 역. 리더스북. 2010

기업가정신은 또한 탁월함과 관련되어 있다. 누가 주는 상이나 다른 사람의 승인으로 측정되는 탁월함이 아니라 세상에 무엇을 제공할 수 있는지 탐구함으로써 자기 자신을 위해 성취할 수 있는 그런 탁월함 말이다. 나는 얼마 전 나처럼 난독증이 있는 사람에게 편지를 썼다. '자신의 장점을 찾는 것, 자신이 잘하는 분야에서 뛰어나도록 노력하는 것이야말로 가장 중요하다'고 말이다. 393p

> ☞ 영국의 세계적인 대기업 버진그룹의 CEO 리처드 브랜슨을 보면 가치 지향이 사업의 성공에 얼마나 소중한지 잘 이해가 된다. 자신의 미션에 기반해 모든 사업을 펼쳐가는 모습이 멋지고 본받고 싶다. 가치를 지향하는 사람은 남들이 나를 인정하는 것이 아닌 내가 나를 인정할 수 있는지를 고민한다.

이밖에 독서노트 형식의 스마트폰 앱을 활용하는 방법도 있다. 이런 다양한 방식으로 작성하는 독서카드의 양이 늘어날수록 사고의 폭도 그만큼 넓어진다. 그 효과는 일반적인 업무뿐만 아니라 기획력이 요구되는 일이나 특별한 프로젝트를 진행할 때 반드시 빛을 발하게 된다.

깊이 있는 정보수집을 위한 주제별 추적조사법

정보나 자료를 수박 겉핥기 식으로 목적 없이 수집하는 경우 얕은 지식수준에 머물게 됨으로써 깊이 있는 기획 등에 어려움을 겪을 가능성이 크다. 반면에 깊이 있는 정보들을 다양하게 수집하면 이런 약점을 개선할 수 있는데, 이것을 가능하게 해주는 방법이 바로 '주제별 추적 조사법'이다.

주제별 추적조사법은 필자가 붙인 이름으로, 주제별로 끝없이 링크를 타고 서핑 하듯이 정보를 계속 파고 들어가는 방법을 말한다. 예를 들어 '이순신'을 키워드로 한다면 다음과 같은 방식으로 깊이 있는 정보를 수집해볼 수 있다.

- 먼저 《난중일기》를 읽어본다.
  ㄴ 《난중일기》에는 이순신 장군이 겪은 전투장면이 상세히 기록되어 있지 않아서 그 내용이 잘 기록되어 있는 《임진장초》라는 책을 찾아서 읽어본다.
  ㄴ 이순신 장군이 조정에 올린 장계를 모아놓은 책인 《임진장초》를 읽다 보니, 그 장계를 받은 조정에서는 그를 어떻게 생각했는지가 궁금해져서 '이순신'을 키워드로 '조선왕조실록 DB'를 검색해서 관련 내용을 읽어본다.
  ㄴ 이와 함께 이순신을 천거한 류성룡 등이 저술한 《징비록》을 포함한 여러 도서를 통해 이순신 주변 사람들이 그를 어떻게 생각했는지 찾아본다.
  ㄴ 마지막으로 일본의 기록을 찾아서 적의 입장에서는 이순신 장군을 어떻게 생각했는지도 확인해본다.

이런 식으로 정보를 추적해나가다 보면 이순신에 대한 깊이 있는 정보들을 하나하나 쌓아나갈 수 있다.

깊이 있는 정보를 얻으려면 책, 논문, 블로그, 신문기사, 홈페이지, DB 등 다양한 영역에서 자료를 찾아보아야 한다. 인터넷 검색에만 의존하면 이런 정보를 찾기가 어렵다. 특히 인터넷에서 얻은 정보는 깊이가 부족할 뿐 아니라 신뢰성도 떨어진다. 신뢰성 측면에서 가장 좋은 정보를 얻을 수 있는 수단이 바로 '책'이다. 특히 전혀 다른 분야의 책에서 현재 진행하고 있는 업무와 유기적으로 연계된 아이디어 등을 얻는 경우도 많다. 예를 들어 필자는 조직관리나 리더십에 대해 고민할 때 경영학 서적뿐만 아니라 다양한 철학 관련 책이나 사서오경 중 하나인 《서경》, 역사서인 《십팔사략》 등에서 많은 영감을 얻곤 한다.

주제별 추적 조사법의 핵심은 자신이 좀 모호하게 알고 있다고 생각되는 부분을 깊게 파보는 데 있다. 이순신 장군을 키워드로 설명한 앞의 사례처럼 어떤 주제에 대해 360도의 다각도로 자료를 찾다보면 단순히 책 한 권을 읽거나 인터넷 검색을 하는 것에 비해 훨씬 깊이 있는 수준의 정보를 축적할 수 있다. 그리고 이렇게 축적된 정보가 자신이 기존에 가지고 있던 다른 정보들과 엮이면서 새로운 콘텐츠로 창조되는 것이다. 이런 노력이 지속되다 보면 전문가와 대화를 나눌 정도의 지식을 갖추게 된다.

주제별 추적 조사법의 장점은 단기간에 해당 분야에 대한 전문성을 확보할 수 있다는 데 있다. 필자의 경우 책을 쓸 때는 항상 도서관에 가서 해당 주제에 대한 거의 모든 책을 찾아서 '필요한 대목'을 먼저 읽어본다. 이렇게 대략 훑어보다가 중요한 대목만 정독하기 때문에 책 읽는 시간을 상당히 단축할 수 있다. 2주에 30권 이상의 책 읽기도 가능하다.

Part 2_ 보고서 작성수준 높이기

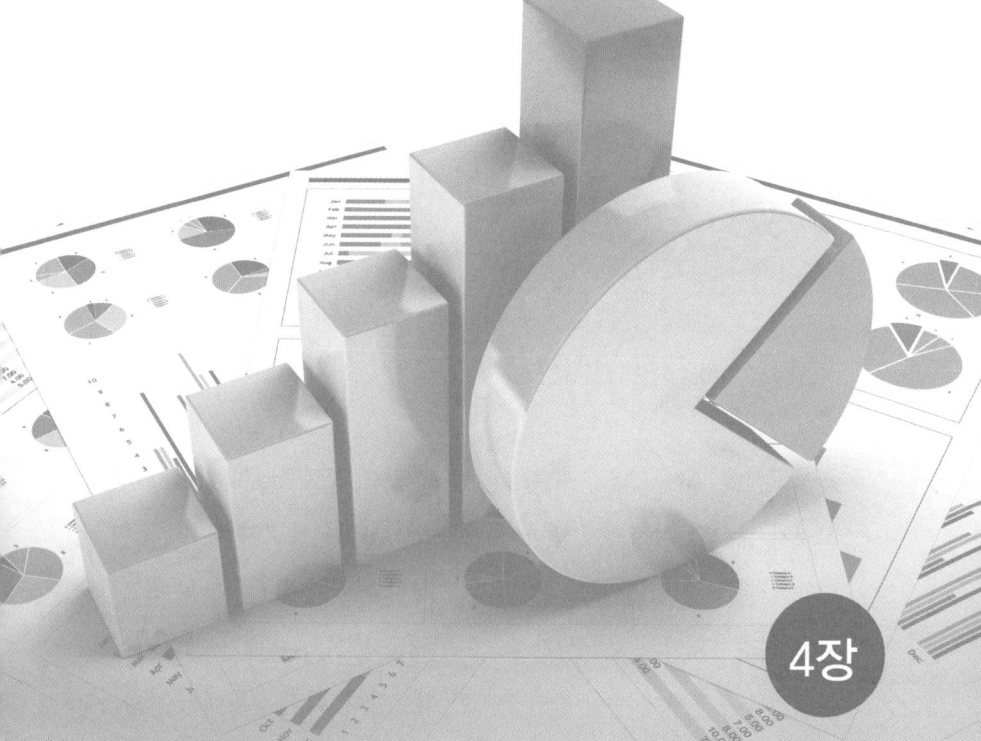

4장

1페이지 보고서 작성의 핵심기술

001 1페이지 보고서의 핵심은 간결·명료한 스토리라인

● The Total Solution for Reports

보고서에 대한 고정관념

보고서에 대해 많은 실무자들이 갖고 있는 고정관념이 있다. 바로 보고서가 얇으면 상사에게 일을 제대로 안 했거나 보고서 작성수준이 낮다는 인식을 줄 것이라는 생각이다. 그러나 현실에서는 두꺼운 보고서보다 오히려 1페이지 보고서가 더 큰 위력을 발휘하는 때가 많다. 상사나 경영진들은 하루에 수십 장의 문서를 검토한다. 이런 상황에서 장황하고 중언부언 하는 보고서를 보게 되면 내용이 잘 들어오지 않기 때문에 결과적으로 보고의 성공률을 떨어뜨리게 된다.

1페이지 보고서의 핵심은 간결·명료함이다. 짧게 핵심만 정리할 수 있다는 것은 그만큼 생각이 잘 정리되어 있음을 의미한다. 이러한 핵심이 잘 적용된 1페이지 보고서는 '비즈니스 예술'이라고 할 정도로 보기가 좋다.

다만 지나치게 '1페이지'라는 점에 집착할 필요는 없다. 보고서에 따라서는 최소 2페이지 정도는 할애해야 필요한 내용을 모두 담을 수 있는 경우도 있기 때문이다. 이런 경우 2페이지로 작성해도 아무 문제가 없다. 보고서의 핵심은 형식이나 분량이 아니라 '소통(커뮤니케이션)'에 있다.

1페이지 보고서의 질과 양을 확보하는 일석이조 효과

1페이지 보고서가 큰 위력을 발휘하는 까닭은 무엇일까? 목적과 논지가 압축될수록 상대방에게 주는 메시지가 더 명확해지기 때문이다. 이를 위해서는 무엇보다 '핵심적인 스토리라인을 1~2페이지로 압축'함으로써 1페이지 보고서의 강점인 간결·명료함을 살리는 것이 중요하다. 이 밖에 보고서 작성을 위해 수집한 상세한 자료나 부연설명 자료는 과감하게 첨부문서로 뺀다. 이때 첨부문서는 양이 많아도 상관없다. 이렇게 구성하면 1페이지 보고서의 질과 양을 함께 확보하는 일석이조의 효과를 얻을 수 있다.

특히 회사에서 경영진을 대상으로 보고할 때는 주로 1페이지 보고서가 활용되며, 파워포인트 보고서는 첨부문서로서 활용되는 경우가 많다. 이것만 보더라도 최종 결재권자의 의사결정과 보고서의 양과는 아무 관계가 없다는 사실을 알 수 있다. 물론 경영진에 따라 파워포인트 보고서를 활용한 프레젠테이션 방식을 선호하는 경우도 있기는 하다.

4장에서는 1페이지 보고서를 작성하는 방법에 대해 구체적으로 하나하나 살펴보자.

002 핵심 스토리라인과 첨부자료를 구분·연결하는 기술

● The Total Solution for Reports

　1페이지 보고서를 작성할 때 가장 어려운 부분은 어디까지를 본문에 넣고 어디까지를 첨부문서로 뺄지를 구분하는 것이다. 이런 구분이 잘 안 되면 보고서가 장황해질 가능성이 크다. 보고자 입장에서는 보고내용을 뒷받침하는 자료를 본문에 많이 담을수록 좋겠지만, 정작 보고를 받거나 회의에 참석하는 사람들은 20~30페이지에 달하는 두툼한 보고서를 검토할 시간이 없다는 점을 감안해야 한다.

　여기서는 1페이지 보고서 본문에 담을 핵심 스토리라인과 첨부문서를 효과적으로 구분하는 구체적인 방법에 대해 알아보자.

1 핵심 스토리라인 작성

　배경, 현황요약, 원인분석, 대안 등 반드시 설명해야 할 핵심 스토리라인을 본문에 기술한다.

2 첨부문서 작성

핵심 스토리라인을 뒷받침하는 부연·근거자료를 첨부문서에 담는다. 보고 시 상사가 물어볼 만한 내용이나 핵심 스토리라인에 대한 구체적인 데이터, 보고서에 제시된 대안에 대한 구체적인 실행방안 등을 넣으면 좋다. 특히 보고서 작성을 위해 수집한 자료들을 정리하는 과정에서 첨부문서를 미리 만들어놓으면 업무시간도 단축할 수 있고, 그 과정에서 생각이 정리되는 효과도 얻을 수 있다.

3 도표자료

본문에 들어가는 도표자료는 전체 내용을 요약하는 식으로 만들고, 나머지 세부사항과 관련된 도표들은 첨부문서에 넣는다. 예를 들어 연간 인건비 현황이라면 다음과 같이 조직 전체 차원에서 요약한 도표는 본문에 넣고, 월별·조직별 인건비 현황은 첨부문서에 넣는 식이다.

● 보고서 본문에 들어가는 요약도표 사례 ●

연초 인력목표	수정 인력목표	현 인원	연초목표 대비 인원증감	예상 인건비	연초목표 대비 인건비 증감
696명 (정규/계약)	653명	638명	△43	340억	△36억 (연초 376억)

● 첨부문서에 포함되는 상세도표 사례 ●

	현 인원	연초 목표	조정 목표인원	문영(안)
△△사업본부	73	89	75	• ○○○ 프로젝트 수행인력 채용
XX사업본부	190	186	192	• 서비스 오픈을 위한 개발인력 중심 채용
○○본부	116	126	117	• 검색서비스 방향 설정 담당 기획인력 충원 • XX분야 개발인력 충원
△△본부	33	37	32	• 현 인원 유지
기술본부	70	83	73	• 전문기술 인력 보강 - 시스템 효율성 증대 -시스템아키텍트, DB전문가, QA전문가
UI 실	15	21	17	• 핵심 필요인력 위주 확보
XX조직	20	40	22	• 개발인력 2명 채용
연구소	10		19	• XX 투입/개발인력 채용(서비스 컨설팅 문영 여부 검토 필요)
스태프	90	88	90	• 경영전략 48명 / 경영지원 33명 / 기타(윤리경영 등) 8명
운영실	21	26	16	• G TF인력 조정 필요(축소 고려)
계	638	696	653	

4 본문과 첨부문서의 연결

1페이지 보고서 본문에 본문내용과 첨부문서 내용을 연결하는 표현을 넣어주어야 한다. 예를 들면 첨부문서와 관련된 본문내용에 '자세한 사항은 [첨부 1] 참조' 등의 표현을 넣는 식이다. 첨부문서 분량이 많다면 첨부문서에도 페이지 번호를 넣어주어야 한다. 보고 시 첨부문서 위치를 찾지 못해 허둥대다가 보고에 어려움을 겪는 사례가 실제로 자주 발생한다.

5 첨부문서의 표시

본문내용과 연결되는 첨부문서를 표시할 때는 다음과 같이 '[   ]'를 사용해서 눈에 띄게 표시한다.

> [첨부 1] 경쟁사 매출액 현황

6 첨부문서의 편집

1페이지 보고서의 본문은 세밀하게 다듬어야 하지만, 첨부문서는 적절한 편집만 해도 된다. 첨부문서는 말 그대로 보조자료라는 의미가 강해서 보고 받는 사람 입장에서도 문서의 형식보다는 필요한 보충자료가 반영되어 있는지를 더 중요시하기 때문이다.

그런데 실무자들이 작성한 1페이지 보고서들을 살펴보면 보고서 본문 끝에 첨부문서 표기를 제대로 못하는 경우가 의외로 많다. 1페이지 보고서에 주로 사용되는 첨부문서의 3가지 유형별로 각각의 표기법을 살펴보면 다음과 같다.

> ① 첨부문서가 1개면 다음과 같이 첨부문서 제목 앞에 번호표시를 넣지 않는다.
>
> (예) 첨부 : 분기별/본부별 매출액 현황 1부. 끝.
>
> ② 첨부문서가 2개 이상이면 다음과 같이 첨부문서 제목 앞에 번호표시를 해준다.
>
> (예) 첨부 : 1. 분기별/본부별 매출액 현황 1부
>   2. 분기별/본부별 영업이익 현황 1부. 끝.

③ 첨부문서의 제목은 같지만 각기 다른 내용을 담고 있는 경우 다음과 같이 '각'
이라는 표현을 이용해 기술한다.

(예) 첨부 : 1. 지원자 명단 1부
         2. 지원자 이력서 각 1부. 끝.

지금까지 설명한 방식을 활용하면 1페이지 보고서의 강점인 간결·명료함을 효과적으로 살릴 수 있을 뿐만 아니라, 20~30페이지에 달하는 보고서를 완벽하게 만들기 위해 소요되는 시간도 획기적으로 줄일 수 있다.

003 보고서 제목의 효과를 높이는 방법

● The Total Solution for Reports

보고서는 좋은 제목을 만드는 데서 시작된다. 대학교에서 논문을 써본 경험이 있다면 논문에서 제목 잡기가 얼마나 중요한지 알고 있을 것이다. 좋은 제목은 곧 좋은 주제이기 때문이다.

제목의 중요성을 알 수 있는 대표적인 사례로 《칭찬은 고래도 춤추게 한다》라는 책을 들 수 있다. 사실 이 책은 처음에 《You Excellent!》라는 제목으로 번역 출간되었는데 반응이 별로 좋지 않았다. 제목을 정하면서 이 책의 핵심 키워드인 '칭찬', '고래' 등을 간과한 결과였다. 이 점을 인식한 후 이 책은 《칭찬은 고래도 춤추게 한다》라는 구체적인 제목으로 바뀌어서 재출간되었고 결과적으로 엄청난 베스트셀러가 되었다.

이 사례처럼 보고서 역시 좋은 제목을 붙였을 때 좋은 결과를 가져오는 경우가 많다. 특히 바쁜 상사나 경영진이 제목만으로도 보고서 내용을 상상할 수 있도록 제목을 잡는 것이 핵심이다. 제목만으로 보고서의 전체 내용과 취지, 보고성격 등을 알 수 있도록 최대한 구체적으로 작성해야 한다는 것이다. 예를 들어 보고서의 제목이 다음과 같은 질문에 대한 답이 되는지가 중요하다.

> "무엇을 하려고 하나요?(What)"
> "네, 고객 클레임 유형을 분석하고 대응방안을 정리해보았습니다."
>
> → 그렇다면 이 보고서의 제목은 '고객 클레임 유형분석/대응방안'이다.

보고서 제목은 가능한 한 20자 이내로 압축해서 표현하는 것이 좋다. 또한 추상적인 단어보다는 구체적인 단어를 사용하고, 의미전달에 지장이 없다면 수식어나 조사 등은 과감히 생략해서 최대한 간결·명료하게 만들어야 한다. 그리고 다음과 같이 제목 안에 '검토, 개선안, 현황, 회의록' 등을 표시해서 보고서를 보는 사람이 문서의 성격을 바로 알 수 있도록 하는 것이 좋다. 이때 필요하다면 작성년도를 함께 적어준다.

> ① 정책보고서 제목 예시
> 20XX년 OO본부 사업계획 변경(안)
> OO서비스 장애원인 분석/개선방안
>
> ② 정보보고서 제목 예시
> 우수기업들의 EA(Enterprise Architecture) 도입 현황

> 2020년 상반기 경쟁사 제품출시 동향 보고
>
> ③ 회의록 제목 예시
> ERP 도입을 위한 관계부서 회의록(1차)

보고서 제목은 적어도 5개 이상 고민해보고, 그 중에서 가장 좋은 것을 선택하는 것이 바람직하다. 또한 필요에 따라 다음과 같이 부제목을 함께 적는 방식도 보고의 목적을 좀 더 구체적으로 한정 지을 수 있다는 점에서 도움이 된다.

20××년 사업계획 변경(안)_비용절감을 중심으로
서비스 장애원인 분석/개선방안_시스템 인프라를 중심으로

위와 같은 부제목을 실제 보고서에 표현하는 방식은 다음과 같다.

20××년 사업계획 변경(안)
– 비용절감을 중심으로

20××.7.5/경영전략팀

---

004 상사의 추상적인 지시를 구체화하는 방법

● The Total Solution for Reports

상사가 지시한 대로 보고서의 목적을 잡고 실제 보고서를 작성해서 보고했는데, 이런 황당한 질문이 돌아올 때가 있다.

"김 대리, 우리가 이 일을 왜 한다고 생각해?"

지시한 대로 보고한 죄(?)밖에 없는데 상사가 이런 질문을 던지면 '헉!' 하고 놀라거나 당황해할 수밖에 없다. 그런데 실제 업무현장에서는 이처럼 일을 시킬 때와 일을 점검할 때의 상사의 태도가 확연히 달라지는 경우가 많다. 보고에도 '화장실 갈 때와 나올 때가 다르다'라는 속담이 적용되는 셈이다. 이러한 상황은 주로 상사의 최초 지시가 추상적일 때 발생한다. 즉, 상사 입장에서 일을 시킬 때는 자신이 쥐고 있는 일을 빨리 털어버리려는 마음이 강해서 막연하게 지시를 하면서도, 막상 그 일에 대해 보고를 받고 점검할 때는 자신이 책임을 져야 하므로 세밀하게 확인하려는 마음이 강해지는 것이다.

실무자 입장에서 이런 황당한 상황을 최소화하기 위해서는 다음과 같이 상사의 추상적인 지시를 재해석해서 보고의 목적을 구체화하는 작업이 필요하다.

1 보고의 목적을 가능한 한 구체적인 한 문장으로 요약하라

모든 일은 '왜 하는지'가 중요하다. 보고서 역시 보고의 목적, 즉 이 보고서를 '왜 쓰는지'가 흔들리면 보고서의 전체 내용이 흔들릴 수밖에 없다. 따라서 상사가 추상적인 지시를 했을 때 그것을 그대로 보고서의 목적이나 배경으로 잡아서는 안 되며 이것을 한 번 더 구체화하는 작업이 필요하다. 즉, 상사의 지시를 토대로 일단 보고의 목적을 구상해본 후 그것을 가능한 한 구체적인 한 문장으로 요약해보는 것이다. 이와 관련해 필자가 예전 한 회사에서 겪은 사례를 하나 들어보겠다.

어느 날 필자의 상사가 CEO의 지시라면서 다음과 같은 지시를 했다.
"올해 인력운영 계획 다시 정리해보고, 생산성 분석 좀 해봐!"

이처럼 CEO의 지시를 상사를 거쳐서 듣다 보니 필자 입장에서는 보고의 목적 자체가 좀 모호하게 생각되었다. 이에 필자는 우선 다음과 같이 보고의 목적을 구상해보았다.

'인력운영 계획은 사업실적을 고려해서 조정하면 되고, 생산성은 결국 기능별 조직역량을 분석해보는 것이 맞을 것 같다. 그리고 인력 생산성은 중장기적인 관점에서 대안을 제시하는 게 맞겠다.'

그리고 이렇게 구상한 내용을 다음과 같이 구체적인 문장으로 적어보았다.

> 본 보고의 목적은 '20××년도 경영목표 수정을 고려, 연초에 수립한 인력운영 계획을 조정하고, 중장기적인 인력 생산성 강화방안을 모색하는 데 있음

이처럼 보고의 목적을 구체화해야만 보고서의 내용을 한층 쉽게 구성할 수 있고 결론을 내리기도 쉬워진다.

2 보고의 목적에는 '이유+이익'이 포함되어야 한다

보고의 목적에는 '이 일을 왜 하는지'에 대한 이유와 함께, 그 일을 했을 때 '어떤 이익이 있는지'가 포함되어야 한다. 예를 들어 신입사원 OJT에 대한 보고서라면 다음 첫 번째 예시보다는 두 번째 예시처럼 보고서의 목적 안에 이유와 이익을 함께 표현해주어야 설득력을 높일 수 있다.

> (예시 1) 신입사원 기본소양 및 제품지식 함양
> (예시 2) 신입사원 기본소양 및 제품지식 함양을 통해 조기 조직적응을 지원

끝으로 보고의 목적을 정리해서 구체화한 후에는 그것이 정확한지 상사에게 한 번 확인받는 과정을 거치는 것이 바람직하다.

005 주요 내용이 누락되지 않도록 목차를 구성하는 방법

● The Total Solution for Reports

　1페이지 보고서를 만들다 보면 중요한 구성요소가 하나씩 빠지는 경우가 많다. 예를 들면 '어떻게(How)?', '언제(When)?' 등에 해당하는 내용이 하나씩 빠지는 식이다. 이런 실수를 하지 않으려면 육하원칙 등의 방법을 활용해서 보고서 안에 필요한 내용이 누락되지 않도록 해야 한다. 특히 '왜(Why)?'와 '어떻게(How)?'는 절대 빠져서는 안 된다. 이 2가지는 잘 된 보고서와 그렇지 못한 보고서를 결정할 만큼 중요한 요소일 뿐 아니라, 보고서를 보는 상사 등의 입장에서 가장 궁금해 하는 내용에 해당하기 때문이다.

　1페이지 보고서를 작성할 때 다음과 같은 6가지 목차를 미리 잡아놓고 브레인스토밍을 하듯이 작성하면 누락되는 내용 없이 보고서를 작성하는 데 크게 도움이 된다.

① 목적
② 현황·이슈
③ 개선방안
④ 예산
⑤ 기대효과(선택)
⑥ 의사결정사항(선택)

다음 표는 위의 6가지 목차를 좀 더 세밀하게 구성해본 것이다. 이러한 목차에 따른 각 질문에 답을 하는 방식으로 보고서의 틀을 잡은 뒤에 키워드 중심으로 내용을 요약하면 주요 내용이 누락되지 않는 보고서를 작성할 수 있다.

● 일반적인 보고서 작성목차

제목	무엇을 하겠다는 것인가?
목적	왜 이 기획을 하며, 무슨 이익이 있는가?
현황·이슈	현재 상황은 어떠하며, 무엇이 이슈인가?
원인(선택)	무엇이 문제의 근본원인가?
목표(선택)	달성하고자 하는 수준은 어느 정도인가?
추진방향	문제를 해결하기 위해서 어떤 방향으로 추진할 것인가?
세부 실행방안	구체적으로 어떻게, 누가, 언제 진행할 것인가?
예산	얼마의 비용으로 진행할 것인가?
기대효과(선택)	보고내용을 실행해서 얻게 되는 이익은 무엇인가?
의사결정사항(선택)	의사결정을 할 사항은 무엇인가?

위의 표에서 '(선택)'이라고 표시된 목차는 보고서의 활용목적에 따라서 들어가기도 하고 빠지기도 하는 항목이다. 예를 들어 기대효과라면, 어떤 보고서에는 목적 안에 기대효과에 대한 내용이 압축되어 들어가기도 하고, 어떤 보고서에는 기대효과를 별도로 구분해서 세밀하게 작성하기도 한다. 또한 의사결정사항은 보고서 설명을 끝낸 후에 해당 보고내용에 대해 의사결정이 필요한 사항이 있을 때 적어주면 된다.

위의 표에서 '목표'는 보고서에서 규정한 '목적'을 한 번에 해결할 수 없을 때, 현시점에서 달성할 수준을 한정해 구체적으로 정의하는 데 활용한다. 예를 들어 전 사원의 기획역량을 강화하기 위한 교육을 진행한다고 했을 때, 한 번의 교육으로 그 목적을 달성하기는 쉽지 않을 것이다. 따라서 이런 경우 목적은 '기획역량 향상'으로 정하되, 목표는 '1페이지 보고서 작성방법 강화' 등으로 한정 지어 정의할 수 있다.

또한 '왜 하는지'가 확정되지 않은 일과 확정된 일에 대한 보고서는 목차상의 차이가 있다. 먼저 왜 하는지가 확정되지 않은 일에 대한 보고서에는 상대방을 설득할 수 있는 '보고의 목적'과 '추진배경' 등이 기술되어야 한다. 반면에 왜 하는지가 확정된 일에 대한 보고서, 예를 들면 연간 사업계획이나 연간 인력계획처럼 매년 관례적으로 작성하는 보고서는 다음 그림과 같이 목적을 생략하고 바로 본론으로 들어갈 수 있다.

● 왜 하는지가 확정된 일에 대한 보고서 사례 ●

20XX년도 인력운영 및 채용계획

20XX.7.13./OOO팀

1. 인력운영계획

1.1. 20XX년 적정인력 규모(가이드라인)

단위 : 명

현재원	20XX년 인력규모(평균인원)		과부족 (연말기준)	퇴사예상 (10%)	채용예상 인력	비고
	인사계획	사업인원				
882	1,030(970)	당초 : 1,188(1,090) 조정 : 1,106(1,015)	-148	88	236	20XX.12월 대비 21% 증가

1.2. 인력규모 산출방법

▷ 최근 4개년간 매출액, 인원, 인당 매출액 등의 상관관계 분석
▷ 부문별(OO부문, OOO, 기타 부문)의 인력추이를 통한 특성 분석
▷ 목표매출액에 따른 인력 시뮬레이션 실시(시나리오/인당 매출액 기준 분석)
▷ 시뮬레이션 기반 인력 가이드라인 설정

1.3. 부문별 인력규모 산출

구분	계	A부문	B부문	C부문	D부문	STAFF
목표매출(억)	4,324	2,000	565	1,696	63	
20XX년 대비 증가율	45%	167%	20%	0.2%	-14%	
사업인력 (평균인력)	1,188 (1,090)	594 (565)	266 (231)	180 (165)	47 (47)	82 (82)
20XX년 인당 매출기준 [4년 평균 기준]	1,273 [1,213]	733 [770]	257 [166]	156 [149]	46 [46]	82 [82]
인사 T/O (평균인력)	**1,030 (970)**	**515 (471)**	**231 (215)**	**156 (156)**	**46 (46)**	**82 (82)**
현원	882	422	191	146	46	77
과부족	-148	-93	-40	-10	-	-5

※ 급격한 인원증가에 따른 부작용을 방지하고, 경영환경 변화에 탄력적으로 대처하기 위해 목표의 약 90%수준에서 인사 T/O 설정

1.4. 매출액 대비 인력 시뮬레이션 및 가이드라인(평균인원 기준)

전사				SI (인당 매출액 3억 기준)		
매출액(억)	인원	인건비 총액	인건비율	매출액	인원	인건비 총액
4,324	1,139	410	9.5%	2,565	855	308
4,200(97%)	1,098	395	9.4%	2,441(95%)	814	293
4,000(95%)	**1,031**	**371**	**9.3%**	**2,241(87%)**	**747**	**269**
3,818(88%)	**970**	**349**	**9.1%**	**2,059(80%)**	**686**	**247**
3,600(83%)	898	323	9.0%	1,841(72%)	614	221

※ 인건비율이 10%를 넘지 않는 선에서 인력운영(매출액에 따라 가이드라인 조정 실시(분기 1회))

보고 관련 책들을 보면 보고서에 'Why, What, Target, How, When, Where, Who, How much'에 해당하는 내용이 반드시 들어가야 한다고 강조하는 경우가 많다. 그런데 막상 실전에서는 이런 항목들이 보고서의

한 목차 안에 섞여 들어가는 경우도 있기 때문에 딱 맞아떨어진다고 보기는 어렵다. 그런 점에서 위 표에서 제시한 목차별 질문에 따라 브레인스토밍하듯 자연스럽게 보고서의 틀을 잡고, 그 뒤에 문장을 세밀하게 다듬는 방법이 현실적으로 좋은 대안이 될 수 있다. 이러한 방법에 따라 1페이지 보고서의 기본 틀을 잡아보면 다음과 같다.

● 1페이지 보고서 콘셉트 정리표

제목 (무엇을 하겠다는 것인가?)	• 구성원의 지식이력을 관리할 시스템을 만든다.
목적 (왜 이 기획을 하며, 무슨 이익이 있는가?)	• 구성원들의 지식과 기술이력을 체계적으로 관리하여 인적자원의 효율적 활용을 높인다. • 채용, 배치, 경력개발 등의 각종 인사업무 수행 시 최적의 의사결정을 지원한다.
현황/이슈 (현재 상황은 어떠하며, 무엇이 이슈인가?)	• 구성원의 일반적인 이력은 관리되고 있으나, 프로젝트 수행경험(사내외), 보유기술 등의 지식이력에 대한 세밀한 관리가 미흡하다. • 사내의 해당 분야 전문가를 찾아 도움을 받거나, 활용할 수 있는 체계가 미흡해 업무효율성이 떨어지고 있다. • 주요 프로젝트 수행 시 해당 프로젝트 경험자를 찾기 어려워 효과적인 프로젝트 조직을 구성하기 어렵다.
원인(선택) (무엇이 문제의 근본원인인가?)	• 직무분석이 안 되어 있고, 그에 따른 경험, 지식 등의 이력관리가 안 되고 있다.
목표(선택) (달성하고자 하는 수준은 어느 정도인가?)	• 해당사항 없음
추진방향 (문제를 해결하기 위해서 어떤 방향으로 추진할 것인가?)	• 직무이력, 보유기술, 주요 경험 등 개인들의 이력이 종합된 지식이력 데이터베이스를 구축한다.

세부 실행방안 (구체적으로 어떻게, 누가, 언제 진행할 것인가?)	• 직무, 보유기술, 주요 경험 등 개인이력이 종합된 지식이력 입력 및 관리기능을 구축한다. • 각종 조건을 부여하여 조건에 맞는 인재를 검색할 수 있는 기능을 구축한다. • 인사업무 및 각종 전략수립 시 필요한 각종 인력분석과 통계를 산출하고 이것을 출력할 수 있도록 한다. • 각종 지식에 대해 구성원 상호 간 문답식 경험공유가 가능한 공간을 구축한다. • 개인별 경력목표 및 희망직무 관리를 통한 경력개발 업무지원 기능을 구축한다. • 직무·기술분류 체계를 10월 말까지 수립하고, 시스템 설계·개발을 11월 말까지 구축한다. 12월 중순까지 전 사원 경험·기술을 조사해 12월 중순에 시스템을 최종 오픈한다.
예산 (얼마의 비용으로 진행할 것인가?)	• 인건비를 주로 활용한다. 인사팀 2명, MIS팀 2명 정도가 투입된다.
기대효과(선택) (보고내용을 실행한 결과 얻게 되는 이익은 무엇인가?)	• 전사 기술역량 자료를 바탕으로 각종 사업추진 시 의사결정 자료를 지원할 수 있고 인적자원의 핵심역량 수준을 파악할 수 있다. • 필요한 조직에 필요한 자원을 적시적재 배치하기 위한 핵심 자료로 활용할 수 있고, 각종 프로젝트를 추진할 때 필요한 각종 기술보유 인력에 대한 정보를 제공할 수 있다. • 구성원 상호 간 지식교류가 가능한 체계를 구축해서 학습조직화를 지원하고, 부족한 기술역량에 대한 육성수요 파악 및 개발지원이 가능하다.
의사결정사항(선택) (의사결정을 할 사항은 무엇인가?)	• 해당사항 없음

위와 같이 작성된 초안을 기준으로 문장을 요약해서 범주화하고 표를 활용해서 내용을 다듬으면 다음과 같은 보고서가 만들어진다.

지식이력 관리 시스템 구축 계획

20XX.2.21/○○○팀

1. 목적
- 구성원의 지식/기술 이력을 체계적으로 관리하여 인적자원의 효율적 활용 극대화
- 채용/배치/경력개발 등 각종 인사업무 시 최적의 의사결정 지원

2. 현황/이슈
- 구성원의 일반적인 이력은 관리되고 있으나, 프로젝트 수행경험(사내외), 보유기술 등의 지식이력에 대한 세밀한 관리는 미흡한 상황임
- 사내의 해당 분야 전문가를 찾아 도움을 받거나, 활용할 수 있는 체계가 미흡한 상황임
- 주요 프로젝트 수행 시 해당 경험자를 찾아 효과적인 프로젝트 조직을 구성하기가 어려움

3. 시스템 구축방안
- 개요 : 직무/보유기술/주요경험 등 개인이력이 종합된 지식이력 DB를 구축
- 주요 기능

구 분	내 용
지식이력 관리/ 인재 검색기능	▷ 직무/보유기술/주요경험 등 개인이력이 종합된 지식이력 입력/관리 ▷ 각종 조건(직무/경험/기술/역할/희망업무 등)을 부여하여 조건에 맞는 인재 검색
경력/기술 분석 및 통계	▷ 인사업무 및 각종 전략 수립 시 필요한 각종 인력분석 통계 출력 가능 (직무별/기술별 보유현황 등)
경험공유 장터	▷ 각종 지식에 대하여 구성원 상호간 문답식 경험공유가 가능한 공간 구축
경력목표 및 희망업무 관리	▷ 개인별 경력목표 및 희망직무 관리를 통한 경력개발 업무 지원 기능

4. 구축절차

직무/기술분류 체계수립	시스템 설계	시스템 개발	전 사원 경험/기술 조사	시스템 OPEN
10/3 ~ 10/28	10/3 ~ 10/15	10/17 ~ 11/30	12/1~12/15	12/15

5. 기대효과

구 분	내 용
전략지원 강화	▷ 전사 기술역량 자료를 바탕으로 각종 사업추진 시 의사결정 자료 지원 ▷ 전사적 인적자원의 핵심역량 수준 파악 가능
효과적인 인력활용 강화	▷ 필요한 조직에 필요한 자원을 배치하기 위한 핵심자료 활용 ▷ 프로젝트 추진 시 필요한 각종 기술보유 인력에 대한 수시지원 가능
지식교류/ 육성업무 지원	▷ 구성원 상호간 지식에 대한 교류가 가능한 체계를 구축하여 학습조직화 지원 ▷ 부족한 기술역량에 대한 육성수요 파악/개발 지원 가능

끝.

보고서 작성에 필요한 자료를 수집하거나, 특히 여러 사람이 협업해서 보고서를 작성할 때 미리 목차를 잡아놓지 않으면 일이 매우 비효율적으로 진행될 가능성이 크다. 협업이 많은 컨설턴트들이 대부분 미리 보고

서 목차를 잡아놓고 각 목차별로 담당을 따로 정해서 나중에 취합하는 방식을 활용하는 이유도 바로 이 때문이다.

보고서의 목차를 잡는 요령이 서툰 경우 일단 다른 사람이 만든, 목차가 잘 잡힌 보고서 샘플을 그대로 가져다 써도 좋다. 그런 뒤에 차츰 자신이 가장 잘 설명할 수 있는 목차로 바꾸는 훈련을 해나가는 방식이 논리적인 목차를 잡는 습관을 들이는 데 가장 효과적이다.

마지막으로 보고서의 성격별로 자주 활용하는 목차의 구조를 살펴보면 다음과 같다.

● 보고서 형태별 목차구조 사례

구분	목차구조
문제해결 · 개선보고서	1. 목적(취지 · 배경) 2. 현황/이슈(경우에 따라 현황/이슈/원인) 3. 추진방향 또는 개선방안 4. 세부 실행계획(경우에 따라 개선방안+세부 실행계획으로 표현 가능) 5. 예산 6. 기대효과 7. 의사결정사항(의사결정을 받을 필요가 있을 때 선택적으로 사용)
결과보고서	1. 목적(취지 · 배경) 2. OO 개요 3. 진행현황 4. 성과분석 및 시사점 5. 향후 개선방안
행사 · 회의보고서	1. 목적(취지 · 배경) 2. 행사 또는 회의의 개요 3. 행사 세부일정 4. 주관자 동선계획 5. 예산

동향보고서	1. 목적(취지·배경) 2. 최근 현황 또는 동향 3. 향후 전망 4. 대응방안
사업계획서	1. 미션/비전 2. 전년도 실적/시사점 3. 추진전략 4. 세부 실행계획 5. 당해년도 목표/평가기준 6. 예산(CAPEX/OPEX)

006 문장을 효과적으로 압축하는 기술

● The Total Solution for Reports

1페이지 보고서는 적은 지면에 많은 내용을 담아야 하므로 문장을 효과적으로 압축하는 기술이 필요하다. 먼저 다음 두 문장을 살펴보자.

〈예문 1〉
A프로젝트는 예산을 40%나 초과 사용했으나, 프로젝트 수행결과 원하는 바를 달성하지 못했음

〈예문 2〉
A프로젝트는 예산을 40% 초과 사용했으나, 목표를 달성하지 못함

두 문장을 비교해보면 〈예문 1〉은 〈예문 2〉에 비해 정제된 맛이 떨어

진다. 그런데 사실 〈예문 1〉 역시 문장을 무난히 잘 줄여놓기는 했다. 그러다 보니 상당수의 실무자들이 이 수준에 만족해하는 경향이 있다. 그러나 1페이지 보고서의 수준을 좀 더 높이려면 여기서 멈추지 말고 〈예문 2〉처럼 할 말만 딱 하는 식으로 정리하는 노력이 필요하다.

이와 관련해 〈미생〉이라는 드라마를 보면, 장백기라는 등장인물이 상사에게서 보고서에 들어갈 예문을 장황하지 않게 줄여보라는 지시를 받고 고민하는 장면이 나온다. 상사가 준 예문은 '중동항로와 관련된 특이사항'이라는 제목이 달린 5~6줄 정도의 내용이었는데, 장백기는 이것을 줄여나가는 과정에서 한 문장을 두고 다양한 표현이 가능하다는 사실을 깨닫는다. 이 장면에서 장백기가 예문의 제목을 다듬어나가는 과정을 요약해보면 다음과 같다.

> 중동항로와 관련된 특이사항 → 중동항로 관련 특이사항 → 중동항로 관련 Special subjects? → 중동항로 관련사항 → 중동항로 관련 이슈

위의 사례처럼 보고서나 기획서의 제목 하나를 정하는 데는 실제로 많은 고민이 필요하다. 이때 가장 효과적인 비법은 앞에서 강조했듯이 '내가 작성한 보고서가 최종적으로 소비되는 장면을 리얼하게 상상해보는 것'이다. 이를 통해 어떤 단어를 썼을 때 상대방이 어떻게 반응할지 이해할 수 있고, 보다 효과적인 문장 압축이 가능해진다.

문장을 압축할 때도 주의할 점이 있다. 보고서를 작성하는 자신만 이

해할 정도로 내용을 지나치게 압축해서 막상 그 보고서를 보는 사람들이 무슨 내용인지 모르게 해서는 안 된다는 것이다. 예를 들면 이런 식이다.

> • 제품 및 업무방식에 대해 미흡한 상황

이처럼 보고서를 보는 사람에게 의미가 모호하게 전달될 정도로 내용을 압축해서는 곤란하며, 조금 문장이 늘어나더라도 다음과 같이 내용을 명확하게 전달해야 한다.

> • 제품 및 업무방식에 대한 담당자의 이해가 부족한 상황

문장을 효과적으로 압축하는 기술을 정리해보면 다음과 같다.

> ① 가급적 수식어를 빼고 사실(fact)만 전달하는 것이 중요하다.
>
> (예) 너무나도 아름다운 밤 → 아름다운 밤 → 밤
>
> ② 상대방의 입장에서 중요하지 않은 내용은 과감하게 줄인다.
>
> (예) 원래 쓰던 B브랜드의 가격이 비싸서 10여 곳을 신규로 조사하여 가격이 적

정한 A브랜드를 선정
→ B브랜드의 가격이 높아, 10개 업체 조사 후 가격 적정한 A 브랜드 선정

③ 조사를 빼도 문맥이 이상하지 않은 경우 조사를 뺀다.

(예) 학습과 관련된 자료를 웹폴더와 공용 PC에 저장
→ 학습 관련 자료를 웹폴더, 공용 PC에 저장

④ 무슨 말인지 이해하지 못할 정도로 내용을 압축하지 않는다.

또한 보고서에는 정확한 용어를 사용해야 한다. 용어가 정확하지 않으면 상대방이 오해를 하거나 내용을 이해하지 못하게 된다. 이와 관련해 주의해야 하는 사항은 다음과 같다.

① 최종 소비자(의사결정자)가 쉽게 이해할 수 있는 용어를 사용한다. 전문성을 강조하는 어려운 용어를 쓰기 보다는 최종 소비자가 친숙하게 느끼는 용어를 써야 한다.
② 일반적인 용어를 사용한다. 자신의 조직 내에서만 활용되는 전문용어를 쓰는 경우 타 조직이나 경영진이 그 내용을 이해하지 못할 수 있다.
③ 현학적 표현은 자제한다. 현학적인 표현이 전문성을 돋보이게 해줄 것 같지만 오히려 상대방에게 공감을 일으키지 못할 뿐 아니라, 심지어 아마추어 같다는 이미지를 줄 수도 있다.

(예) Special Subject → 주요 주제

007 표와 텍스트를 효과적으로 조합하는 방법

● The Total Solution for Reports

1페이지 보고서를 잘 쓰려면 표를 효과적으로 활용해야 한다. 보고내용을 서술식 문장만으로 1페이지 보고서에 압축하기에는 한계가 있기 때문이다. 특히 다음 2가지 경우에 표를 활용하면 매우 효과적이다.

1 내용이 너무 많아서 서술식으로 쓰면 가독성이 현저하게 떨어지는 경우

1페이지 보고서에 서술식으로 너무 많은 내용을 기술하면 보는 사람 입장에서 핵심내용이 한 눈에 들어오지 않고 읽기도 불편하다. 이럴 때 표를 활용하면 많은 내용을 한 눈에 들어오게 해주는 효과가 있다.

예를 들어 어떤 조직에서 다음 그림과 같이 인력운영 계획 초안을 잡았다고 해보자. 그런데 3번 항목인 '인력현황/이슈분석'의 내용을 보면 너무 많은 내용을 서술식으로 작성해놓았다는 사실을 알 수 있다.

20XX년 인력운영 계획(안)

20XX.8.19/인력운영팀

1. 개 요
- 당사 인력규모의 적정성과 분야별 보유역량을 분석한 후, 종합적인 인적 경쟁력 향상 방향을 제시
- 연초에 수립된 인력계획을 인당 생산성을 중심으로 예상 경영실적을 반영하여 수정계획 수립

2. 20XX년 인력운영 계획

전사 인력규모	현 인원	퇴직예상인원	가용인원 수	핵심인력 채용
653명	637명	30명	46명	12명

※ 인원 수는 정규/계약

3. 인력현황/이슈 분석
- 손익계산서상의 인당 생산성은 OO과 유사수준이나, 플랫폼/OO광고/B2B 등 제외 후 비교시 매출대비 인건비율은 25%, 인당매출은 1.6억으로 낮은 상황(OO : 매출/인건비율 20.0%, 인당매출 2.13억)
- 인력구조를 분석하면 OO은 개발/디자인 인력의 비중이 53%로, 당사 39%보다 높은 상황으로 당사는 서비스 구현인력이 상대적으로 부족한 상황임
- 서비스기획/개발인력이 전체 인력의 76%로 인당 생산성에 가장 큰 영향을 미치고 있음
  - 서비스기획 인력은 사업기획, 컨텐츠, 서비스운영 등의 영역에서는 일정 수준의 역량을 확보하고 있으나, 서비스기획 PM급 인력 부족 및 프로세스 미정립으로 인한 자원낭비가 발생하고 있음
  - 기술인력은 웹개발 인력은 일정 수준의 역량을 확보하고 있으나, 초기설계/개발품질을 담당할 System Architecture, DB 모델링, QA인력이 부족하여, 개발품질 강화와 개발 프로세스 정립이 원활히 수행되지 못함
- 각종 기획/개발 산출물과 프로세스가 체계적으로 관리되지 못하고 있어, 조직의 전반적인 역량강화 및 생산성 향상이 잘 이루어지지 못함

4. 중장기 인력운영 전략
- 목표 인당 생산성/인력규모 : 연말 650명(인당 매출액 2억 달성/매출액 대비 인건비 20% 수준 달성)

5. 20XX년 추진계획
- 분야별 핵심인력 확보계획 : 총 12명 확보

서비스기획	개발	기타
-서비스기획 PM(3명)	-개발 PM(2명), Sys. Architect(2명) -DB전문가(2명), QA전문가(1명)	-마케팀전문가(1명) -리서치전문가(1명)

- 채용시스템 고도화
  - 부문별 전문가들로 구성된 '사내전문가그룹'을 통해 전문가 인재풀 구축 및 채용인력 검증 시 활용
  - 사내추천제도 도입 : 추천임사 후 6개월간의 업무성과를 평가하여 일정 인센티브 지급
- 인력활용/육성 강화
  - 충원수요와 사내구성원의 이동 니즈를 매칭하는 사내공모제 도입을 통한 내부충원 활용 강화
  - 생산성 강화를 위해 서비스기획/개발 프로세스 정립 후 집중교육 실시
  - 당사 산출물 및 업무 프로세스 정립을 위한 조직 운영(서비스기획 지식관리/IT QA조직 도입검토)

반면에 같은 내용을 다음과 같이 표를 활용해서 정리하면 훨씬 눈에 잘 들어올 뿐만 아니라, 그만큼 보고의 효과도 올릴 수 있다.

3. 인력 생산성 이슈분석

- 밸류체인상 사업성과에 가장 큰 영향을 미치는 본원적 활동인 서비스기획/개발에 초점을 맞추고 당사 인력의 생산성 향상 이슈를 분석함

구분	내용
인력구조	-A사와 인력구성 비교 시 **서비스기획 인력의 비중은 높고, 개발/디자이너의 비중은 낮은 구조**로 R&D인력까지 고려 시 기획인력이 많은 상황으로, 서비스기획 인력은 생산성 검토가 필요하며, 개발/디자인인력의 규모에 대한 검토가 필요함
서비스기획	-서비스기획 인력은 **PM급 인력의 부족과 신규 서비스 개발경험/지식 부족**이 비효율적인 인적자원 활용 및 서비스기획의 리드타임이 길어지는 원인이 되고 있음 →핵심 PM급 인력의 확보 및 내부 인력 트레이닝이 필요함
기술/개발	-기술/개발분야는 자체 개발역량을 점진적으로 강화하면서, 매년 외주개발 비용을 낮추어 왔음(20X3년: 29억, 20X4년:20억, 20X5년:12억 예상) -기술인력 구성이 웹개발 인력중심으로 구성되어 있어, **초기설계/개발품질을 담당할 System Architecture, DB 모델링, QA인력이 부족**하여, 시스템 투자비용 저하, 품질 강화, 개발 프로세스 정립이 원활히 수행되지 못함
지적자산 관리	-각종 프로젝트 수행결과에 대한 산출물이 축적/ 공유/ 재생산될 수 있는 지식자산 관리가 회사 차원에서 잘 이루어지지 못하고 있어 산출물의 재활용을 통한 생산성 강화가 원활하지 못함

2 짤막짤막하게 제시해줄 정보가 많은 경우

보고서 안에 짤막짤막하게 제시해야 할 정보들이 많은 경우에도 다음과 같이 표를 활용해서 내용을 효과적으로 압축할 수 있다.

20XX년 리더십 교육 계획(안)

20XX.4.4/조직문화팀

1. 목 적
- 변화와 혁신을 주도하는 ㈜OO의 리더상 구현
- 리더십 역량강화를 통한 성과관리 및 변화관리 주도
- 변화에 민감하고 열정적인 조직문화 건설

2. 20XX년 리더십 교육방향

구 분	내 용			
핵심 키워드	"변화/혁신을 주도하는 리더"			
	임원	팀장	파트리더	대리/담당
계층별 리더십 핵심주제	방향설정, 신뢰/책임,	혁신주도, 성과관리, 팀 관리능력, 인재육성	전문성, 업무추진력, 커뮤니케이션	자기혁신, 열정, 프로의식
과정명	임원 리더십 (ELC)	팀장 리더십(TLC)	PL 리더십(PLC) (차장/과장)	셀프 리더십 (SLC)

3. 20XX년 리더십 과정

구 분	교육대상	교육기간	교육인원	교육방법
임원리더십 과정(ELC)	임원	1박 2일 또는 2박 3일	18명	합숙교육, 강의 및 토의
팀장 리더십 과정(TLC)	팀장/부장	2박 3일	60명	합숙교육, 강의 및 토의
변화/혁신 워크숍(C&I)	보직자	1박 2일	75명	합숙교육, 강의 및 토의, 주제발표
PL 리더십 과정(PLC)	PL(차장/과장)	2박 3일	307명	합숙교육, 강의 및 토의
셀프 리더십 과정(SLC)	전 직원 (대리/담당 우선)	1일	462명	집합교육, 강의 및 토의

4. 일정

구 분	목표일정	내 용
리더십 과정 실시	20XX.4월~11월	임원/팀장/PL 리더십 실시(세부일정 추후 공지)
리더십 강사 양성	20XX.5월까지	리더십 사내 퍼실리테이터 양성(5명) 셀프 리더십 과정 기획/운영
교육이수 여부 인사연계	20XX.09.01	하반기 승격 시 계층별 리더십 교육 이수결과를 승격에 연계

첨부 : 20XX년도 리더십 교육 세부 계획(안) 1부. 끝.

표 대신 간단한 콘셉트 이미지를 활용하는 방법

1페이지 보고서는 문장과 표만으로도 대부분 구성이 가능하다. 그런데 일의 추진방향이나 프로세스 등에 대한 전체적인 콘셉트를 표현할 때는 표 대신 간단한 이미지를 활용하는 방식이 시각적으로 훨씬 효과가 좋다. 다만 보고서에 이미지가 너무 많이 들어가면 오히려 복잡해보일 수 있으므로 꼭 필요할 때만 신중하게 사용해야 한다. 다음 그림은 조직에 새로 도입되는 제도에 대한 전체 프로세스와 주요 활동을 하나의 이미지로 설명한 사례다.

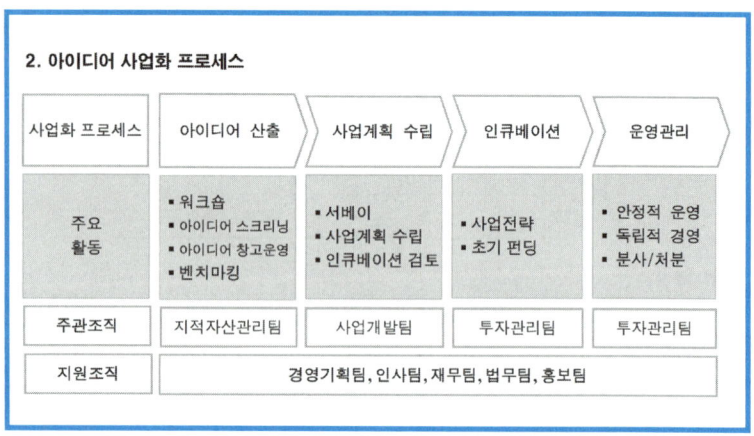

또 다음과 같이 이미지를 이용해서 요약보고서의 전체적인 방향성을 표현할 수도 있다.

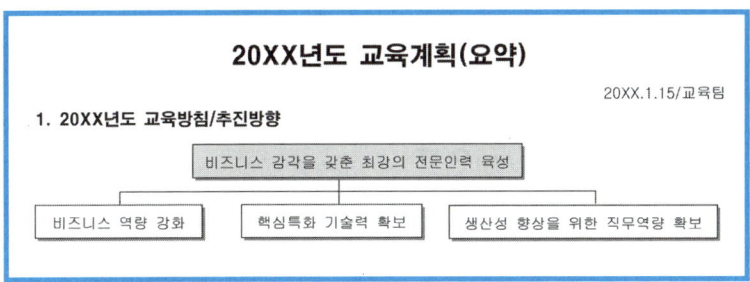

008 결론과 실행방안을 구체적으로 제시하는 방법

● The Total Solution for Reports

　1페이지 보고서 안에 구체적인 결론과 실행방안을 넣지 않으면 콘셉트 수준의 보고서에 그치고 만다. 실제로 보고서나 기획서를 작성하는 실무자들의 상당수가 현황분석까지는 잘 하는 반면 대안이나 실행방안은 모호하거나 두루뭉술하게 제시하는 경우가 많은데, 이런 보고서로는 실제로 업무를 진행시키기가 어렵다.

　업무현장에서 보고를 하다보면 상사나 이해관계자에게서 "그래서 어떻게 할 계획인가?"라는 질문을 받는 경우가 많다. 이럴 때 대처하는 모습에 따라 보고자의 보고서 작성 및 보고수준을 다음과 같이 크게 3가지로 구분해볼 수 있다.

① 40~50점 정도의 보고수준 : 머리를 긁적이면서 "아… 아직 콘셉트 정도로만 생각해봐서…" 식으로 대응한다.
② 70점 정도의 보고수준 : "구체적으로 ~ 방식으로 실행할 계획입니다" 식으로 실행방안을 구두로라도 대답한다.
③ 85~90점 이상의 보고수준 : "네, 구체적인 실행방안을 [첨부 2]에 정리해보았습니다" 식으로 대답하고 해당 첨부자료를 보면서 세밀하게 설명한다.

위의 사례에서 ①과 ②에 해당될 경우 결국 구체적인 실행방안을 추가해서 보고서를 다시 작성해야 할 뿐 아니라, 보고를 받는 상사 등에게 고민의 깊이나 디테일이 부족하다는 인식을 줄 수 있다. 따라서 보고서는 항상 '구체적으로 어떻게 할 것인가'라는 질문에 답을 할 수 있는 수준으로 작성해야 한다. 이를 위해서는 언제나 머릿속에 다음과 같은 몇 가지 사항을 기억해두고 있어야 한다.

① 구체적인 실행방안, 담당자, 예산, 일정 등 실제로 일을 진행시키기 위해 필요한 요소들을 반영해야 한다.
② 자신이 제시한 방안으로 일이 진행되는 장면을 머릿속에 떠올리면서 실제로 일이 매끄럽게 진행될 것인지를 상상해본다. 만일 껄끄러운 느낌이 드는 부분이 있다면 내용을 보완한다.
③ 1페이지 보고서에 담기에는 실행방안에 대한 내용이 너무 많다면 핵심방안만을 요약해서 넣고, 세밀한 사항은 첨부문서로 작성한다. 이런 경우 상사가 '구체적인 실행방안'을 물었을 때 첨부문서를 제시하면서 "첨부를 보시면 세부적인 실행방안이 나와 있습니다"라고 설명하면 된다.

009 보고서의 균형미를 살려주는 넘버링 활용법

● The Total Solution for Reports

1페이지 보고서를 작성할 때는 일관된 넘버링을 사용해야 보고서의 전체적인 균형미와 세련미를 살릴 수 있다. 넘버링 방식은 일반적으로 많이 쓰는 방식 중 문서의 성격에 맞게 자신이 좋아하는 것을 선택해서 사용하면 된다. 다만 조직에서 정한 방식이 있다면 그것을 우선적으로 사용해야 한다. 보고서나 기획서 등을 작성할 때 일반적으로 활용되는 넘버링 방식은 다음과 같다.

●사례 1●

1.
　■
　　○

```
●사례 2●
   ■
      ○
         ▷
            -
```

⟨사례 1⟩은 실무에서 가장 많이 쓰이는 방식으로, 맨 처음 항목은 숫자로 표시하고 두 번째 항목부터는 도형으로 표시한다. 이 방식을 사용했을 때 문서의 균형미가 가장 크게 느껴진다. ⟨사례 2⟩도 실무에서 많이 쓰이기는 하지만 가급적 ⟨사례 1⟩을 쓸 것을 권하고 싶다.

이밖에 다음과 같은 방식들도 있다.

```
●사례 3●
1.
   가.
      1)
         가)
            (1)
               (가)
                  ①
```

```
●사례 4●
1.
1.1.
1.1.1.
1.1.1.1.
1.1.1.1.1.
```

〈사례 3〉은 정부 공문서 표준방식으로, 일반 기업에서는 공문 또는 품의서 등에 사용하기 적합하다. 한편, 기획보고서의 경우 앞서 제시한 〈사례 1〉을 권하지만, 규정집 등을 만들 때는 〈사례 4〉를 활용하는 것이 더 효과적이다. 〈사례 4〉의 경우 들여쓰기를 할 필요가 없으므로 내용을 기술할 공간이 많아지고, 코드식 구성이어서 필요한 내용을 쉽게 찾아볼 수 있게 해주기 때문이다.

010 보고서 작성 시 빼먹기 쉬운 요소들

● The Total Solution for Reports

1페이지 보고서나 파워포인트 보고서를 작성하면서 내용을 압축하는 데 신경 쓰다 보면 필요한 요소를 빼먹는 실수를 할 때가 많다. 이와 관련해 실무자들이 자주 하는 실수들을 정리해보면 다음과 같다.

1 우측 상단에 날짜 및 팀명 기술

보고서를 작성할 때는 보통 다음과 같이 제목 아래 우측 상단에 날짜와 함께 팀명 또는 작성자를 기술해야 하는데, 이것을 빼먹는 경우가 의외로 많다.

20××년 1/4분기 고객 클레임 분석/대응방안

20××.4.15./고객서비스팀

---

2 문서 맨 뒤에 '끝.' 자 표시

1페이지 보고서의 본문내용을 다 작성한 후에는 다음과 같이 내용 끝나는 부분에 두 칸을 띄고 '끝.' 자를 넣어주어야 하는데, 이것을 많이 빼먹는다. 요즘은 별로 중요하지 않게 생각하는 경향이 있으나, 여전히 이것을 중시하는 상사가 많다는 점을 감안해서 가급적 표기해주는 것이 좋다.

> 첨부 : 고객 클레임 유형 분석 1부. 끝.

3 예산내역 우측 상단에 '단위' 표시

보고서나 기획서에 예산내역 등을 표로 나타내는 경우, 해당 표 우측 상단에 반드시 다음과 같이 '단위'를 표시해주어야 하는데, 이것을 빼먹는 경우가 많다. 이런 실수를 해서 상사 등에게서 "단위가 뭡니까?"라는 불필요한 질문을 받지 않도록 주의해야 한다.

4. 예산

단위 : 천원

구분	금액	산출내역
회의비	200	참석인원 20명 × 10천 원
⋮	⋮	
계	5,000	

4 본문과 첨부문서의 페이지 번호

여러 장으로 구성된 보고서나 첨부문서를 가지고 보고를 할 때는 "몇 페이지를 봐주시기 바랍니다"라고 하거나 문서의 내용을 찾아서 확인해 주어야 할 때가 많다. 그런데 이럴 때 문서에 페이지 번호가 빠져 있다면 당황스러울 수밖에 없다. 따라서 여러 페이지로 구성된 문서에는 항상 다음과 같이 페이지 번호를 넣어주는 습관을 들여야 한다.

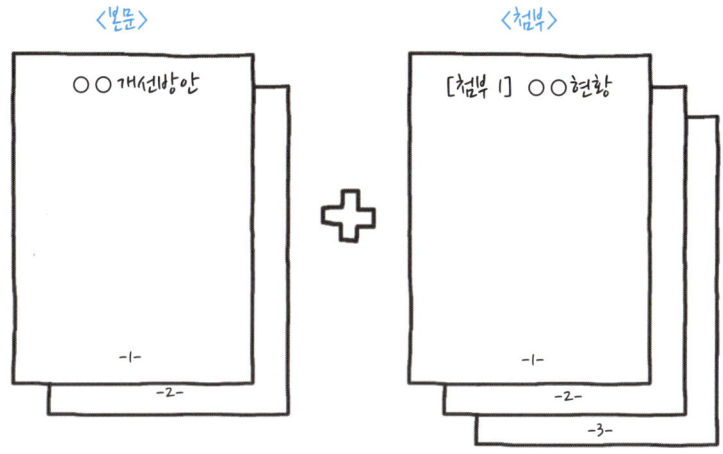

011　1페이지 보고서 유형별 샘플

The Total Solution for Reports

　지금까지 1페이지 보고서 작성에 필요한 핵심적인 사항들을 설명했지만, 이런 사항들을 알고 있다고 해서 실제로 보고서를 잘 쓴다고 장담하기는 어렵다. 같은 내용의 보고서라도 조직문화나 의사결정자, 이해관계자의 성향에 따라 보고의 성패가 달라질 수 있기 때문이다. 따라서 앞에서 설명한 사항들을 토대로 자신의 상황에 맞춰 창의적으로 보고서를 쓸 수 있도록 꾸준히 연습하는 것만이 보고서 작성역량을 향상시킬 수 있는 유일한 길이라고 할 수 있다.

　다만 여기서는 여러분이 그러한 역량을 향상시키는 데 있어서 조금이라도 도움이 되기를 바라는 마음에서 몇 가지 유형별 보고서 샘플을 담아보았다. 이를 참고 삼아 여러분만의 창의적인 보고서를 만들어보기를 바란다.

1 제도 도입 보고서

조직에 새로운 제도를 도입하는 상황에 대한 보고서는 이것을 '왜 하는지(Why), 무엇을 하자는 것인지(What), 어떻게 하지는 것인지(How)'라는 3가지 요소를 반영하는 것이 중요하다. 다음 샘플은 회사 사옥을 서울 근교로 옮기게 되어서 인력채용이 어려워질 것에 대비해 헤드헌팅 수준의 과감한 사내추천제도를 도입하자는 취지의 보고서다. 이런 보고서는 실제 실행되었을 때 발생할 수 있는 여러 상황에 대한 운영기준이 명확해야 한다.

● 제도 도입 보고서 샘플 ●

사내추천제 도입(안)

20XX.3.24/인사팀

1. **목적**
   - 사옥 이전에 따른 거리적 취약점을 극복하고 검증된 우수인력을 빠르고 안정적으로 확보하는 채널로 활용
   - 업계 전반적으로 우수 경력직 수급의 어려움이 예상되는 상황에서 인적 네트워크를 최대한 활용함

2. **추진전략**
   - 헤드헌팅 수준의 강력한 추천 인센티브를 통해 전사적으로 인재확보에 대한 관심을 고조시킴
   - 사내추천 강화를 통해 헤드헌팅 수요를 낮추게 되는 효과가 있을 것으로 판단
   - 사옥 이전 후 1년간 시행한 뒤 성과검토 후 향후 추진방향 검토

3. **추천장려금 산정기준**
   - 헤드헌팅 비용 : 평균 급여 4,000만원 수준의 인력을 헤드헌팅 시 인당 600만원의 비용 소요
   - 회사가 필요로 하는 인력수준을 2가지로 나눠 아래와 같이 장려금 수준을 산정함

구분	경력 3년 초과	경력 3년 이하
금액	400만원	200만원

4. **세부기준**

구분	세부 내용	비고
추천자격	인력관리 부서를 제외한 모든 구성원	
추천시기	수시 및 공채 채용 진행 시 서류접수기간 동안 추천(이와 별도로 상시적으로 추천 가능)	
추천방법	사내 포털 통합신청서비스를 통해 추천 채용추천서, 지원자 이력서, 포트폴리오(해당 직무) 첨부하여 접수	
지급방법	추천 지원자 입사 6개월 후 상기 장려금 기준에 따라 지급 인당 연간 추천횟수 제한은 없음	급여지급 시 상여로 지급
지급 제외대상	직책자는 담당조직 인력의 경우 장려금 지급 대상 제외(ex. 사업부장은 사업부 이하, 팀장은 소속팀) 장려금 수령을 목적으로 회사 내 다른 지인에게 추천 부탁하는 등 제도취지를 훼손하는 경우	

5. **시행시기**
   - 20XX년 3월 1일자 이후 추천자에 대하여 적용. 끝.

2 제안형 보고서

제안형 보고서는 정답, 즉 구체적인 해결방법을 제안하는 것이 아니라 특정 사안을 두고 상사 또는 경영진과 함께 고민해보기 위해 아이디어 차원에서 작성하는 경우가 많다. 다음 샘플은 구성원 만족도 조사결과 나온 경영상황 공유 미흡, 조직간 커뮤니케이션 미흡, 일체감 저하 등의 문제들을 조직활성화 프로그램을 도입해서 해결해보자는 취지에서 작성한 보고서다.

● 제안형 보고서 샘플 ●

조직활성화 프로그램 도입(안)

20XX.9.15/경영지원팀

1. 목 적
- 조직활성화 이벤트를 통해 사기조사 결과 도출된 문제(비전/커뮤니케이션 등) 해결 지원
- 구성원간 공감대 조성 및 친밀감 형성을 통해 건전한 조직문화 형성
- 구성원 상호간 신뢰/주인의식 강화와 조직간 코디네이션 수준 제고

2. 추진방향

구분	추진방향	도입 프로그램
경영상황 공유를 통한 신뢰구축	· 경영진과 사원의 대화의 장(場) 마련 · 진솔한 대화를 통한 비전공유/신뢰 강화	CEO Tea Meeting 경영설명회(旣실시)
커뮤니케이션 활성화	· 각 본부/팀간 의사소통 기회 부여 · 각 구성원 상호간 대화/친교의 장(場) 마련	조직활성화 훈련 Pizza Party 사내동호회(旣도입)
일체감 형성	· 전 사원이 함께 할 수 있는 장(場) 마련 · 함께 즐기며 조직과 일체감 형성 유도	Hop Day 체육대회(계획 중)

3. 추진 프로그램

프로그램	실시주기	주요내용	소요예산
CEO Tea Meeting	월 1회	· CEO와 사원 간의 경영전반에 대한 간담 실시 · 진솔한 대화가 가능하도록 6명 이내 구성 · 1.5시간 운영(점심식사 연계)	15만원/회
조직활성화 훈련	1회	· 2~4개팀 단위로 야외 팀워크 훈련 · 팀워크 향상 및 타 팀과의 친밀도 향상 가능 · 1회 3시간 소요 · 훈련 후 간단한 회식 실시	인당 5만원 (약 1,800만원)
Pizza Party	홀수달	· 몇 개팀 단위 Party 실시(Cross Meeting) · 경영진 순회간담 · 셋째 수요일 18:00~20:00 · 장소 : 사무실(팀별로 정해진 장소)	300만원/회
Hop Day	짝수달	· 맥주와 함께 자유로운 분위기에서 간담 · 팀별/개인별 장기자랑 실시 · 셋째 금요일 18:00~20:00 · 장소 : 지하식당, 20층 대강당	300만원/회

※ 필요예산은 세부 실시계획 수립 시 재검토. 끝.

3 계획보고서

프로젝트 계획 등에 대한 보고서를 작성할 때는 해당 프로젝트나 일의 추진방향 및 세부일정과 함께 그 결과 얻을 수 있는 기대효과가 무엇인지를 잘 설명해야 한다. 다음은 직무조사 실시 계획에 대한 전체적인 추진방향을 제시하고 승인 받기 위한 프로젝트 계획 보고서 샘플이다.

●계획보고서 샘플●

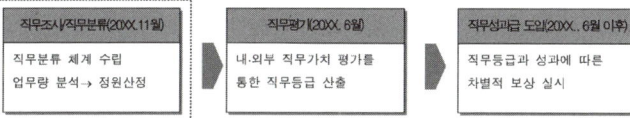

직무조사 실시 계획

20XX.9.15/경영지원팀

1. 목 적
- 직무기반 인사제도 및 직무성과급제 도입을 위한 기반 인프라 구축
- 전사 직무내용 파악/체계화를 통한 인력운영의 효율성 강화(채용, 이동, 육성 등)
- 업무량 분석을 통한 정원산정 기초자료 확보

2. 단계별 추진전략

직무조사/직무분류(20XX. 11월)	직무평가(20XX. 6월)	직무성과급 도입(20XX. 6월 이후)
직무분류 체계 수립 업무량 분석 → 정원산정	내·외부 직무가치 평가를 통한 직무등급 산출	직무등급과 성과에 따른 차별적 보상 실시

3. 세부 추진계획

추진업무	목표일정	내 용	산출물
직무조사 실시	20XX. 10.17	■ 직무조사 툴을 활용해 전 사원 직무조사 실시 ■ 전 사원 과업내용/업무량 자료 확보	
직무분류체계 수립	20XX. 11.30	■ 직무조사/동종업계/선진사 자료를 바탕으로 직무체계 표준화(팀장/직무별 전문가 의견 수렴) ■ 직무기술서/명세서 도출	직무분류체계 직무기술서/명세서 전사 직무현황
업무량 분석/정원산정	20XX. 12.31	■ 직무조사 자료를 활용하여 각팀별 업무량 분석 /필요인력 규모 도출(각 팀장/팀대표자 인터뷰) ■ 거시적 정원산정 요소 도출을 통해 전사 정원 산정방법론 수립	팀별 업무량 자료 정원산정 방법론

4. 기대효과 및 향후 활용방안

구 분	내 용
효과적인 인력활용 강화	■ 직무별 경력/기술관리를 통한 인적자원의 효율적 활용 극대화 ■ 채용 및 인력의 적시적재 배치를 위한 기반자료로 활용(직무기술서/명세서) ■ 인사시스템에 직무/기술체계를 연계하여 직무관리 전산화 실시
정원산정을 통한 합리적 인건비 관리	■ 사업목표 달성을 위하여 필요한 인력규모 산정의 기준 마련 ■ 불필요한 인력활용을 최소화하여 인건비 절감에 기여

첨 부 : 직무조사 Action Plan 1부. 끝.

4 결과보고서 ①

다음 샘플은 개별 회사가 아닌 전체 그룹 차원에서의 조직진단 결과를 정리한 보고서다. 이런 유형의 결과보고서에서는 전체적인 개요와 결과 요약이 가장 중요한 포인트가 된다. 즉, 이런 보고서에는 경영진에게 어떤 목적으로 그 일을 실시했으며, 전체적으로 어떤 일정과 내용으로 진행했고, 그 결과는 무엇이며, 향후 추가적으로 어떤 일을 추진하거나 무엇을 개선하겠다는 내용을 담아야 한다.

● 결과 보고서 샘플 ① ●

OO그룹 조직진단 실시 결과 보고

20XX.11.27 / 조직문화팀

1. 목적
- 창의적이고 열정적인 조직문화의 구축을 위해 현 조직의 이슈 및 개선과제를 파악하고, 이를 점진적으로 개선/변화하기 위한 핵심과제 도출
- 매년 정기적인 조직진단을 통해 조직풍토(문화) 점검 및 진단

2. 개 요
- 일 시 : 20XX.10.08 ~ 26, 3주
- 대 상 : 그룹 전 구성원 (OOO 제외)
- 참 석 : 275명 / 70% (117명 미참석, 총원 392명)
- 방 법 : 웹 설문시스템을 통한 만족도 조사 및 각 사별 분석/결과 도출
- 주 최 : 조직문화팀
- 내 용 : 웹 설문조사 실시, 설문결과 분석, 핵심이슈 및 개선과제 도출 등

3. 실시결과
- OO그룹은 A사, B사, C사, D사 등이 포함되어 분석은 각 사별로 실시
- A사는 각 조직별 현황 및 이슈분석을 위해 개별적으로 분리하여 실시
- 만족도 점수 결과

구분	그룹 전체	A사	B사	C사	D사	E사
만족도	3.29	3.01	3.52	3.25	3.56	3.15

- 공통 이슈사항
  - 경영이념 및 인재상 등에 대한 인지도 및 이해도가 낮음
  - 구성원들의 요구나 니즈들이 경영진에게 잘 전달되지 않음
  - 내부 조직 또는 구성원 간 커뮤니케이션이 부족함
  - 인력배치가 적절치 않으며, 동종업계에 비해 급여 경쟁력이 낮다는 의식 다수
- 각 사별 주요사항 및 이슈는 [첨부] 결과 보고서 참조

4. 향후 계획
- 그룹 및 각 사별로 구성원 만족도 조사 결과 공유 및 이슈 검토, 대안 마련
: 노사협의회를 통해 대내 커뮤니케이션 활성화 및 상호간의 의견 공유를 위한 대안 수립
- 수립된 대안들을 중심으로 변화경영 실시계획 수립/준비

첨부 : 조직진단 결과 보고서 1부. 끝.

5 결과보고서 ②

다음 샘플은 표준화된 업무에 대한 결과를 정리한 보고서다. 이런 유형의 보고서에서는 프로젝트나 일을 실행한 결과 잘된 요인과 잘 안 된 요인, 향후 개선방향을 제시하는 것이 중요하다.

─● 결과보고서 샘플 ② ●─

20XX년 JAVA초급 1차 교육결과 보고

20XX. 3. 24/인재개발팀

담 당	팀 장	담당임원

1. 과정 실시 개요
- 일　　정 : 3/19(월) ~ 3/23(금)
- 장　　소 : 15층 기술강의장
- 강　　사 : 김자바(○○캠퍼스 강사)
- 수료인원 : 16명

2. 설문 평가 결과 (5점 만점)

사전 기대 대비 만족도	4.5	과정목표 대비 만족도	4.4
현업활용도	4.3	교육운영(시간배정, 교육준비 등)	4.5
강 사	4.5	평균	4.4

※ 20XX년도 교육만족도 4.1 대비 7.3% 향상
▷ 만족도 향상 요인
  - 사전LEVEL 조정(C++에 대한 이해가 있는 사람으로 교육인원 수준 조정)
  - 강사 강의 능력 우수(만족도 4.5)
  - 교육내용과 교육인원의 수준 부합
▷ 수강생 의견
  - 강사의 강의능력 우수 - 설명이 알기 쉽고, 보유지식에 깊이가 있음
  - 향후 개설될 중급, 고급과정 수강 희망
  - 실습이 좀 더 강화되었으면 함

4. 예 산　　　　　　　　　　　　　　　　단위 : 천원

항 목	금 액	내 역
사외강사료	1,600천원	·40천원 × 40HR = 1,600천원
교재비	483천원	·교재비 23천원 × 21부 = 483천원
교육운영비	126천원	·음료/문구
계	2,209천원	※ 예산대비 98% 사용

5. 향후 추진방향
- 사내교육 홍보 강화를 통한 교육인원 확보
- 교육 LEVEL 관리 지속적 실시
- 만족도 높은 강사 섭외
- 초급과정과 중급과정의 연계강화

첨　부 : 교육수강자 명단 1부. 끝.

6 현황·이슈에 대한 개선방안 보고서

다음 샘플은 현재의 이슈를 검토하고 그에 따른 개선방안을 제시하는 형식의 보고서다. 샘플의 경우 표 좌측에 현황·이슈를, 우측에 개선방안을 제시하고 있는데, 간단한 개선방안을 보고할 때 이런 방식을 활용하면 효과적이다.

● 현황·이슈에 대한 개선방안 보고서 샘플 ●

직무분류체계 개선(안)

20XX.11.15/인재개발팀

1. 목적
- 효율적인 인력운영을 위하여 20XX년도 7월 수립된 직무분류체계 개선
- 유사직무 통합을 통해 분류체계를 간소화하고 미반영 직무 반영

2. 현황/개선방안

현황/이슈	개선방안
■ 분류체계의 과도한 세분화 　◦ 4개 직군, 19개 직종, 67개 직무 　◦ 계속적인 직무 변경 사유 발생 　　(ex) S/W개발→제안→S/W개발	■ 직무분류체계 간소화 　◦ 3개 직군, 18개 직종, 44개 직무 　　(23개 직무 통합) 　◦ <u>직무변경 절차화 및 체계화 유도</u>
■ 중복 직무/미반영 직무 발생 　◦ 유사직무 있음(NI개발-SI개발, 　　NI기술지원-NI고객지원 등) 　◦ ILS, Solution사업, 교육사업 미반영	■ 중복/유사 직무 통합 　◦ NI분석/설계+SI분석/설계=분석/설계 ■ 미반영 직무 추가 　◦ ILS, Solution, Pre-Sales 등
■ 직종과 직무의 유기적 관계 부족 　◦ 기술기획 직종에 마케팅, 품질관리, 컨설팅 등의 다른 성격 직무 포함 　◦ 직종 내 직무변경 곤란	■ 직종과 직무의 유기적 연계 강화 　◦ 직종 내 직무는 전환 가능토록 변경 　◦ 직종 내에서 경력개발이 가능하도록 변경(사업관리 → PM 등)
■ 사업인력이 관리직군에 포함 　◦ 신사업개발, 사업관리, 교육운영 등 사업인력이 관리인력으로 분류 　◦ 전사 직/간접 인력현황 관리 곤란	■ 사업인력을 영업/기술직군으로 분류 　◦ 교육운영 → 영업직종의 교육사업 　◦ 사업관리 → PM직종의 사업관리

3. 향후 활용방안
- 12월 OPEN 예정인 직무/기술이력시스템에 개선된 직무분류를 반영하여 활용
- 인력운영계획, 인력요청, 배치 등 업무 시 활용

첨　부 : 1. 변경 직무분류체계표 1부
　　　　2. 기존 직무분류체계표 1부. 끝.

7 진행사항 보고서

다음 샘플은 전체 계획의 진행상황을 중간 중간에 보고하기 위해 작성한 보고서다. 이런 보고서는 전체 과제의 진행실적을 적고, 앞으로 어떻게 추진할지를 설명하는 방식으로 작성한다. 샘플과 같이 표를 활용해서 작성해도 좋다. 이런 보고서는 주간업무보고, 월간업무보고 등에 주로 활용된다.

● 진행상황 보고서 샘플 ●

경영계획 진행상황 보고

20XX.5.7/박성대

과제명	세부과제	실 적	계 획	비 고
교육훈련체계 및 변화관리 방안 수립	연간 교육계획 수립 및 운영	■ 연간 교육계획 보완 -중장기 육성전략 및 교육체계도 수립 ■ 교육과정 기획/운영 -서비스 기획 실무, 입사자 OJT, Biz Trend 세미나는 현재 계획되어 운영 중 -프로젝트 관리 실무과정은 현재 FGI 완료 후 설계 중 -팀장 관리역량 향상과정은 현재 리더십 진단조사를 진행하고 있음 (다음주 월요일까지 집계예정)	■ 프로젝트 관리 실무과정 -기획안 작성(6/4까지) -교육 진행(6/21부터) ■ Managerial Capacity과정 -설문결과 분석(6/4까지) -과정설계(6/11까지)	■ 교육 후 구성원들의 태도를 분석해본 결과 막막하다는 느낌을 받고 있어 재미있게 몰입할 수 있는 요소를 교육설계 시 반영할 예정
	변화관리 마스터플랜 수립	■ 변화관리 계획 목차 수립 ■ 조직진단 실무설계(5/31까지) -설문문항 설계 -FGI 설계	■ FGI 조사대상자 선정(6/1) ■ 조직진단 실시(6/2~6/11) -구성원 설문 실시 -경영진/핵심리더 FGI	■ 프로젝트 착수 전 전 본부/팀장에게 진단도 전파 필요

8 사업제안서

사업제안서를 작성할 때도 1페이지 보고서 형식이 많이 활용된다. 이런 경우 보통 다음 샘플처럼 사업제안서의 핵심사항만 1페이지 보고서 형식에 요약해서 담고, 세부적인 내용은 파워포인트 보고서 형식의 첨부문서에 담는다. 이런 식으로 작성하면 사업제안서를 받은 조직의 담당자가 제안내용을 빠르게 이해할 수 있다.

●사업제안서 샘플●

단기복무 장교를 위한 커리어컨설팅 서비스

20XX.10.22/OO사

1. 제안배경
   - 단기장교의 취업률이 대졸자에 비해 점차적으로 저하되고 있으며, 이것은 장기적으로 우수 인력의 장교 유입 및 장교가 엘리트라는 사회적 인식을 낮아지게 할 우려가 있음
   - 2~3년간 사회와 단절된 단기장교들이 취업준비 여력이 부족하여 영업 등의 한정된 직무로 상당수가 취업을 하고 있는 현실

2. 취업률 저하의 핵심원인
   - 사회와의 2년간 단절로 기업 및 직무에 대한 정보가 일반 대졸자보다 상당히 부족함
   - 직무에 필요한 자격요건을 체계적으로 준비하지 못하고 있음
   - 전역 1~2개월 전 이력서/자기소개서 작성연습만 가지고 몇 년간 준비한 대졸자와 경쟁 곤란

3. 개선 포인트
   - 취업 후에 업무성과를 볼 경우 장교출신의 잠재력은 매우 높은 편임
   - 사전에 기업과 직무에 대한 이해를 통해 방향성 있게 학습한다면 취업 성공확률 높음
   - 장교경험의 강점을 효과적으로 어필한다면 서류전형/면접전형의 성공확률을 높일 수 있음

4. OO사 커리어컨설팅 솔루션 제안

구분	비용
정보/학습자료 제공	• 온라인을 통해 2년간 취업을 위해 다양한 정보/학습자료 제공 - 4가지 핵심역량 강화 교육(커뮤니케이션, 프레젠테이션, 문제해결능력, 리더십) - 취업에 필요한 각종 자료 제공
적합 직무진단 / 코칭	• 잡매칭 솔루션을 통해 각 전역장교 역량을 분석하여 가장 적합한 직무와 개선방향을 제공 - 개인의 역량 측정+직무별 필요역량을 매칭시켜 가장 적합한 직무를 찾아 제공 - 현재 BM특허 출원 중
오프라인 교육	• 주기적인 오프라인 교육을 통한 취업마인드/기술 배양(지역별 방문 취업캠프)
기타	• 필요시 세밀한 개별 컨설팅을 통한 맞춤형 컨설팅 진행

5. 단기복무 장교 커리어서비스에서의 강점
   - 전역장교 출신으로 상기 각 솔루션을 제작한 전문가를 보유하고 있어 가장 현실적이고 적합한 정보제공과 트레이닝을 진행할 수 있음
   - 국내 유일의 잡매칭/온라인 트레이닝 솔루션으로 다수의 인력을 가장 저렴하게 교육 가능함

6. 제안금액(세부내역 [첨부] 참조)

첨부 : 전역장교 커리어컨설팅 프로그램 1부. 끝.

012 디테일을 살려주는 1페이지 보고서 점검방법

● The Total Solution for Reports

　보고서는 점검하고, 점검하고, 또 점검해야 한다. 보고서를 빨리 쓰려면 일단 브레인스토밍 방식을 활용해 너무 세세한 부분에 얽매이지 말고 생각나는 모든 내용을 막 써내려가는 것이 좋다. 그런 뒤에 필요한 내용과 불필요한 내용을 하나씩 넣고 빼고 하면서 점차 보고서를 완성시켜 나가면 빠른 시간 내에 좋은 보고서를 만들 수 있다. 그러나 여기서 보고서 작성이 끝났다고 생각하면 안 된다. 마지막으로 보고서를 점검해보는 절차를 거치지 않으면 결코 품질 좋은 보고서가 나올 수 없기 때문이다.

　보고서를 최종적으로 점검할 때는 자신이 작성한 보고서가 다음 체크리스트에 나와 있는 요건들에 부합하는지를 비교·검토해보아야 한다. 이와 함께 동료들에게 보고서에 대한 의견을 구하는 방법을 활용하면 더욱 수준 높은 보고서를 만들 수 있다.

● 보고서 점검 체크리스트

순번	체크사항	확인
1	왜 이 보고서나 기획서가 필요한지 기술되어 있는가?	
2	보고서를 최종적으로 읽을 사람의 관점에서 쉬운가?	
3	제시한 방안에 대해 '왜 이렇게 해야만 하죠?'라는 질문이 나왔을 때 그에 대한 답이 제시되어 있는가?	
4	제시할 수 있는 대안들과 그 장·단점이 잘 기술되어 있는가?	
5	혹시 빠진 대안이 있는가? 그에 대한 답변은 구두로라도 준비되어 있는가?	
6	문장이 간결·명료한가? 장황한 곳은 없는가?	
7	보고서 제목은 보고서 전체의 내용을 잘 표현해주고 있는가?	
8	목차의 논리적인 오류는 없는가?	
9	'구체적으로 어떻게 할 건데?'라는 질문에 잘 답변할 수준인가?	
10	설명 없이도 이해할 정도로 쉬운가?	
11	시각적으로 아름다운가? 여백의 미가 있는가?	
12	구체적이고 직관적이며 논리적인 비약은 없는가?	
13	색깔을 너무 많이 쓰지는 않았는가? 눈에 잘 들어오는 수준의 색깔인가?	
14	근거는 명확한가? 근거자료의 출처는 조사 및 기술되어 있는가?	

위의 체크리스트를 활용하는 데 있어서 가장 중요한 포인트는 '마음을 비우고 완전히 제3자의 시각에서 자신의 문서를 점검해야 한다'는 것이다. 이미 마음속에 '나는 잘 만들었다'는 생각이 들어 있으면 잘못된 부분들이 다 걸러져서 보이기 때문에 체크리스트를 활용해도 별 효과가 없

다. 위의 체크리스트를 꾸준히 활용하다 보면 나중에는 이것이 습관화되어서 체크리스트 없이도 보고서 점검이 가능해진다.

위의 체크리스트 각 항목에 대한 구체적인 내용은 다음과 같다.

1 왜 이 보고서나 기획서가 필요한지 기술되어 있는가?

왜 이 일을 하는지가 명확하지 않으면 보고서의 내용 전체가 막연해진다. 보고를 하다 보면 "이 일을 왜 하는 겁니까?"라는 질문이 자주 나오는데, 보고서 안에 그 답이 들어 있어야 한다.

2 보고서를 최종적으로 읽을 사람의 관점에서 이해하기 쉬운가?

이 요건을 충족시키려면 보고서 작성단계에서부터 보고서를 읽는 사람이 누구인지를 명확히 정해야 한다. 그리고 그 사람의 관점이나 수준에 맞는 용어 등을 활용해서 보고서의 내용을 쉽게 이해할 수 있도록 해야 한다.

3 제시한 방안에 대해 '왜 이렇게 하는 건지' 물었을 때 그에 대한 답이 들어 있는가?

보고서에서 제시한 방안에 대해 '왜 이렇게 하는지'를 묻는 경우가 많다. 그에 대한 답이 보고서 안에 담겨 있어야 한다.

4 제시할 수 있는 대안들과 그 장·단점이 잘 기술되어 있는가?

보고서에서 제시한 방안과는 별도로 상사 등에게서 '다른 방안은 생각해봤나?'라는 질문을 받는 경우가 많다. 보고 시 이런 질문에 대한 답이 준비되어 있지 않으면 긴장하게 되고 보고 자체가 어려워질 수 있다. 따라서 보고 전에 미리 다양한 경우의 수를 분석해서 그에 다른 대안과 장·단점을 미리 검토해놓아야 하며, 가능하다면 그 내용을 보고서에 담아야 한다.

5 빠진 대안은 없는가? 구두로라도 그러한 대안을 제시할 준비가 되어 있는가?

보고 시에 어떤 질문이 나올지는 쉽게 예측할 수 없다. 또 상사들은 부하직원이 얼마나 깊게 고민해보았는지 점검해보기 위해서라도 다양한 질문을 던지곤 한다. 물론 예상되는 질문에 대한 대안을 모두 보고서에 담을 수는 없겠지만, 설사 자신이 중요하지 않다고 생각하는 대안이라도 마음속으로는 그 장·단점을 파악해놓고 있어야 한다.

6 문장이 간결·명료한가? 장황한 내용은 없는가?

보고서를 작성한 후에 차분하게 다시 점검해보면 중언부언하고 장황한 내용이 남아있는 경우가 많다. 이런 경우는 주로 그 내용에 대한 생각이 완전히 정리되지 않았을 때 발생한다. 따라서 핵심만 잘 전달될 수 있도록 보고서의 내용을 간결·명료하게 다시 다듬는 작업이 필요하다.

7 보고서 제목은 내용 전체를 잘 표현하고 있는가?

보고서의 제목이 문서 전체 내용을 포괄적으로 함축하고 있는지 점검해보고, 그렇지 않다면 수정해야 한다.

8 목차의 논리적인 오류는 없는가?

보고서를 작성할 때는 괜찮아 보였는데 최종적으로 점검하다 보면 목차의 순서가 맞는지 찜찜할 때가 있다. 이럴 때는 완전히 처음 본다고 생각하고 목차의 논리적인 흐름을 재검토해보아야 한다. 논리적으로 흐름이 완벽하다는 생각이 들 때까지 수정해나간다.

9 '구체적으로 어떻게 할 건지'라는 질문에 답변할 수준인가?

보고 시 가장 많이 나오는 질문이 "그래서 구체적으로 어떻게 할 건데?", "그게 실제로 되겠어?" 등이다. 따라서 보고서에는 이런 질문들에 구체적인 답이 되는 수준으로 내용이 정리되어 있어야 한다. 두루뭉술한 내용으로는 이런 질문들에 대응할 수 없다.

10 설명 없이도 이해될 정도로 쉬운가?

특별한 설명 없이 보고서만으로도 무슨 내용인지를 이해할 수 있어야 한다는 것이 기준이다. 보고서를 이메일로 보냈을 때 상대방이 설명을 요구할 필요가 없을 정도로 쉽게 작성되어 있어야 한다.

11 시각적으로 아름다운가? 여백의 미가 있는가?

보고서는 멋지게 꾸미기 보다는 여백의 미와 균형미를 갖추어야 한다. 그래야 보고서의 내용이 한 눈에 잘 들어오고 시각적으로 아름다워 보인다. 글자의 크기, 행간 등을 잘 검토해야 한다.

12 구체적이고 직관적인가? 논리적인 비약은 없는가?

보고서에 제시된 대안은 구체적이고 직관적이어야 하며, 억지로 꿰어 맞춘 것 같은 논리적인 비약이 없어야 한다.

13 색을 너무 쓰지 않았는가? 눈에 잘 들어오는 수준의 색인가?

보고서를 멋지게 꾸미려는 욕심에 지나치게 많은 색을 쓸 때가 있다. 색은 중요한 포인트를 강조하는 용도 정도로 사용하면 된다. 너무 많은 색을 사용해서 보고서가 장황해보이지 않는지 점검해보고 꼭 필요한 색만 남도록 조정해야 한다.

14 근거는 명확한가? 근거자료의 출처는 조사되어 있고, 보고서 내에 기술되어 있는가?

보고서에 제시된 내용에 대해서는 반드시 사내 규정, 법률, 외부 조사자료 등의 명확한 근거를 표기해야 한다. 예를 들어 보고서에 멋진 그래프를 담았는데 출처 또는 근거가 빠져 있으면 보고 시 출처 등을 묻는 질문을 받고 당황해 할 수 있다.

필자는 군대 행정장교로 근무할 당시 '1%의 아이디어와 99%의 확인점검'이라는 말을 많이 들었다. 그런데 제대 후 일반 회사에서 보고서 관련 업무를 하면서도 이 말을 상당히 많이 들었다. 그만큼 조직생활에서는 어떤 일을 하든 '빈틈을 줄이는 마지막 다듬질이 중요하다'는 의미다. 베이징대학교 디테일경영연구센터장인 왕중추는 《디테일의 힘》이라는 책을 통해 '기존 수학에서는 '100-1=99'가 정답이지만, 비즈니스 현장에서는 '100-1=0'이 될 수 있다'고 강조했다. 비즈니스 현장에서는 단 하나의 실수, 단 한 번의 방심이 큰일을 그르치거나, 경쟁에서 치명적인 패배를 안겨줄 수 있다는 의미다. 그의 말처럼 운동경기에서도 실수를 안 하는 쪽이 이기는 경우가 많다. 세상에는 쉬운 상대도 쉬운 일도 없다. 끝없이 점검하고 또 점검하는 사람만이 최고가 될 수 있다.

Part 2_ 보고서 작성수준 높이기

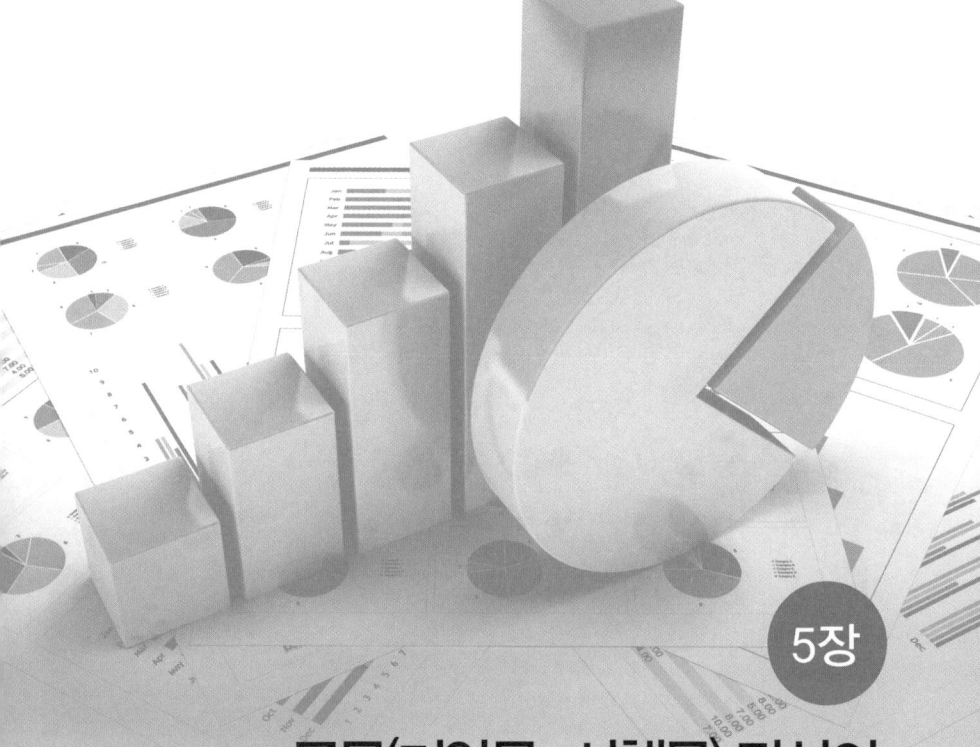

5장

공문(기안문·시행문) 작성의 핵심기술

001　업무 관련 문서의 유형과 성립요건

● The Total Solution for Reports

보고서를 포함한 업무 관련 문서들은 다음과 같은 3가지 기준에 따라 몇 가지 유형으로 구분된다. 좀 딱딱한 내용들이지만 한 번 정도는 정확히 알아보는 노력이 필요하다.

① 작성주체
② 유통대상
③ 문서성격

기준 1_ 작성주체에 따른 구분

문서는 작성주체에 따라 크게 공문서와 사문서로 구분된다.

공문서는 조직에서 공무상 작성하거나 시행하는 문서를 말한다. 일반적인 문서뿐만 아니라 도면, 사진, 디스크, 테이프, 필름, 슬라이드, 전자문서 등의 특수매체 기록 등 조직에서 작성한 모든 형태의 문서들이 여기에 해당한다.

사문서는 개인이 사적(私的)인 목적으로 작성한 문서를 말한다. 다만 각종 신청서, 증명서, 진정서 등과 같이 조직에 제출해서 접수된 문서들은 개인이 작성했더라도 사문서가 아닌 공문서로 취급된다.

기준 2_ 문서유통에 따른 구분

내부결재 문서는 조직 내부적으로 계획수립, 처리방침 결정, 업무보고, 소관사항 검토 등을 하기 위해 결재 받는 문서를 말한다. 내부적으로 결재 받는 문서이므로 발신하지 않는다.

유통하는 문서는 크게 대내문서와 대외문서로 구분된다.

대내문서는 조직 내부의 각 부문끼리 상호 협조를 하거나 보고·통지를 위해 수·발신하는 문서를 말하며, 대표적으로 협조전이 있다.

대외문서는 조직의 한 부문에서 내부에 있는 다른 부문이나, 외부에 있는 조직·기관·단체에 수·발신하는 문서를 말한다. 일반적으로 '공문'이라고 표현하는 문서가 여기에 해당한다.

기준 3_ 문서성격에 따른 구분

회사 등 일반 조직에서 쓰이는 문서유형은 매우 다양하다. 다만 특정 사안에 대해 작성자의 의사를 전달해서 의사결정을 받기 위한 목적의 문서라면 모두 보고서에 해당한다고 볼 수 있다. 직장인들에게 문서유형에 대해 물어보면 대부분 ○○기획(안), ○○보고서 등으로 한정해서 생각하는 경향이 있다. 그러나 실제 업무현장에서는 그 외에도 매우 다양한 유형의 보고서와 문서들이 활용되고 있다. 그 중에서 보고서의 유형들을 정리해보면 다음과 같다.

1 정책·기획(안)

새로운 사업이나 제도, 정책, 제안 등에 대해 여러 가지 대안을 제시하는 보고서를 말한다. 일반 조직에서 가장 많이 사용하는 형태로는 연간사업계획, 행사기획서, 교육기획서 등이 있으며, 일반적으로 '보고서'라고 하면 바로 이러한 문서들을 의미한다. 이런 문서들은 조직이나 보고의 특성에 따라 1페이지 보고서 또는 파워포인트 보고서로 작성한다.

2 중간 및 결과보고서

어떤 일에 대한 진척상황 및 결과를 보고하는 문서를 말한다. 이 중에서 일의 중간 진행상황을 보고하는 문서를 '중간보고서' 또는 '현황보고서'라고 하고, 일을 마무리하고 나서 결과와 개선점을 정리하는 문서를 '결과보고서'라고 한다.

3 회의록

말 그대로 회의에서 나온 주요 논의사항과 결정사항을 기록하는 문서다. 회의록은 그 자체로서 중요한 의사결정 기록이 될 수도 있고, 정책 또는 기획안을 만들기 위한 과정문서일 수도 있다. 회의록을 작성할 때는 반드시 결정사항과 함께 향후 논의사항을 기록해야 한다.

4 이슈토의 목록

주요 논의사항을 정리하거나, 기획과 관련된 이슈에 대해 토의해보기 위한 목적으로 작성하는 보고서를 말한다. 간혹 기획업무를 맡고 나서 곧바로 정책·기획안이나 결과보고서를 작성하려는 실무자들이 있는데, 그 전에 이슈토의 목록을 통해 모든 대안과 이슈를 검토하는 과정을 거치게 되면 최종 결과물에 대한 품질을 높일 수 있다.(112쪽 내용 참조)

5 품의서

조직 내부에서 어떤 사안을 진행하기 위해 일의 방법이나 예산 등을 승인받는 문서를 말한다.

6 기안문 및 시행문

조직장의 명의로 대내외적으로 시행되는 사안을 기록하는 문서를 말하며, 일반적으로 '공문'이라고 불린다. 인사발령 등도 바로 이 기안문·시행문 형식을 활용한다. 일반 회사에서는 기안문과 품의서를 혼용해서 활용하는 경우가 많다.

7 협조전

조직 내부의 부문끼리 상호 업무협조를 요청하기 위해 보내는 문서를 말한다.

8 규정문서

조직 내부의 각종 규정, 지침 등 조직운영에 관련된 사항들을 정한 문서들을 말한다.

문서의 성립요건

문서는 결재권자가 해당 문서에 서명하여 결재함으로써 실질적인 효력이 성립한다. 이때 서명방식에는 전자서명이 포함되며, 결재권자에는 조직의 장(長)뿐만 아니라, 법에 의해 위임받거나 위탁받은 사람, 위임전결이나 대결(代決)하는 사람이 모두 포함된다.

서명이란 기안자, 검토자, 협조자, 결재권자 또는 발신명의인이 공문서(전자문서 제외)상에 자필로 자신의 성명을 다른 사람이 알아볼 수 있도록 표시하는 것을 말한다. 전자 이미지 서명은 기안자, 검토자, 협조자, 결재권자 또는 발신명의인이 전자문서상에 전자적인 이미지 형태로 된 자신의 성명을 표시하는 것을 말한다. 전자문자 서명은 기안자, 검토자, 협조자, 결재권자 또는 발신명의인이 전자문서상에 자동 생성된 자신의 성명을 전자적인 문자형태로 표시하는 것을 말한다.

행정전자서명은 기안자, 검토자, 협조자, 결재권자 또는 발신명의인의 신원과 전자문서의 변경 여부를 확인할 수 있도록 그 전자문서에 첨부되거나 결합된 전자적 형태의 정보로서, '전자정부법시행령' 제29조에 따른 인증기관으로부터 인증 받은 것을 말한다.

'행정업무의 효율적 운영에 관한 규정'에서는 '문서가 수신자에게 도달됨으로써 그 효력이 발생하되, 전자문서는 수신자가 관리하거나 지정한 전자적 시스템 등에 입력됨으로써 그 효력을 발생한다'고 규정하고 있다. 즉, 문서가 상대방에게 도달해야 효력이 생긴다는 '도달주의'를 원칙으로 하고 있다. 다만 문서상에 효력발생 시기를 구체적으로 밝히지 않은 공고문서, 즉 고시나 공고 등은 그것을 공지한 날로부터 5일이 경과한 때에 효력이 발생한다고 규정되어 있다.

002 결재의 의미와 종류

● The Total Solution for Reports

결재의 의미와 방법

결재의 법률적 의미는 다음과 같다.

> 법령에 따라 소관사항에 대한 기관의 의사를 결정할 권한을 가진 자(주로 기관의 장)가 직접 그 의사를 결정하는 행위

일반적인 조직에서의 결재의 의미는 '① 정확한 권한을 가진 사람이 ② 자신의 의사를 결정하는 행위'를 말하며, 이러한 의사는 주로 서명이나 전자서명 등으로 표현한다.

앞서 설명했듯이 문서의 효력은 결재권자가 해당 문서에 서명으로 결

재함으로써 성립한다. 즉, 결재는 문서의 효력이 성립하기 위한 가장 중요한 요건이다. 일반 조직에서의 결재는 조직의 장이 직위 란에 직위를 간략히 표시하고 결재 란에 서명하는 방식으로 이루어지며, 이때 서명날짜를 함께 기록한다.

결재의 종류

조직에서는 다양한 방식의 결재가 활용되는데, 대표적으로 다음 4가지 방식이 있다.

1 정규결재

모든 조직에서 의사결정권자는 원칙적으로 '조직의 장'이다. 즉, 회사라면 최종 의사결정권자인 CEO가 된다. 정규결재는 이 조직의 장이 결재하는 것을 말한다.

2 전결

업무내용에 따라 조직의 최종 의사결정권자에게서 결재권을 위임받은 사람이 그 의사를 결정하는 행위를 말한다. 결재권의 위임은 조직의 '위임전결규정'에 명시되어 있다. 따라서 조직 내에서 결재를 받을 때는 '어떤 업무는 누구에게 위임한다'는 내용이 명시되어 있는 이 규정을 찾아보고 중간 결재권자와 최종 결재권자가 누구인지를 확인해야 한다. 참고로 회사에서는 이것을 일반적으로 '결재라인'이라고 표현한다. 전결을 할 때는 서명 란에 '전결' 표시를 한 후 서명해야 한다.

3 대결

위임전결규정상의 의사결정권자가 자리를 비웠을 때 특정한 사람에게 의사결정권을 위임해 결재하는 것을 말한다. 예를 들어 본부장이 출장으로 장기간 자리를 비웠을 때 그 아래 실장이나 팀장이 본부장에게서 결재권을 위임받아 결재하는 것을 말한다. 대결을 하는 경우에는 서명 란에 '대결' 표시를 하고 서명해야 한다.

4 협조

협조란 위임전결규정에 따라 결재를 받는 과정에서 해당 사안과 관련된 부서(유관부서)에 결재내용에 대한 협조를 부탁하는 것을 말한다. 예를 들면 마케팅 예산을 활용하기 위해 전략팀에 협조를 구하거나, 기술검토를 위해 기술전략팀에 협조를 구하는 등의 경우를 말한다.

협조는 보통 '합의'와 '협의'로 나누어지는데, 합의는 반드시 유관부서와의 합의가 되어야 다음 단계로 넘어갈 수 있는 것을 말하고, 협의는 유관부서가 의견을 제시하는 것을 말한다. 합의가 필요한지 협의가 필요한지는 일반적으로 위임전결규정에 명시되어 있다.

003 공문(기안문·시행문)의 의미

● The Total Solution for Reports

기안문과 시행문

앞서 설명했듯이 기안문과 시행문은 일반적으로 '공문'이라고 표현하는 문서를 말한다. 사실 기안문과 시행문은 한 쌍의 문서로 볼 수 있다. 시행문은 기안문이 작성되어야 작성할 수 있는 문서이기 때문이다. 즉, 작성된 기안문을 정확한 의사결정권자에게서 결재를 받고 나면 해당 조직에서는 그 기안문을 보존하고, 외부에는 시행문을 만들어 발송하게 된다.

기안문과 품의서

기안문과 품의서는 각기 다른 용도로 쓰이는 문서지만, 실제로는 이

두 문서를 혼용하는 조직이 많다. 내부결제를 위해 별도의 품의서를 작성하지 않고 기안문 형식으로 내부 의사결정을 받아 활용하는 식이다.

그러나 정확히 구분하자면, 기안문은 다음 그림과 같이 품의서와 달리 문서의 맨 위 중앙 상단과 하단에 조직의 명칭과 조직장(예를 들면 회사의 CEO)의 명칭이 기록된다는 차이가 있다. 즉, 기안문은 '조직장이 아닌 본부장 전결로 처리하더라도 공식적으로는 조직장 명의로 의견을 표현'한 문서에 해당한다. 따라서 기안문은 인사발령 등을 포함해 조직 내외부에 '조직장의 특정 의견을 표현'하는 문서로 활용하는 것이 맞다. 반면에 특정 사항이나 예산을 조직 '내부적'으로 승인받는 경우에는 기안문이 아닌 '품의서'를 활용해야 한다.

또한 부문 간 협조를 구하는 문서에 조직장의 명칭이 들어간 기안문을 사용하는 경우가 있는데, 이것 역시 올바른 방식이 아니다. 이런 경우 조직장이 아닌 각 부문장의 명칭이 들어간 '협조전'을 활용해야 한다.

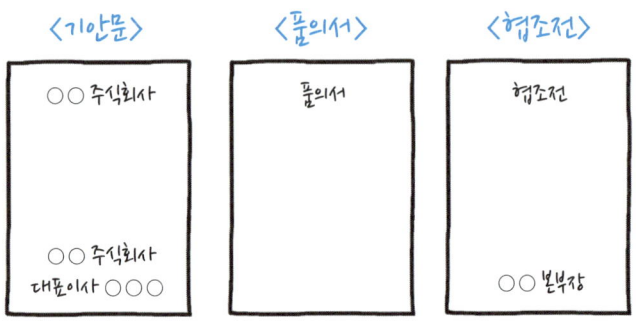

이처럼 문서 하나를 작성하더라도 각각의 용도를 정확히 이해하고 활용하는 것이 바람직하다.

004 기안문 작성 시 꼭 알아야 할 표기법

● The Total Solution for Reports

여기서는 기안문을 작성할 때 반드시 알고 있어야 할 주요 표기방법에 대해 살펴보자. 참고로 이러한 표기방법은 기안문뿐만 아니라 1페이지 보고서나 품의서를 작성할 때도 똑같이 적용되는 사항이므로 정확히 알고 있는 것이 좋다.

1 숫자 및 금액

숫자는 '아라비아 숫자' 표기를 기본으로 한다. 화폐나 금액을 표기할 때는 반드시 콤마(,)를 이용해 '천 단위 구분(예 : 3,000원)'을 해주어야 한다. 다만 연도에는 콤마 표시를 하지 않는다. 참고로 정부기관에서는 금액을 표시할 때 아라비아 숫자로 쓰되, 다음과 같이 괄호 안에 한글 표기를 함께 해주는 경우도 있다.

> 금113,560원(금일십일만삼천오백육십원)

2 날짜

기본적으로 아라비아 숫자로 표기하되, 연·월·일 등의 글자는 생략하고 각 자리에 점을 찍어 표시한다. 예를 들어 '20××년 12월 12일'이라면 다음과 같이 표기한다.

> 20××. 12. 12.

위의 사례에서 날짜 맨 끝에 점을 찍는 것은 정부 행정규정에 정의된 원칙에 따른 방식이다.

3 시간

시와 분 단위는 '24시간'을 기준으로 숫자로 표기하고, 날짜와 마찬가지로 시와 분이라는 글자는 생략하고 그 사이에 '쌍점(:)'을 찍어 표시한다. 예를 들어 '오후 5시 30분'이라면 다음과 같이 표기한다.

> 17 : 30

4 항목표기 방법

기안문의 항목을 표기하는 방법은 '행정업무의 효율적 운영에 관한 규정'에 명확히 규정되어 있으므로, 가급적 이 규정에 따르는 것이 좋다. 이 규정에 의한 구체적인 표기방법은 다음과 같다.

```
1.
   가.
      1)
         가)
            (1)
               (가)
                  ①
                  ②
               (나)
```

위의 체계를 쉽게 익히려면 일단 아라비아 숫자와 한글 가나다 순번을 번갈아 사용하는 것이 기본이고, 첫째 항목은 아무 기호 없이, 둘째 항목은 ')'(반괄호)를 이용해서, 셋째 항목은 '(   )'(양괄호)를 이용해서, 마지막 항목은 동그라미 숫자로 구분한다고 기억하면 된다.

기안문(공문)을 쉽고 빠르게 작성하게 해주는 실전 팁

앞에서 설명한 내용을 기준으로 실제 기안문(이하 '공문'이라고 표현)을 작성하는 방법을 알아보자. 한 단계씩 따라 하다 보면 공문 작성방법을 쉽고 빠르게 익힐 수 있다. 다만 조직마다 사용하는 공문양식이 다르므로 여기서는 정부 공문서 표준양식에 맞추기로 하겠다. 그럼 다음 내용을 기준으로 실제 공문을 작성해보자.

> 서울시에 위치한 (주)△△는 올해 서울시의 사회공헌 정책에 많은 도움을 주었다. 이에 서울시에서는 (주)△△에 사회공헌 기여자를 선정해 포상할 계획으로 포상 대상자를 추천해달라는 공문을 보냈다. 해당 공문의 번호는 '서울특별시 공고 제20XX-326호(20XX.11.30)'이며, (주)△△에서는 한명석 팀장을 추천하려고 한다.

다음 그림은 위의 상황을 토대로 서울시에 보낼 회신공문에 기본적으로 포함해야 할 사항을 나타낸 것이다. 각 사항에 대한 구체적인 작성방법을 하나씩 살펴보자.

```
                      발신조직명
수신 : 조직명? 조직장명?
참조 :
제목 :
────────────────────────────────────────
        1. 무엇부터 써야 하나?
        2. 관련근거는 어떻게 표기하나?
        3. 날짜표기는 어떻게 하나?
           아래와 같이, 다음과 같이, 붙임과 같이 등의 표현은 언제 사용하나?
           내용이 한 줄을 넘을 때는 어디서 시작하나?
           문의 크기는 어느 정도로 하나?
           붙임은 어디에서?
           끝. 자 표기는 어디에 하나?

                      발신기관장명
```

1 발신조직명

공문의 맨 위 정중앙에는 발신조직명을 기재한다. 제시된 사례를 기준으로 보면 '(주)△△'를 기재해주면 된다.

2 수신

공문의 수신 란에는 조직명이 들어가야 할까, 아니면 조직장의 명칭이 들어가야 할까? 사례를 기준으로 보면 '서울특별시'일까, 아니면 '서울특별시장'일까? 정답은 조직장의 명칭, 즉 '서울특별시장'이다. 이때 만일 공문을 받는 조직이 1~2군데라면 수신 란에 직접 기재하고, 수신 조직수가 상당히 많은 경우에는 수신 란에 '수신처 참조'라고 표시하고 다음과 같이 문서 하단에 수신처를 기록하는 방법을 활용한다.

```
수신 : 수신처 참조
                  ⋮
              (주)△△ 대표이사 홍길동

수신처 : 서울특별시장, 의왕시장, (주)XX 대표이사, (주)○○ 대표이사
```

3 참조

참조 란에는 총무부장, 인사부장 등 해당 공문을 처리할 담당조직장을 기재한다. 담당조직장을 정확히 모를 경우 '○○업무 담당자' 등으로 표시해도 된다.

4 제목

제목은 일반적인 1페이지 보고서나 품의서를 작성할 때와 마찬가지로 공문의 내용을 포괄할 수 있는 제목을 기재하면 된다. 사례를 기준으로 보면 '20××년 사회공헌 포상 대상자 추천' 등으로 기록하면 된다.

5 내용

이제 본격적으로 공문내용을 작성해보자. 이때 작성위치는 다음 그림과 같이 제목 아랫부분부터 시작하면 되며, 기본적인 항목체계는 207쪽에서 설명한 내용을 참조하면 된다.

```
수신∨∨○○○장관(○○○과장)
(경유)
제목∨∨○○○○○
─────────────────────────────
1.∨○○○○○○○○○○○○○○○○
∨∨가.∨○○○○○○○○○○○○○○
  ∨∨1)∨○○○○○○○○○○○○○
    ∨∨가)∨○○○○○○○○○○○○
      ∨∨(1)∨○○○○○○○○○○○
        ∨∨(가)∨○○○○○○○○○○
2.∨○○○○○○○○○○○○○○○○
```

＊∨=띄어쓰기 구분표시

그림 1번 항목에는 어떤 내용을 기재하면 좋을까? 여기에는 보통 관

행적으로 공문을 받는 조직에 대한 인사말을 기재한다. 예를 들면 다음과 같은 식이다.

> 1. 귀 기관의 무궁한 발전을 기원합니다.

2번 항목에는 일반적으로 관련근거, 즉 공문을 발신하는 근거를 명확히 기재해준다. 만일 관련근거가 없다면 빼도 된다. 사례에서는 '서울특별시에서 포상 대상자를 추천해달라고 한 것'이 근거가 되므로 서울특별시에서 보낸 공문을 관련근거로 하면 된다. 이때 보통 다음과 같이 해당 공문 등의 '문서번호(시행일자)'와 '문서제목' 등을 표기해주는데, 너무 길면 생략해도 된다.

> 2. 관련근거 : 서울특별시 공고 제20XX-326호(20XX.11.30.)

3번 항목에는 보통 공문의 전체적인 메시지를 요약해서 작성한다. 사례를 기준으로 작성해보면 다음과 같다. 이때 관련근거가 있으면 일반적으로 내용 앞에 '위 관련근거에 의거'라는 표현을 사용하며, 관련근거가 없는 경우 일반적인 메시지만 작성하면 된다.

> 3. 위 관련근거에 의거 20XX년 사회공헌 포상 대상자를 아래와 같이 추천합니다.

참고로 위의 사례처럼 공문이나 보고서 등에 '아래와 같이', '다음과 같이', '첨부(공공조직은 '붙임'이라고 표현)와 같이' 등 3가지 표현을 사용하는 경우가 많은데 각각의 올바른 사용용도는 다음과 같다.

> - '아래와 같이'는 그 내용 다음에 '하위항목'이 이어질 때 사용한다. 예를 들면 3번 항목 아래에 가, 나, 다 등의 하위항목이 이어질 때 사용한다.
> - '다음과 같이'는 그 내용 다음에 '동등한 수준의 항목'이 이어질 때 사용한다. 예를 들면 3번 항목 아래에 바로 4번 항목이 이어지는 경우를 말한다.
> - '첨부와 같이'는 그 내용 다음에 세부적인 내용 없이 바로 첨부(붙임)가 나오는 경우에 사용한다.

또 한 가지 알아둘 사항은 공문을 작성할 때는 내용이 2줄 이상 이어지더라도 들여쓰기를 할 필요가 없다는 것이다. 예를 들면 다음과 같은 식이다.

> 다. 20XX.8.30.까지 현황자료 제출을 부탁드립니다. 자료는 워드 또는 PDF파일로 보내주시면 됩니다.

이번에는 최상위 항목 다음으로 이어지는 하위항목을 작성하는 방법을 알아보자. 사례를 기준으로 보면 3번 항목 아래에 '가. 추천대상자 인적사항'이라는 하위항목을 적어주면 된다. 그리고 추천대상자에 대한 구체적인 사항은 다음과 같이 표로 작성하면 된다. 이때 표에 들어가는 내용 역시 꼭 들여쓰기를 할 필요가 없으며, 공문의 문서 폭을 자유롭게 최대한 활용해서 작성하면 된다.

성명	생년월일	소속	공적개요
한명석	1980.03.20.	홍보팀	· ○○ 사회봉사 활동을 기획하고 적극적으로 참여 · 자세한 사항은 [첨부] 공적조서를 참조

만일 요약 표에 많은 내용을 담기 어렵다면 위의 사례처럼 '자세한 사항은 [첨부] 참조'라는 내용을 넣어주고 첨부문서에 관련 내용을 기재해 주면 된다.

이번에는 공문 마지막 부분에 '첨부(공공기관에서는 '붙임')' 내용을 기재하는 방법을 알아보자. 첨부를 기재하는 위치는 다음 그림과 같이 문서 상단부분에 수신, 참조, 제목 등을 기재할 때와 동일하게 들여쓰기 없이 왼쪽 끝부분부터 시작하면 된다.

```
수 신 :
참 조 :
제 목 :
─────────────────────────────────
                  <중간내용 생략>

첨 부 : 1. ○○○명단 1부
       2. ○○○검토서 1부.  끝.
```

이때 첨부가 1개일 때는 번호 없이 기재하고, 여러 개인 경우 위 사례와 같이 번호로 구분해서 기재한다.

더 이상 문서에 기재할 내용이 없다면 다음과 같이 끝나는 내용 뒤에 두 칸을 띄고 '끝.' 표시를 해주어야 한다.

첨부 : 1. ○○구매목록 1부
　　　 2. ○○신청서 1부.∨∨끝.

만일 공문의 내용이 표로 끝났다면 다음 그림과 같이 표 좌측 하단에 '끝.' 표시를 해주면 된다.

성명	생년월일	경력	평가

끝.

6 발신명의

공문의 아래쪽 중앙에는 공문을 보내는 조직장의 명칭을 기재한다. 예를 들어 서울특별시면 서울특별시장, 법무부면 법무부장관으로 기재하면 되고, 일반 회사라면 일반적으로 '(주)○○ 대표이사'라고 기재하거나 '(주)○○ 대표이사 ○○○' 등으로 성명까지 표기하면 된다.

7 담당자 연락처

마지막으로 문서의 제일 하단에는 문서에 대해 궁금한 사항을 문의하거나 회신할 때 참조하도록 담당자명과 주소, 이메일, 연락처 등을 기재한다.

다음 그림은 지금까지 설명한 내용을 적용해서 완성한 공문(기안문)을 나타낸 것이다.

(주) △△

팀장	본부장	사장
		홍길동 12/2

수 신 : 서울특별시장
참 조 : 사회공헌 포상업무 담당자
제 목 : 20XX년 사회공헌 포상대상자 추천

1. 귀 기관의 무궁한 발전을 기원합니다.
2. 관련근거 : 서울특별시 공고 제 20XX – 326호(20XX.11.30.)
3. 위 관련근거에 의거 20XX년 사회공헌 포상대상자를 아래와 같이 추천합니다.
   가. 추천대상자 인적사항

성명	생년월일	소속	공적개요
한명석	1980.03.20.	홍보팀	· ○○ 사회봉사 활동을 기획하고 적극적으로 참여 · 자세한 사항은 [첨부] 공적조서를 참조

첨 부 : 공적조서 1부. 끝.

(주) △△ 대표이사 홍길동

담당자 : 고성대, 서울 마포구 도화동 XX번지, 02-400-XXXX, ly@hhh.co.kr
문서번호 : 서울20XX-310
시행일자 : 20XX.12.5

Part 2_ 보고서 작성수준 높이기

6장

품의서 작성의 핵심기술

001 품의서의 의미와 활용방법

● The Total Solution for Reports

품의서의 정확한 의미

회사업무에서 가장 많이 쓰이는 문서가 바로 '품의서'다. 그러나 정작 품의나 품의서의 뜻을 정확히 알고 있는 사람은 의외로 드물다. 품의의 사전적 의미는 '상사에게 여쭈어 의논함'이며, 품의서는 '상사에게 어떤 일을 어떻게 어떤 비용으로 하겠다는 사실을 결재 받기 위한 문서'라는 의미를 갖고 있다.

품의서는 회사의 대부분의 업무에서 활용되는 매우 중요한 문서인 만큼 그 활용법과 절차를 정확히 이해하고 있어야 한다.

품의서의 효과적인 활용사례

먼저 품의의 절차부터 살펴보자. 품의는 특정 안건에 관한 품의서를 작성해서 관계부서의 의견을 물은 다음 상사에게 제출해 결재를 받는 절차로 진행된다. 이를 위해 일정한 양식을 사용하는데, 회사마다 품의서 양식과 품의절차에 대한 별도의 규정이 있으므로 해당 규정에 따라 품의를 진행하면 된다.

상당수의 실무자들이 품의서를 단순히 업무에 필요한 비용을 청구하는 문서쯤으로 생각하는 경향이 있다. 그러다 보니 기획서나 보고서만큼이나 품의서를 잘 쓰기 위해 노력하는 모습을 보이지 않는다. 그러나 보고서로 보고를 잘 했더라도 결국 품의서에 해당 보고서를 첨부해서 전자결재 등을 받아야만 보고가 완전히 마무리된다는 사실에 유의해야 한다. 특히 예산 관련 부서나 유관부서에서는 품의서 검토결과를 토대로 예산지원 등을 해준다는 점에서 품의서를 세심하고 정확하게 쓰는 노력이 필요하다. 또한 상사들이 품의서의 내용을 보고 직원들이 업무의 섬세함을 갖췄는지를 판단한다는 사실도 감안해야 한다.

한편, 때로는 품의서가 1페이지 보고서를 대체하는 용도로 활용되기도 한다.

002 품의서 구성요소별 작성방법

● The Total Solution for Reports

품의서는 기본적으로 1페이지 보고서나 기획서와 유사한 방법으로 작성하기 때문에 1페이지 보고서를 잘 쓰는 사람이 품의서도 잘 쓰는 경우가 많다. 품의서의 구성요소별 작성방법을 살펴보면 다음과 같다.

1 제목

보고서나 기획서와 마찬가지로 품의서 역시 제목만으로 핵심내용이 잘 드러날 수 있도록 직관적이고 구체적으로 작성해야 한다. 두루뭉술하게 제목을 잡을 경우 좋은 결과를 얻지 못할 수 있고, 설사 무사히 결재를 받았더라도 나중에 해당 품의서를 찾기 어려울 수 있다. 특히 연도나 시기 등과 관련된 문서라면 다음과 같이 구체적인 연도 등을 붙여주는 것이 좋다.

> - 올바른 예 : 20XX년 1/4분기 마케팅 실시계획 품의
> - 잘못된 예 : 마케팅 비용 품의

2 헤드메시지

품의서의 첫머리, 즉 헤드메시지는 다음과 같이 어떤 사안을 품의하는지를 2줄 이내의 문구로 압축해서 작성하는 것이 좋다.

> 20XX년 마케팅 계획에 의거 1/4분기 마케팅 실시계획을 아래와 같이 품의합니다.

3 목적

헤드메시지 다음에는 품의서의 목적을 1~2줄로 요약해서 작성한다. 작성요령은 1페이지 보고서를 작성할 때(147~148쪽 내용 참조)와 동일하다.

4 세부내용 구성

목적 다음에는 일정이나 방법 등의 세부적인 사항을 기재한다. 일반적으로 개요, 일정(일시, 장소), 담당자, 진행계획 등의 구체적인 내용이 들어간다. 내용이 너무 길어질 경우 기안문을 작성하는 요령과 동일하게 '세부사항은 [첨부 1] 참조' 등의 문구로 대체한 후, 관련 내용을 1~2페이지 내의 별도 첨부문서로 구성한다. 만일 의사결정권자에게 보고해서 구

두로 승인받은 보고서가 있다면 그것을 첨부문서로 활용하면 된다.

5 예산

품의 관련 예산은 다음과 같이 '구분(항목)', '금액', '내역'으로 나누어진 표를 이용해 기재한다. 예산이 필요한 경우 반드시 이 내용이 들어가야만 품의서의 설득력을 높일 수 있다. 다만 비용과 관계없는 품의인 경우 예산항목이 없어도 된다.

단위 : 천원

구분(또는 항목)	금액	내역
계		

위와 같은 예산 관련 표를 작성할 때 실무자들이 가장 많이 하는 실수가 세부금액이나 합계금액을 잘못 기재하는 것이다. 품의서에서 이 부분은 절대 틀리면 안 되는 중요한 요소이므로, 몇 번씩 검산해서 절대 오류가 생기지 않도록 주의해야 한다.

위 표의 내역 란에는 왜 그 금액이 산출되었는지에 대한 근거를 제시해야 한다. 예를 들어 항목별 금액을 '1,000천 원'으로 기재했다면 내역 란에는 '50천 원 × 20개 = 1,000천 원' 등으로 기재한다.

또한 기안문을 작성할 때와 마찬가지로 표 위에는 반드시 '금액단위'를 표시해주고, 금액(예산항목) 란에 들어가는 숫자에는 1,000단위마다 콤마(,)를 찍어주는 것이 좋다.

6 기타사항

회사에서 HTML 기반 전자결재 시스템을 활용하고 있다면 먼저 일반 워드 프로그램으로 품의서를 작성한 후에 시스템에 복사해서 붙이면 좀 더 깔끔한 느낌을 줄 수 있다. 참고로 표의 경우 따로 만들어서 시스템에 붙여넣기 하는 것이 더 보기가 좋다. 경우에 따라서 도식이나 표를 이미지로 만들어서 옮겨 붙이는 것도 좋은 방법이다.

다음 쪽의 그림은 지금까지 설명한 사항들을 적용해서 작성한 품의서 샘플을 나타낸 것이다.

품 의 서

문서 번호	4220 –	결재	팀 장	담당임원	사장
품의 일자	20XX.03.21.				
결재요청일	20XX.03.22.				
결 재 일	20XX. . .				
품 의 팀	인재개발팀	합의			
기안자(Tel)	이윤석 (#8218)				
제 목	20XX년도 PM 교육 품의				

20XX년 PM 교육을 아래와 같이 품의합니다.

1. 교육목적
- 프로젝트 관리에 대한 개념과 주요 도구 및 기법에 대한 이해를 도모하여, 프로젝트 관리자로서의 기본능력을 배양
- 일정관리, 비용관리 등 프로젝트 관리의 기본이론을 습득함으로써 프로젝트 성공률 향상 도모
- PMP(Project Management Professional)자격증 시험준비와 PM 실무 적용 기초능력 배양

2. 교육 개요

구 분	강사	교육기간	교육시간	회수	인원	교육대상	교육장소
PM 양성 과정	배○○	4/9(월)~12(목)	32H	1회	20명	과장급 이상 (예비 PM)	10층 2강의장
PMP 자격 취득과정	송○○	6/4(월)~7(목)	32H	1회	20명	PM양성과정 및 PM 기초과정 수료자	

- PM 양성 프로세스 : PM양성과정→PMP 자격취득과정(예비 PM 인재풀 조성)→PMP 취득→PM 발령(PM OJT)
- PMP 자격과정 실시 후 2개월 안으로 수강생 PMP 자격 취득 독려
  (<u>자격취득자 20XX년도 사내강사 활용</u>. PM 보직 발령 시 선발요건화 추진)

4. 예산 : 총 13,810 천원
단위 : 천원

항목	금액	내역
① 사외강사료	11,800	시간당 200천원 ×59시간
② 사내강사료	90	18천원 ×5시간
③ 교재비	1,600	20천원 ×80부
④ 교육운영비	320	음료 및 문구
합계	13,810	
고용보험환급예상	6,905	
실예산	6,905	

첨 부 : 강의계획서 각 1부. 끝.

Part 2_ 보고서 작성수준 높이기

7장

이메일 보고서 작성의
핵심기술

001 이메일은 매우 중요한 업무수단

● The Total Solution for Reports

업무수단으로서의 이메일의 가치

현재 대부분의 회사에서는 보고, 업무연락, 회의록 등의 업무를 이메일로 처리하고 있다. 나아가 구글, 애플 등 세계적인 IT기업들과 국내 유수기업들은 보고 관련 업무는 물론 업무의 대부분을 이메일로 진행하고 있으며, 특별한 경우가 아니라면 이메일 자체를 중요한 업무문서로 인식하는 등 이메일을 매우 중요한 업무도구로 활용하고 있다.

물론 아직까지는 보고업무가 오프라인 대면보고로 진행되는 경우가 많다. 그러나 IT에 익숙한 세대들이 조직 구성원의 대부분을 차지하게 되는 향후 10년 안에는 이메일이 가장 중요한 업무수단으로 자리 잡을 것으로 보이며, 그로 인해 자연스럽게 이메일 활용법이 중요한 업무기술로 떠오를 것이다.

이메일의 3가지 강점

이메일을 이용해 문서를 발송하면 여러 장점을 얻을 수 있는데, 그 중 대표적인 3가지 장점은 다음과 같다.

1 빠른 전송과 확인

이메일을 활용하면 문서를 온라인상으로 빠르게 전송할 수 있으며, 상대방이 즉시 그 내용을 확인할 수 있다. 특히 요즘에는 이메일이 도착했음을 알려주는 스마트폰 푸시기능이 있어서 언제 어디서든 이메일 도착 여부와 내용확인이 가능해졌다.

2 명확한 기록관리

이메일을 활용하면 문서를 보낸 사람과 보낸 날짜 등의 기록을 명확하게 관리할 수 있다. 이로 인해 이메일을 업무 근거자료로서 인식하는 조직이 점차 늘어나고 있다. 특히 요즘에는 회의록 등의 문서전달뿐만 아니라 회사 간 업무협상과 관련해서도 이메일을 많이 활용하는 추세다. 협상 관련 내용을 구두가 아닌 이메일로 전달함으로써 협상결과 등에 대해 나중에 서로 다른 말이 나오지 않게 하려는 것이다.

또한 최근에는 업무편의를 도모하기 위해 회사 간 계약서에 각 회사의 공식 이메일을 기록하고, 공식 이메일로 전달한 사항들은 회사의 공식적인 의사표현이라는 내용을 계약서에 반영하는 경우가 많아지고 있다.

3 다양한 활용도

이메일은 자연스러운 설명식 글과 개조식의 보고서 형태를 모두 담을 수 있기 때문에 활용의 폭이 넓고 자유롭다.

이메일을 잘 쓰기 위해 깨야 할 고정관념

1 이메일은 보고서의 보조수단이다?

이메일을 보고서의 보조수단쯤으로 가볍게 생각하는 실무자들이 의외로 많다. 그러나 단언컨대 이메일은 그 자체로 보고서다. 게다가 앞으로 이러한 경향이 더욱 강화되어서 웬만한 보고서는 이메일로 대체될 가능성이 크다. 특히 업무의 속도와 생산성이 강조되는 미래 조직에서는 이러한 경향을 당연하게 받아들이게 될 것이다.

2 이메일은 설명하듯 쓰는 것이 좋다?

이메일을 쓸 때는 보통 설명하듯 서술하는 방식을 활용하지만, 업무 관련 이메일의 경우 '설명식 서술'과 핵심내용만을 간략하게 요약하는 '개조식 서술'을 함께 활용하는 것이 좋다. 업무 관련 이메일의 핵심은 보낸 사람의 의도를 받는 사람이 빠르게 이해하게 하는 데 있다. 따라서 지나치게 설명하는 방식으로 서술하기 보다는, 딱 필요한 설명과 간결·명료한 내용이 효과적으로 조합되도록 서술해야 한다.

3 이메일은 공식적인 문서가 아니다?

아직까지는 이메일을 보내고 나서 전화를 걸거나 상대방을 직접 찾아가서 관련 내용을 다시 일일이 설명해주어야 하는 경우가 많다. 그러나 앞으로는 이메일, 메신저 등에 친숙한 세대가 늘어남에 따라 이메일 자체를 공식적인 문서로 인정하는 경향이 더욱 커질 것이다. 따라서 지금부터 이메일 자체를 공식적인 의사표시로 이해하고 세심하게 작성하는 노력이 필요하다.

002 이메일의 효과적인 활용방법

● The Total Solution for Reports

지시문서에 활용

상사가 부하직원에게 구두로 일을 지시할 때 그 일을 시키는 의도가 정확히 전달되지 않는 경우가 많다. 이런 경우 상사는 부하직원이 자신의 지시를 잘못 알아들었다고 생각하고, 부하직원은 상사의 지시가 정확하지 않았다고 불평하게 된다. 반면에 이메일로 일을 지시하면 상사가 지시한 날짜와 내용 등이 정확히 기록되기 때문에 명확한 커뮤니케이션이 가능해진다.

또한 이메일은 마음이 약해서 부하직원에게 일의 정확한 데드라인(납기)을 지정하지 못하는 상사에게도 도움이 된다. 이메일로 일을 지시하면서 자연스럽게 원하는 납기를 기재하면 되기 때문이다. 이럴 경우 일을 지시한 최초 이메일을 계속 재회신하는 방법을 이용해서 일의 진행사항을 자연스럽게 확인할 수도 있다.

또한 일상적인 업무에서도 다음과 같은 내용의 이메일을 이용하면 보다 부드럽게 일을 진행할 수 있다.

받는 사람 : 정○○ 부산출장소장
제목 : 축하합니다

정○○ 소장 잘 지내지?

1. 지난 분기에 높은 판매량을 달성한 거 축하해. 고생이 많구만. 어제 새로운 분기 목표치를 받았는데 정 소장이 맡은 영업소는 지난 분기보다 10% 높게 책정됐어.
2. 나는 2/12(금)에 부산으로 가서 정 소장 팀과 함께 이번 분기 목표에 대해 더 자세히 논의할 예정이야.
3. 또한 2/11(목)까지 지난 달 비용활용 보고서도 준비해주기 바라.
4. 끝으로, 이번 금요일에 나는 분기에 최고 실적을 올리는 사람들에게 내년 2월에 필리핀 포상휴가를 주겠다는 소식도 전할 예정이야. 구미가 당기는 포상이라고 생각하지 않아?

그럼 금요일에 보자고.
항상 고마워. 끝.

협조문서에 활용

예전에는 부서 간 업무협조를 요청할 때 '협조전'이라는 문서를 활용했다. 그러나 이메일이 나온 후부터는 협조전 대신 이메일을 활용하는 경우가 많아졌다. 예를 들어 팀 간 업무협조를 위해 양쪽 팀 팀장을 참조에 넣고, 업무담당자에게 이메일을 보내면 공식적으로 팀의 의사표시를 한 문서로 인정하는 식이다.

다만 이메일로 업무협조를 요청할 때는 몇 가지 주의해야 할 사항이 있다. 일단 기본적인 예의를 갖춰야 하고, 내용을 간결·명료하게 작성해야 하며, 상대방이 협조요청 내용을 쉽게 이해할 수 있도록 해야 한다는 것이다. 그렇지 않으면 자칫 상대방 팀에서 오해할 소지가 생길 수 있고, 나아가 팀 간 분쟁의 원인이 될 수도 있다.

회의록에 활용

예전에는 회의를 하면 회의 참석자들에게 회의록을 회람해서 서명을 받는 방식을 많이 활용했다. 그러나 현재는 회의장소에서 바로 이메일을 이용해 회의록을 작성하고 회의가 끝나면 참석자 모두에게 그 이메일을 보내서 회의내용을 확인하는 방식을 활용하고 있다. 이때 이메일 참조 수신 란에 회의에 참석하지 않은 이해관계자들을 넣어서 발송하면 빠르게 회의내용을 공유할 수 있다.

협상문서에 활용

협상에서는 협상 상대방과 서로 어떤 말을 주고받았는지에 대한 근거를 확보하는 일이 매우 중요하다. 이를 위해 매번 공식적인 내용증명을 주고받을 수는 없으므로, 최근에는 협상이 끝나면 관련 내용을 이메일로 주고받는 방법을 주로 활용하고 있다.

또한 협상 상대방끼리 이메일로 서로의 제안을 주고받는 경우도 많다. 중소기업의 경우 이런 이메일을 대표가 직접 발송하기도 하며, 대기업의 경우 해당 부문의 팀장 또는 본부장이 발송할 때가 많다. 이런 이메일의 경우 이메일 본문이나 첨부문서 등을 작성할 때 불필요한 오해가 생기지 않도록 뉘앙스 하나에도 매우 신중할 필요가 있다. 또한 상대방에 대한 예의를 갖추고, 상대방이 내용을 쉽게 이해하고 각각의 근거에 대한 논리가 분명하게 드러날 수 있도록 작성해야 한다.

다음은 상품유통 재계약과 관련한 협상내용을 담은 이메일 작성사례를 나타낸 것이다.

수신 : 오정수 팀장님
발신 : 박정수 팀장
제목 : [파라유통] A상품 유통 재계약 관련 당사 의견 공유

팀장님, 안녕하십니까? (주)파라유통의 유통사업팀 박정수 팀장입니다. 항상 많은 도움 주셔서 감사합니다. 연말이 되니 많이 바쁘시지요?

A상품 재계약과 관련해서 당사의 입장을 아래와 같이 정리해서 공유해 드립니다. 잘 검토해주시기 부탁드립니다.

1. 먼저 품질 좋은 A상품을 잘 만들어주셔서 당사와 귀사가 함께 성장할 수 있었던 것 같습니다. 항상 감사드립니다.
2. 당사는 A상품의 성공을 위해 2년 간 10억 원의 마케팅비용을 사용했으며, 그로 인해 좋은 성과를 거둔 사실은 귀사에서도 공감하시리라 생각합니다. 다만 이로 인해 당사는 현재 매출액 대비 수익이 좋지 않은 상황입니다.
3. 위와 같은 사유로 금번 재계약과 관련해서 당사로서는 서로 Win-Win 할 수 있도록 기존 조건 그대로 계약이 연장되길 희망하고 있습니다. 계약금 대신 계약금에 해당하는 비용을 향후 마케팅비로 활용할 수 있도록 하고 싶습니다.

금번 재계약이 당사와 (주)장길산이 함께 더욱 크게 성장하는 기회가 되기를 바랍니다. 편하게 검토하시고 의견 주십시오.

항상 많은 도움 주시는 팀장님께 다시 한 번 감사드립니다.
그럼 즐거운 하루 되십시오. 감사합니다.

공지문에 활용

지금은 사내 공지문 역시 일일이 게시판에 부착하지 않고 이메일로 보내는 경우가 많다. 회사 내부적으로 정책이나 제도를 설명할 때뿐만 아니라, 대외적으로 회사의 방침이나 행사 등을 공지할 때도 이메일을 많이 활용하고 있다.

　이처럼 공지문을 이메일로 보낼 때는 내용이 잘못 되었더라도 회수하지 못한다는 점에 유의해야 한다. 물론 내용이 잘못 되었음을 알리는 이메일을 다시 보낼 수는 있지만, 그럴 경우 업무능력이 부족하다는 인식을 줄 수도 있으므로 항상 이메일 내용을 신중하게 검토한 후 보내는 노력을 기울여야 한다. 한편, 이런 위험성을 줄이기 위해 공지문은 그룹웨어 등의 게시판에 올리고, 이메일에는 그 공지문으로 연결되는 링크만 기재해서 보내는 방법을 많이 활용하기도 한다.

이메일 활용수준을 높여주는 실전 팁

　이메일을 공식적인 문서로 인식하는 조직이 늘어남에 따라 앞으로는 이메일 활용수준이 실무자들의 업무능력을 긍정적으로 인식시키는 하나의 요소가 될 것으로 보인다. 이러한 경향을 감안해 여기서는 이메일 활용수준을 높이기 위해서 필요한 몇 가지 실전 팁들을 알아보자.

1 이메일 제목만으로도 내용을 알 수 있도록 한다.

　이메일 제목은 핵심만 간결하게 표현하는 개조식 문장으로 만들어야 한다. 특히 이메일 제목 앞에 [보고], [공유], [공지], [요청] 등의 표현을 붙이면 상대방이 관심을 가지고 읽을 확률이 높아진다. 반면에 내용과 관계없는 엉뚱한 제목을 붙이면 상대방이 읽지 않을 위험이 있다는 점에 유의해야 한다.

2 인사말은 반드시 넣는다

몇 번의 회신이 오가는 이메일이라면 괜찮지만, 처음 보내는 이메일에는 반드시 인사말을 넣어야 한다. 간혹 급한 마음에 인사말을 생략하고 이메일을 보내는 경우가 있는데, 이는 업무상 예의에 어긋나는 행동이다. 특히 상사나 다른 조직 사람에게 이메일을 보낼 때는 반드시 인사말을 넣어야 한다. 또한 인사말을 형식적으로 쓰기 보다는 다음과 같이 보내는 사람의 마음이 느껴지는 글귀를 담아 작성하는 것이 좋다.

- 안녕하십니까? OOO입니다. 주말은 잘 보내셨는지요?
- 안녕하세요. OOO입니다. 무더운 날씨에 건강 유의하십시오.

3 이메일 내용에는 반드시 번호를 붙여라

업무적인 이메일을 작성할 때의 핵심 팁은 내용에 1, 2, 3, … 등의 번호를 붙이라는 것이다. 실제로 업무에 이메일을 많이 활용하는 IT 관련 회사에서는 대부분 다음과 같이 이메일 내용에 번호를 붙이는 방식을 활용하고 있다.

From : 김경희
Sent : Tuesday, October 14, 20XX 1:38 PM
To : 홍길동

> Cc : 반창고; 김치국
> Subject : [요청] ㅇㅇㅇ컨퍼런스 참석대상자 확인
>
> ---
>
> 안녕하세요, 팀장님. 잘 지내시지요?
>
> '20XX ㅇㅇㅇ컨퍼런스'가 다음 주에 진행될 예정으로 오늘까지 참석자 명단을 통보하기로 했습니다. 소속팀의 참석자에 대한 의견을 부탁드립니다.
>
> 1. 일시 : 20XX.10.16(목) 10:00~16:45
> 2. 장소 : 밀레니엄 서울 힐튼호텔 그랜드볼룸 AB (지하1층)
> 3. 조직별 참석자는 4명 이내 가능합니다. 참석자를 저에게 메일로 회신 부탁드립니다.
> 4. 첨부파일로 올해 참가기업 명단 공유해 드리니 업무에 참조하시기 바랍니다.
>
> 첨부 : 20XX년 참가기업 명단 1부. 끝.
>
> 감사합니다. 즐거운 하루 되십시오.
>
> 김경희 드림

위와 같이 이메일 내용을 구성하면 목적을 담은 헤드메시지와 번호로 구분된 내용들이 한 눈에 선명하게 들어오게 되므로, 받는 사람 입장에서 내용을 빠르게 이해할 수 있을 뿐만 아니라 번호로 구분된 각각의 사항별로 답신을 보내면 되는 편리함도 얻을 수 있다. 또한 상사가 부하직

원에게 이메일을 보낼 때도 이런 방식을 활용하면 몇 가지 지시사항이 있음을 정확하게 인식시키는 효과를 얻을 수 있다.

4 헤드메시지에서 이메일의 전체 내용을 이해할 수 있도록 하라

회사원들은 대부분 하루에도 수십 통씩 이메일을 주고받는다. 이런 점을 감안해서 이메일을 보낼 때는 받는 사람이 이메일의 전체 내용을 빠르게 인지할 수 있도록 핵심정보를 앞쪽에 기술하는 것이 좋다. 이메일의 구조는 크게 인사말, 헤드메시지, 번호를 붙인 각 세부내용, 감사인사 4개 부분으로 나눠지는데, 여기서 헤드메시지가 바로 그러한 핵심정보를 기술하는 부분에 해당한다. 이때 필요에 따라 헤드메시지 부분에 볼드체를 사용할 수도 있지만, 너무 많이 사용하면 오히려 가독성이 떨어진다는 점에 유의해야 한다. 236~237쪽의 사례를 예로 든다면 다음과 같은 내용이 바로 헤드메시지에 해당한다.

> '20XX ○○○컨퍼런스'가 다음 주에 진행될 예정으로 오늘까지 참석자 명단을 통보하기로 했습니다. 소속팀의 참석자에 대한 의견을 부탁드립니다.

5 지난 이메일의 내용을 현재 보내는 이메일의 아래쪽에 남겨라

많은 실무자들이 이메일을 매번 새로 작성(메일쓰기)해서 보내는 경향이 있다. 그런데 계속해서 이어지는 업무에 관한 이메일이라면 새로 작성하지 말고 '회신기능(답장)'을 활용해서 보내는 것이 좋다. 이럴 경우 새로 작성하는 이메일 내용 아래쪽에 기존에 주고받았던 이메일 내용들이 남아서 업무의 히스토리를 관리하기가 편해지기 때문이다. 이런 식으로 회신을 주고받은 후 나중에 최종적으로 받은 이메일의 내용을 아래쪽부터 과거 순으로 읽어보면 업무의 히스토리를 한 번에 확인할 수 있다.

또한 회신을 할 때 최초 메일의 제목을 바꾸지 말고 제목 앞에 계속 'RE:' 표시만 늘어나게 메일내용을 업데이트해주면 업무의 히스토리를 관리하기가 더욱 편리해진다.

6 글의 표현을 세심하게 다듬어라

이메일을 작성할 때는 이메일을 보내는 의도와 목적에 적합한지 여부와 불필요한 위험요인을 제공할 가능성은 없는지 등을 고려해서 표현을 세심하게 다듬어야 한다. 특히 회사 간의 협상 관련 이메일 같은 경우 더욱 세심하게 글을 다듬을 필요가 있다.

7 감정표출이 우려된다면 전화나 대화로 먼저 해결하라

업무현장에서는 처리하기 어렵거나 힘든 일을 함께 진행하는 과정에서 담당자 간 또는 조직 간에 서로 기싸움을 벌이거나 상대방 때문에 피해를 보았다고 생각하는 상황이 수시로 발생한다. 특히 업무 전반적으로 이메일을 상시적으로 활용하는 IT회사의 경우 이메일 때문에 서로 감정이 상하는 일이 벌어지기도 한다.

예를 들면 직접 만나서 깊은 대화를 통해 풀어야 하는 문제까지도 습관적으로 이메일로 해결하려다 상대방의 감정을 상하게 하는 경우가 있다. 더구나 이런 상황에서 서로 자신의 의견이 맞다는 점을 내세우기 위해 계속 참조자를 추가해가며 이메일을 주고받음으로써 결국 두 사람의 갈등문제가 조직 전체에 공유되는 상황이 빚어지기도 한다.

이처럼 아마추어적인 업무수준에서 벗어나 프로다운 능력을 갖추기 위해서는 감정표출이 될 만하거나 껄끄러운 사안은 가급적 전화 통화를 하거나 직접 만나서 대화로 해결하고, 그 이후에 다시 이메일을 이용해서 나머지 부수적인 업무들을 진행하는 것이 바람직하다.

8 이메일 마지막에는 항상 감사인사를 넣는다

이메일 끝에는 항상 '감사합니다'라는 말을 넣는 것이 좋다. 내용에 따라 무엇이 감사한지 애매할 수도 있지만, 어떤 식으로든 도움을 주는 이해관계자에게 '감사합니다. 오늘도 즐거운 하루 되십시오' 등의 문구로 감사한 마음을 표현하면 관계를 훨씬 부드럽게 만들 수 있다.

9 To와 Cc를 명확히 구분한다

'To(받는 사람)'란에는 이메일을 보고 의견을 주어야 하는 사람을, 'Cc(참조)'란에는 이메일을 참조해야 하는 사람을 넣어준다. 특히 참조란에 업무 관련 이해관계자들을 포함시켜서 보내면 자연스럽게 '업무공유'가 되는 효과를 얻을 수 있다.

10 '전체 회신'을 효과적으로 활용한다

의외로 많은 실무자들이 이메일의 '전체회신' 기능을 잘 사용하지 않는다. 전체회신은 메일수신자 전체에게 보내는 방식을 말하는데, 만일 여러 사람이 동시에 협업하는 일이라면 그 일과 관련된 이해관계자들의 메일주소를 묶어서 만들어놓은 메일그룹을 이용해서 전체회신을 함으로써 정보공유의 효과를 높이는 것이 좋다. 다만 특별히 보안이 필요한 사안의 경우 단독(일반)회신을 사용해야 한다.

11 최대한 많은 사람과 정보를 공유한다

비밀이나 보안사항이 아니라면 이메일의 참조(Cc) 란에 가급적 많은 이해관계자를 넣어서 정보를 빠르고 효율적으로 공유할 수 있도록 한다.

12 첨부파일이 있을 때는 핵심내용을 간략히 요약한다

최근에는 업무속도가 중요시됨에 따라 첨부문서를 확인하지 않고 이메일 본문만으로 업무내용을 확인하는 실무자들이 많아졌다. 따라서 이메일을 작성할 때는 가급적 본문 내용 자체로 첨부파일의 주요 내용을 알 수 있도록 작성하는 것이 바람직하다.

13 받는 사람 주소는 메일을 다 작성하고 나서 마지막에 입력한다

바쁘게 여러 일을 하다 보면 간혹 이메일을 엉뚱한 사람에게 보내는 경우가 있다. 이런 경우 중요하지 않은 사안이라면 다행이지만, 만일 매우 중요하거나 특별한 보안이 요구되는 이슈에 대한 이메일이라면 그야말로 끔찍한 일이 벌어진다. 심하면 해고사유가 될 수도 있다. 따라서 업무적으로 이메일을 활용할 때는 반드시 일단 내용부터 다 작성하고, 받는 사람 주소는 보내기 버튼을 누르기 전에 정확히 확인해서 입력하는 습관을 들이는 것이 좋다.

Part 2_ 보고서 작성수준 높이기

8장

사업계획서 작성의 핵심기술

001 사업계획서의 구조와 구성요소

● The Total Solution for Reports

사업계획서의 정의와 유형

사업계획서는 조직에서 미래에 추진하고자 하는 사업내용을 문서로 만든 것으로, 사업방향과 인력계획, 예산계획 등의 내용이 포함된다.

기존 조직에서 작성하는 사업계획서로는, 3년 정도를 목표로 사업을 계획하는 중장기 사업계획, 매년 추진할 사업방향과 예산계획을 수립하는 연간 사업계획, 각 조직별 사업계획 등이 있다. 이 외에 기존 조직 내에서 새로운 사업을 추진하기 위해 작성하는 사업계획서가 있으며, 신규 벤처회사에서 투자유치를 위해 작성하는 사업계획서도 있다. 또한 상대방 조직에게 자사에서 사업을 어떻게 추구하겠다는 내용을 담아서 제시하는 사업제안서도 있다.

사업계획의 4가지 구성요소

사업계획서는 활용목적에 따라 항목구성이 달라지는데, 일반적으로 '미션, 비전, 전략, 계획'이라는 4가지 구성요소를 기본으로 한다. 사업계획서에서 이 4가지 요소를 미리 정리해봄으로써 막연한 사업을 체계적으로 준비할 수 있고, 사업 추진과정에서 발생할 수 있는 여러 위험요인을 미리 검토해서 위험을 최소화하도록 관리할 수 있는 것이다.

필자가 강의차 여러 회사의 비전수립 워크숍에 참여해본 경험에 의하면 상당수의 참가자들이 몇 년 뒤에 무엇이 되겠다는 비전을 발표하면서 막상 그 비전이 왜 나왔는지가 불분명할 때가 많았다. 개인뿐만 아니라 회사도 마찬가지다. 많은 회사에서 자사 홈페이지에 '업계 1등 기업이 되겠다' 등의 비전을 올려놓지만 그것이 만들어진 배경, 즉 미션이 정확히 설정된 경우는 많지 않다.

조직이 구성원들의 마음을 모아서 어떤 일을 성취하려면 '사명', 다른 말로는 '미션(Mission)'이 정리되어 있어야 한다. 그런데도 비전은 있는데 미션은 실종되는 이유는 이 두 개념을 정확히 이해하지 못하기 때문이다. 소위 기업전략 분야에서 근무하는 사람조차도 미션, 비전, 전략, 계획의 개념을 혼동하는 경우가 많다. 특히 비전과 미션을 혼동하는 경우가 많은데, 이처럼 조직의 미션이 분명치 않으면 구성원들이 자신의 자아실현과 회사의 성공을 매칭시키지 못할 가능성이 크다.

다음 쪽의 표와 같이 미션은 비전의 상위개념이다. 미션 또는 사명은 '왜 이 조직 또는 개인이 태어났으며, 세상에 어떤 가치를 남길 것인지'를 규정한 것이다. 다른 말로 '세상에 주는 가치(부가가치)'가 바로 미션이다.

● 혼동하기 쉬운 경영개념

구분	내용
미션	세상에 주는 가치(존재의의와 행동이념)
비전	꿈 또는 미래 이상향(손에 잡힐 듯이 묘사한 중장기 목표)
전략	현실과 비전 사이의 차이(Gap)를 줄이기 위한 선택과 집중(방향성)
계획	전략을 수행하기 위한 계획(Action Plan)

특히 조직의 미션은 구성원들이 자신의 인생의 사명과 자아실현을 회사의 성공과 매칭시키게 해주고, 동기부여와 몰입, 주인의식 등 돈으로 살 수 없는 요소들을 갖게 해주는 중요한 역할을 한다.

미션의 하위목표로서 '비전'이 존재하며, 그 비전을 달성하기 위해 어디에 집중할 것인가가 '전략'이 된다. 그리고 그 전략을 실행하기 위해서 세우는 것이 '계획'이다.

'미션'의 중요성을 잘 설명해주는 사례로는 존슨앤존슨의 타이레놀 독극물 사건을 들 수 있다. 1982년 시카고에서 7명의 타이레놀 복용자가 사망하는 사건이 발생했다. 조사결과 누군가 타이레놀병 속에 독극물을 집어넣은 것으로 밝혀졌는데, 이때 존슨앤존슨은 직접적인 책임사유가 없었음에도 불구하고 자체적인 소비자 경보를 발령해서 원인이 규명될 때까지는 절대 타이레놀 제품을 먹지 말라고 경고했다. 또한 수천억 원에 가까운 손해를 감수하고 빠르게 전국에서 타이레놀 제품을 회수했다. 이 일로 결국 존슨앤존슨은 막대한 손해를 보았지만, 그 이상으로 큰 소득을 얻을 수 있었다. 바로 '국민의 신뢰'였다.

이러한 존슨앤존슨의 통 큰 결단은 '우리의 신조(Our Credo)'라는 그들만의 미션이 잘 작동했기 때문에 가능했다. 그 주요 내용은 다음과 같다.

> 우리의 세 번째 책임은 우리가 생활하고 근무하고 있는 지역사회는 물론 세계 공동체에 대한 것이다. 우리는 선량한 시민이 되어야 하며, 선행과 자선을 베풀고 적절한 세금을 내야 한다. 우리는 사회의 발전, 건강과 교육의 증진을 위해 노력해야 한다. 우리는 우리에게 특별히 제공된 모든 시설을 최상의 상태로 관리·유지하고 환경과 천연자원을 보호해야 한다.

존슨앤존슨의 사례처럼 미션, 즉 조직이 세상에 어떤 가치를 줄 것인지가 잘 정의되어 있다면 비전, 전략, 계획은 쉽게 설정된다. 헌법이 중심을 잡으면 그 토대 위에서 나머지 법들이 만들어지는 것과 같은 이치다.

국내 회사 중 조직의 미션이 잘 정리된 사례로는 엔씨소프트, 아모레퍼시픽을 들 수 있는데, 그 주요 내용은 각각 다음과 같다.

● 엔씨소프트의 미션(홈페이지 참조)

구분	내용
Mission	● 즐거움으로 연결된 새로운 세상을 만드는 것 - 엔씨소프트가 지향하는 궁극적인 목적, 지구촌 한 사람이라도 더 즐겁게 연결하는 것. - 세상 사람들의 서로의 삶에 즐거움을 엮는 것입니다.
Format	● 작고, 강하고, 알찬 기업 - 작다의 의미는 존중을 바탕으로 하나의 팀으로서의 커뮤니케이션이 이루어지는 회사를 말합니다. - 강하다의 의미는 바르게 결정하고 전체가 움직이는 것을 뜻합니다. - 알차다는 것은 선택과 집중을 통해 우리가 잘하는 일을 누구보다도 탁월하게 잘하여 감동을 창조하는 것을 말합니다.

Core Value	● Integrity – 진지함 – 도덕적 또는 예술적 가치에 집착하고, 자신이 하는 일에 진지하게 임하는 것 ● Passion – 헌신 – 우리가 하는 일에 대한 눈부신 열정, 그 열정이 헌신이라 여겨질 정도로 일에 대해 열정을 갖는 것 ● Never-ending Change – 감동 – 사소한 불편을 제거하고자 끊임없이 개선하고, 한 걸음 한 걸음 디테일을 조각해내어 사람들을 감동시킬 때까지 노력하는 것
Spirit	● Conquer the Space! 우주정복 – 우리의 꿈은 우주정복이다. 미지의 세계로 떠나 그곳을 정복하여 꿈의 낙원을 만드는 것이 우리의 여정이다.

● 아모레퍼시픽의 미션(홈페이지 참조)

구분	내용
Mission	전 세계 Asian Beauty Creator들은 아름다움으로 세상을 변화시키기 위해 존재합니다. 우리는, 자연과 인간에 대한 아시아의 깊은 지혜를 바탕으로, 누구도 밟아보지 못한 혁신적인 美의 영역에 도전한다. 세계 곳곳에서 일하고 있는 아모레퍼시픽 사람들의 다양성을 존중하고, 일을 통해 자아를 실현할 수 있도록 서로 돕는 내면과 외면이 조화를 이루는 진정한 美를 창조하여, 아름답고 건강하게 살고자 하는 인류의 영원한 꿈을 실현한다. 그런 우리는 세계인들에게 'Asian Beauty Creator'로 기억될 것이다.
Core Value	개방 : 나만이 옳은 것이 아니라, '남도 나와 같이 옳다'는 생각입니다. 진리는 외부와의 소통에, 특히 고객과의 대화에 있다는 믿음입니다. 나는 '명령하고 가르치는 존재'가 아니라, '듣고 귀 기울이는 존재'입니다. 내 주위의 환경이 변한다면, 나도 같이 변해야 한다는 자세입니다. 정직 : 어떤 일이든, '나의 일, 내 가족의 일'처럼 진정으로 함입니다. 나의 행동의 결과물이 '신뢰'로 돌아오는 것입니다. 한 사회, 한 공동체의 구성원으로서 지킬 것은 지키는 예의입니다. 혁신 : 나를 열어, 나를 바꾸는 것입니다. 변화하지 않으면, 도태되고 낙오된다는 진리입니다. 언제나 새로운 것을 세상에 내놓고자 하는 열정입니다.

Core Value	친밀 : 고객과 물리적, 심리적으로 언제나 '가까운 자리'에 있음입니다. 남의 일을 마치 나의 일인 것처럼 대하는 마음입니다. '평등한 관계에서 서로 사이가 좋은' 것을 추구합니다. 도전 : 현재에 안주하지 않으려는 마음입니다. 낯선 것이 주는 두려움을 즐기는 마음입니다. 다른 이의 도전과 경쟁에서 이기려는 열정입니다.

002 잘 작성된 사업계획서의 2가지 핵심요건

● The Total Solution for Reports

사업내용의 즉각적인 이해가 가능

잘 만든 사업계획서의 조건은 '무엇을 하겠다'는 내용을 즉각적으로 이해할 수 있어야 한다는 것이다. 엘턴 셔윈이 쓴《세상에서 가장 강력하고 간결한 사업계획서》라는 책에는 '냅킨분석'이라는 개념이 제시되어 있다. 실리콘벨리에서는 사업 파트너들과 저녁을 먹는 자리에서 냅킨에 즉석에서 제품 이미지를 스케치하고, 명함에 현금흐름을 간단하게 분석하는 일이 일상적으로 벌어지는데, 이것을 '냅킨분석'이라고 한다는 것이다. 비즈니스 현장에서는 설명할 시간이 많이 주어지지 않으므로 듣는 사람이 바로 감을 잡을 수 있도록 사업내용과 계획이 정리되어 있어야 한다는 점을 강조한 개념이다.

이 책에서 셔윈은 '45초 비즈니스 플랜'이라는 개념도 제시하고 있는

데, 이것은 새로운 사업이나 제품에 대한 아이디어가 있다면 아래 7가지 질문에 명확히 답할 수 있어야 한다는 것을 의미한다.

① 제품이나 서비스는 무엇인가?
② 누가 고객인가?
③ 누가 팔 것인가?
④ 실제로 얼마나 많은 사람들이 살 것인가?
⑤ 비용은 얼마나 들며 어떻게 그것을 확보할 것인가?
⑥ 가격은 얼마로 책정할 것인가?
⑦ 언제 손익분기점에 도달할 수 있는가?

충분한 자료수집과 분석

사업계획서의 성공확률을 높이려면 막연한 감각적인 호소가 아닌, 자신이 추진하고자 하는 사업이나 제작하고자 하는 상품·서비스에 대한 시장조사와 자료수집, 분석이 잘 되어 있어야 한다. 또한 인구통계학적인 조사, 경쟁사 자료, 샘플 조사, 포커스그룹인터뷰(FGI), 사용자 편의성 테스트 등을 통해 자신이 제안하는 사업주제를 효과적으로 뒷받침해야 한다. 특히 고객의 니즈와 경쟁조직, 경쟁제품에 대한 세부적인 분석이 잘 되어 있어야만 좀 더 실현 가능한 전략과 계획을 수립할 수 있다.

실제로 잘 작성된 사업계획서를 보면 쉽고 간결하면서도 실현 가능한 내용들만 담겨 있다. 사업계획서를 평가하는 사람들은 실패한 사업계획서를 검토해본 경험이 수없이 많을 것이므로 중언부언하고 장황한 내용으로는 이들을 설득할 수 없다. 그런 사업계획서들은 대부분 멋진 아이디어들의 나열로 끝나고 만다.

보통 사업계획서에는 매출 및 이익 추정치, 비용 추정치, 인력 추정치 등이 들어가는데, 이 추정치가 비현실적이면 아무리 좋은 내용을 제시하더라도 이해관계자들을 설득하기 어렵다. 따라서 사업계획서에 담는 추정치들은 구체적인 근거를 바탕으로 실제 수치에 가깝게 계산되어야 한다. 만일 추정치 산정이 어렵다면 이해관계자들이 납득할 만한 수준의 최선 및 최악의 가정치를 반영하는 것이 좋다.

003 사업계획서 작성방법

● The Total Solution for Reports

사업계획서는 기본적으로 다음과 같은 프로세스에 따라서 작성한다.

1 미션 수립

앞서 설명한 미션의 의미를 염두에 두고, 다음과 같이 자신의 조직이나 상품·서비스가 회사 또는 사회에 어떤 가치를 제공할 것인지를 몇 줄의 문장으로 정리한다.

> 세계인들에게 다양한 재미를 제공함으로써 인류가 보다 행복한 삶을 살아가는 데 도움을 준다.

2 중장기 목표설정

향후 3년, 5년, 10년 등 중장기적인 미래에 미션을 실현하기 위해 달성하려는 목표를 1줄의 문장으로 표현한다. 예를 들면 다음과 같은 식이다.

- 2020년 국민이 가장 좋아하는 영화기업 1위 달성
- 2023년 국민이 가장 좋아하는 음악기업 1위 달성
- 2025년 국내 1위의 종합 엔터테인먼트 포털 달성

3 상황분석

지난해 실적분석, 시장분석, 경쟁사분석, 고객분석 등 현시점에서 각종 상황을 분석함으로써 다양한 시사점을 도출한다.

4 중점 추진전략 도출

도출된 여러 시사점들을 바탕으로 다음과 같이 비전을 달성하기 위해 가지고 있는 자원(resource)을 어디에 집중할 것인지, 즉 중점적으로 추진할 전략을 몇 가지 도출한다.

1. 중국기업과 게임IP를 활용한 합작영화 제작 및 유통
2. PPL과 사전판매를 통해 안정적인 자금흐름 유지

지금까지 설명한, 미션수립에서 전략도출까지의 과정에서 정리된 내용들을 하나의 장표로 구성해보면 다음과 같다.

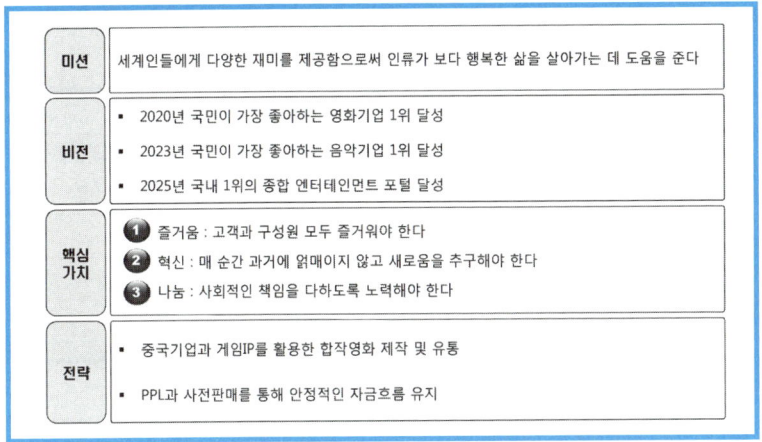

5 과제도출 및 계획수립

추진전략을 실현하기 위해 필요한 과제를 도출하고, 그 과제를 실행하는 데 필요한 일정, 비용, 인력계획을 세운다. 특히 재무계획을 세울 때는 투자예산과 비용예산을 정확히 구분해야 한다. 이 두 예산의 개념을 헷갈려하는 실무자들이 많은데, 먼저 투자예산 항목에는 시설이나 장비 등 일정 기간 감가상각하는 자산을 구입하는 데 들어가는 큰 규모의 투자비용 예산을 적으면 된다. 그리고 비용예산 항목에는 당해연도에 비용이 바로 반영되는 일상적인 예산을 적으면 된다.

다음 쪽의 그림들은 이와 관련한 3가지 형태의 샘플들을 나타낸 것으로, 각각의 특징은 다음과 같다. 먼저 〈샘플 1〉은 사업계획서를 작성할 때 많이 쓰는 형식으로, 주로 전략, 과제, 일정, 예산, 인력 등의 항목을 보기 편하게 구성할 때 활용한다. 〈샘플 2〉는 전략과제를 설명하고, 그 타당성과 핵심성공요인(Key Success Factor)을 심플하게 구성한 형태다. 〈샘플 3〉은 과제별로 세부 실행계획을 좀 더 구체적으로 설명해야 할 때 쓰이는 형식이다.

● 샘플 1 ●

전략	과제	일정	예산	필요인력
중국기업과 게임IP를 활용한 합작영화 제작 및 유통	합작 SPC 설립	1/4분기	300억원	10명
	…	…	…	…
PPL과 사전판매를 통해 안정적인 자금흐름 유지	…	…	…	…
	…	…	…	…

● 샘플 2 ●

전략과제	설명	타당성	KSF
불황형 비즈니스 확대	기존 성공적으로 안착한 A서비스의 성공을 발판으로 경제불황 시 수요가 증대되는 비즈니스 확대	• 세계적인 저성장 국면이 지속되고 있으며 국내시장도 지속적으로 영향을 받고 있음 • 고령화, 인구감소, 국가 주력사업의 정체 등으로 불황은 향후 5년 정도 지속될 예정임	• 빠른 진입과 선점 (Time-to-Market) • 진입시장의 선택과 집중
오타쿠 비즈니스 진출	경기변동에 영향을 받지 않고 꾸준히 안정적인 수익창출이 가능한 마니아 비즈니스 진출	• 1인 가구의 증가로 취미생활에 많은 비용을 쓰는 20~40대가 크게 증가하고 있고, 삶의 만족감을 주는 분야에 비용을 지출하는 문화가 정착화되고 있어 안정적인 수익창출이 가능함	• 틈새시장 공략 • 커뮤니티 구축 및 관리 • 고객감동 경영

● 샘플 3 ●

전사전략		중점전략	과제	실행계획
	⇒			

6 평가 가중치 및 평가방식 설정

마지막으로 연간 사업계획에는 해당 사업에 대한 평가기준, 즉 평가 가중치와 평가방식을 적는다. 이것을 MBO(Management By Object, 목표관리)라고도 하고, 다른 말로는 KPI(Key Performance Indicators, 핵심성공지표)라고도 한다. 이러한 평가항목은 다음 〈사례 1〉처럼 수치로 표현하는 것이 좋지만, 그것이 어렵다면 〈사례 2〉처럼 정성적인 지표를 기술한다.

〈사례 1〉
제작조직 세팅(70%) : 핵심인력 확보 10명 S, 8명 A, 6명 B, 4명 C, 4명 미만 D

〈사례 2〉
사업 성공에 연동한 강력한 인센티브 시스템 구축 : 도입일정 준수 및 이해관계자 만족도에 따라 정성평가

다음 사례는 사용자(User) 확보와 수익이라는 두 축을 중심으로 구성한 온라인 플랫폼회사의 KPI다. KPI에는 보통 다음과 같이 가중치, 목표, 평가방법(측정기준) 등을 반영한다.

구분	KPI		가중치		목표	평가방법
유저 확보	월 UV		60%	40%	32,000천명	▪ 구글 애널리틱스 기준으로 11월, 12월 2개월 평균 기준
	일 UV			20%	5,000천명	▪ 달성비율로 평가. 100% 이상일 경우 5점 만점
수익	영업이익		40%	20%	250억원	▪ 연말 재무팀 산출기준. 달성비율로 평가
	매출			20%	1,000억원	▪ 연말 재무팀 산출기준. 달성비율로 평가

* UV : Unigue Visitor

Part 2_ 보고서 작성수준 높이기

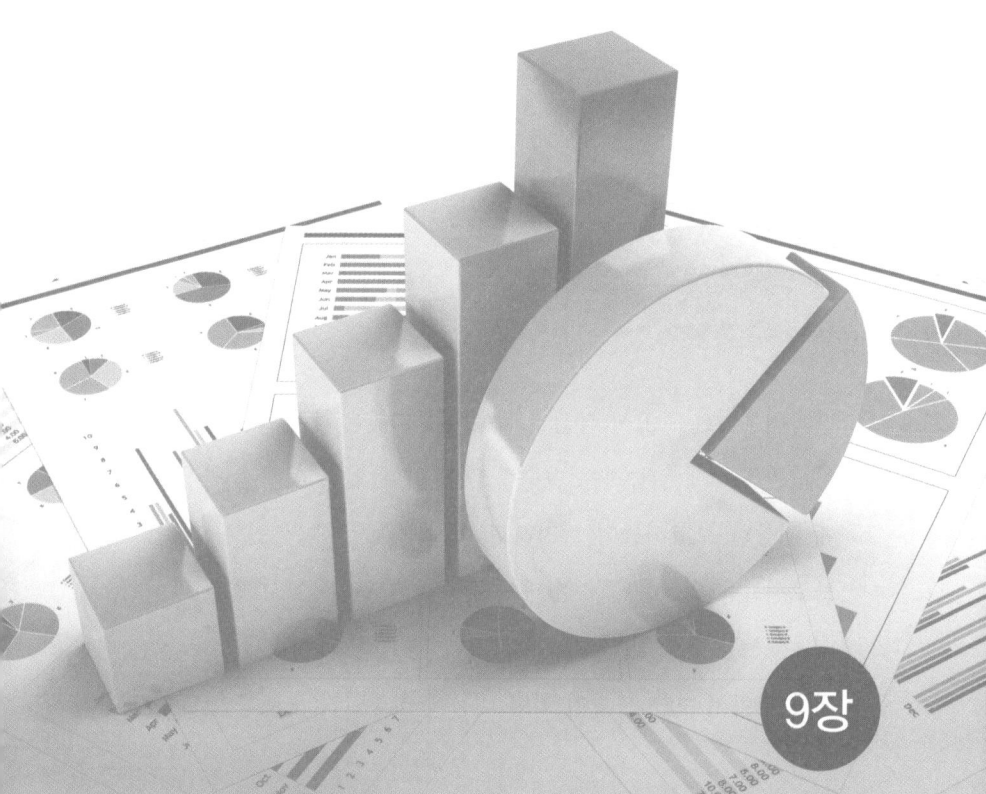

9장

파워포인트 보고서 작성의 핵심기술

001 화려한 도식보다는 스토리에 집중하라

● The Total Solution for Reports

파워포인트 보고서 작성에 서툰 실무자들은 대부분 스토리 작성보다 화려한 도식에 집중하는 실수를 많이 한다. 물론 이렇게 시각적인 요소에 집중한 보고서들이 화려하고 멋지게 보일 수는 있다. 그러나 이런 보고서들은 대부분 중요한 메시지가 파워포인트 보고서 각 페이지(이하 '장표'로 표현)별로 잘 연결되지 않거나, 장표 한 페이지에 너무 많은 데이터를 담아서 보는 사람이 어떤 내용에 집중할지 모르게 만드는 경우가 많다.

다음 사례를 참조해서 초보 기획자와 시니어 기획자의 보고서 만드는 방식이 어떻게 다른지 비교해보자.

> A회사 고객서비스팀의 최고봉 팀장은 부하직원인 허술해 대리와 기동찬 대리에게 '신규서비스 개발'에 관한 프레젠테이션을 각자 준비해보라고 지시했다.
> 먼저 허 대리는 프레젠테이션을 위한 파워포인트 보고서를 준비하면서 각 장표마다 각종 화려한 도식자료와 수치자료를 넣는 방식으로 보고서를 최대한 멋지게 꾸미는 데 집중했다.
> 이에 반해 기 대리는 우선 핵심 콘셉트를 고민한 후, 그것을 토대로 일단 워드문서에 목차를 정리했다. 그리고 각 목차의 내용을 설명하는 문구를 2줄 이하로 간략하게 기술했는데, 설명문구의 전체 분량은 A4 한 페이지를 넘지 않았다. 그러고 나서 기 대리는 파워포인트 보고서 각 장표 상단에 미리 만들어놓은 설명문구를 배치하고, 그 아래 공간에는 표를 중심으로 각종 자료나 수치자료를 배치하는 방식을 활용했다. 그리고 특별히 강조하고 싶은 내용에만 도식자료를 그려 넣었다.
> 두 사람은 이렇게 각자 작성한 보고서를 최 팀장에게 제출했는데, 결과적으로 허 대리는 최 팀장에게서 '도대체 무엇을 말하려고 하는 건지 모르겠다'는 의견을 들은 반면, 기 대리는 매우 잘 만들어진 보고서라는 칭찬을 받게 되었다.

위 사례에서 허 대리가 상사에게서 좋은 의견을 듣지 못한 이유는 무엇일까? 그 이유는 바로 커뮤니케이션의 핵심인 '원하는 목표와 그것을 달성하기 위한 메시지를 전달'하는 데 실패했기 때문이다. 자신이 전달하고자 하는 메시지의 콘셉트도 잡지 않고 화려한 도식을 이용해 보고서를 멋지게 꾸미는 데만 집중하다 보니 그런 결과가 나온 것이다.

반면에 기 대리는 전달하려는 메시지의 콘셉트부터 잡은 후, 그 콘셉트의 흐름에 따라 보고서 각 장표별로 핵심메시지와 근거자료를 제시하는 방식을 활용했다. 최 팀장은 바로 그러한 명확한 메시지 전달력과 설득력을 칭찬한 것이다.

위 사례에서 허 대리가 한 실수를 비롯해 파워포인트 보고서 작성에 서툰 실무자들이 자주 하는 실수를 정리해보면 다음과 같다.

① 파워포인트 보고서 각 장표를 꾸미는 데만 집중해서 전체적인 메시지의 흐름이나 맥락이 잘 연결되지 않는다.
② 장표를 꾸미는 데 집중하다가 반드시 들어가야 할 중요한 메시지를 빼먹는다.
③ 전체적인 맥락에서 필요 없는 내용인데도 공들여 만든 장표나 도식을 버리지 못해서 전체적인 흐름을 흐트러뜨린다.
④ 각 장표별로 헤드메시지를 달지 않아서 각 장표의 내용을 한 눈에 알아보기 어렵다.

9장에서는 위와 같은 실수들을 하지 않고 파워포인트 보고서를 쉽고 빠르게 만드는 실전 노하우에 대해 살펴보겠다.

002 파워포인트 보고서 작성의 핵심원칙

● The Total Solution for Reports

파워포인트 보고서 작성의 첫 단계는 스토리 구성

파워포인트 보고서를 작성할 때는 가장 먼저 '스토리 구성'을 고민해야 한다. 이 과정을 건너뛰고 바로 장표 꾸미기에 집중하면 앞서 이야기한 실수들을 하게 되고 보고서 작성속도도 그만큼 더뎌진다.

파워포인트 보고서는 맥킨지나 보스턴컨설팅 등에서 활용하는 컨설팅 보고서를 기준으로 발전해왔다고 볼 수 있다. 따라서 이들의 작성방법을 살펴보면 파워포인트 보고서 작성의 핵심원칙을 쉽고 빠르게 이해할 수 있다. 맥킨지에서는 기본적으로 다음 4가지 절차에 따라 파워포인트 보고서를 구성한다.

① 문서의 방향설정
② 스토리보드 구성
③ 헤드메시지 작성
④ 하나의 장표에 하나의 메시지와 근거자료(도식, 표, 그래프 등) 제시

필자가 여러 컨설턴트들과 함께 일해본 경험에 의하면 그들 역시 대부분 위와 같은 절차를 따르고 있었다. 즉, 일단 보고서의 방향을 설정한 후, 그다음 단계로 워드 프로그램 등을 이용해 스토리보드를 정리했다. 다음은 회사의 인사제도 설계와 관련한 보고서를 작성하기에 앞서, 보고서에 반영할 기본적인 스토리보드를 단계별로 작성한 사례를 나타낸 것이다.

당사의 사업분야는 직무전문성과 개개인의 역량 그리고 유연하고 창의적인 협업 구조에 의해서 사업성과가 좌우되는 사업군으로, 개개인의 역량을 중심으로 제도설계가 필요함	새로운 시장에서 가치를 창출해야 하는 상황으로 성과기여자 관점을 넘어 사업동반자 관계 설정이 필요하며, 공헌도에 따른 이익공유 철학이 필요함	인사제도 수립시 평가, 보상, 승진의 3축을 동시에 고려해야 일관된 제도구축이 가능하며, 역량중심 및 사업동반자 구조의 인사철학에 맞도록 제도수립 방향을 설정해야 함

파워포인트 보고서 작성의 기본 프로세스

파워포인트 보고서는 기본적으로 다음과 같이 크게 5단계의 프로세스에 따라 작성한다.

1 보고서 제목 결정

우선 보고서를 작성하는 취지와 목적에 적합한 제목을 정한다.

2 목차 정리

A4 용지 등에 보고서 제목에 대해 설명해주는 내용을 기준으로 전체 목차를 정리한다. 이때 목차를 정하는 방법은 149쪽에서 설명한 1페이지 보고서의 경우와 동일하다. 기본적으로 왜(Why), 무엇을(What), 어떤 목표로(Target), 어떻게(How), 얼마의 비용으로(How much) 등의 내용이 잘 들어가 있어야 한다.

3 헤드메시지 작성 및 배열

정리한 목차별로 헤드메시지를 1~2줄(최대 3줄)로 요약해서 다음과 같이 파워포인트 보고서 각 장표에 기재한다.

직무분석 진행/산출물

20XX년 직무분석은 직무설계, 조직/프로세스 개선, 정원산정 방법론의 수립을 통한 효율적인 조직/인력운영과 직무성과급제 도입의 기반 마련을 목적으로 진행되며, 현재 조직진단 결과 도출 및 직무설계가 진행 중임

4 근거자료(도표 및 그래프 등) 배치

장표별 헤드메시지 아래 공간에는 다음과 같이 그 메시지의 근거가 되는 자료(도표, 그래프 등)를 배치한다.

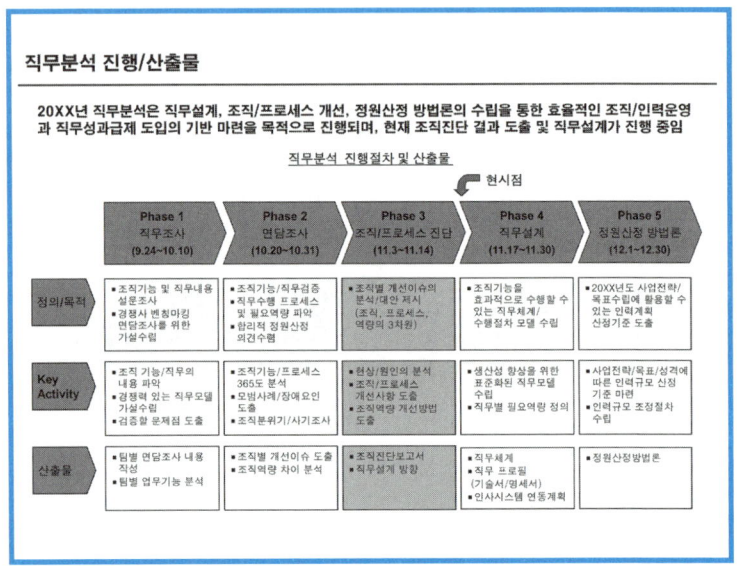

5 회의를 통한 내용 다듬기

회의를 통해 작성된 초안에 대한 여러 사람들의 의견을 들어보고, 그 의견들을 참조해 메시지와 내용을 다듬는다.

위와 같은 프로세스에 따라 파워포인트 보고서를 작성할 때는 기본적으로 '1페이지 1메시지'라는 핵심사항을 지켜야만 보고서의 가독성과 설득력을 높일 수 있다.

보고서의 소비대상에 따른 꾸미기 수준

파워포인트 보고서를 작성하는 데 있어서 고려해야 할 또 하나의 중요한 요소는 '작성속도'다. 특히 보고서를 꾸미는 데 지나치게 집중하다 보면 작성시간이 너무 많이 걸리기 때문에, 보고대상에 따라서 꾸미기 수준을 적절히 조절할 필요가 있다. 예를 들어 외부 이해관계자들을 대상으로 한 사업제안서 등은 '내용+비주얼'을 갖추어야 하므로 설득력 있는 내용 구성은 물론 도식 등 시각적인 자료를 꾸미는 데도 최대한 신경 써야 한다. 반면에 내부용 보고서의 경우 화려한 도식보다는 간단한 표 등을 이용해 간결하게 작성함으로써 가급적 작성시간을 절약하는 것이 바람직하다.

파워포인트 보고서든 1페이지 보고서든 보고서를 작성하는 본질적인 목적은 보고서 자체를 멋지게 만드는 것이 아니라 커뮤니케이션, 즉 이해관계자를 설득하고 공감시키는 데 있다. 이런 본질만 놓치지 않는다면 파워포인트 보고서 작성을 어려워할 이유가 없다.

003 헤드메시지(헤드라인)의 효과적인 활용방법

● The Total Solution for Reports

이제 본격적으로 파워포인트 보고서를 작성하는 방법에 대해 하나씩 살펴보자. 먼저 '1페이지 1메시지'의 핵심인 헤드메시지를 작성하는 방법부터 알아보자.

헤드메시지를 작성할 때 가장 중요한 사항은 '헤드메시지만으로 보고서의 전체 내용을 파악할 수 있게 하라'는 것이다. 이러한 헤드메시지의 효과를 제대로 살리기 위해서는 다음과 같은 원칙들을 지켜야 한다.

1 1페이지 1메시지를 기본으로 최대 3줄 이내로 작성한다

헤드메시지는 1페이지 1메시지 원칙에 따라 장표 전체의 내용을 설명하는 1개의 주제로 요약해야 한다. 그렇지 않고 한 문장 안에 2개의 주제를 담으면 전체적으로 산만한 느낌을 주게 된다.

또한 헤드메시지는 너무 짧아서 내용 이해가 어렵거나, 너무 길어서 읽기 힘들지 않도록 적절한 길이로 작성해야 한다. 헤드메시지의 적정 길이는 1~2줄 이내이며, 3줄까지는 늘어나도 괜찮다. 다만 그 이상으로 길어지면 가독성이 떨어진다.

2 장표 전체를 포괄하는 메시지를 담는다

헤드메시지는 무엇을 하겠다(What), 왜 그렇다(Why)에 해당하는 내용을 담거나 결론요약, 핵심포인트 기술, 근거가 되는 정보나 데이터 등을 기재하면 된다. 위의 각 요소별 사례는 다음과 같다.

〈'무엇을 하겠다(What)'의 사례〉
- 업계 PM급 서비스기획 전문인력을 집중 확보하고, PM 인재풀을 구축해서 PM을 발굴/육성하는 체계를 구축함
- 구성원에 대해 인정, 축하, 감사하는 감성경영 활동을 통해 조직에 대한 강한 신뢰 구축 및 충성도(Loyalty) 강화를 도모함

〈'왜 그렇다(Why)'의 사례〉
- 개발인력이 프로그래머 중심으로 구성되어 있고 시스템 및 DB기술 전문가가 부족한 것이 시스템 안정성을 떨어뜨리는 핵심원인으로 판단됨
- 프로세스/QA 관리역량 부족으로 인해 개개인의 기술역량으로는 대응하기 어려운 대용량 시스템에서 장애가 발생할 가능성이 높음

〈'결론요약'의 사례〉
- 본 프로젝트가 지속적으로 성공하기 위해서는 순차적 현장 적용, 교육체계와의 연계, 회사운영의 기반으로 활용이라는 3가지 측면에 집중

할 필요가 있음

〈'핵심포인트 또는 근거가 되는 정보나 데이터'의 사례〉
- 조직문화 유형을 진단해본 결과, 전반적으로 위계 중심의 약한 조직문화를 보이고 있으며, 구성원들도 자사의 조직문화를 혁신이나 관계 차원보다는 과업이나 위계 차원이 강조되고 있는 것으로 인식하고 있음
- 경쟁사의 20××년 매출액 분석 결과, 기존 A제품은 3사가 매출액에 큰 차이가 없으나, 신제품인 B제품에서 A사가 2,150억 원으로 매출이 크게 신장해 매출격차가 벌어지게 되었음
- 온라인 산업은 20××년까지 연 평균 27%의 고성장이 예상되며, 검색광고와 게임산업이 가장 높은 성장률을 보이고 있음

3 구체적으로 쓴다

헤드메시지의 내용은 최대한 구체적으로 작성해서 보는 사람이 보고서의 내용을 명확히 이해할 수 있도록 해야 한다. 그렇지 않고 헤드메시지의 내용을 두루뭉술하게 작성하면 메시지 전달력과 설득력이 크게 떨어진다. 예를 들어 헤드메시지의 내용은 형식적으로 작성하고 '자세한 사항은 아래와 같음' 등의 표현을 써서는 곤란하다.

자신이 작성한 헤드메시지가 구체적으로 잘 작성되었는지를 확인해보는 실전 팁은 다음과 같다. 먼저 파워포인트 보고서를 다 만들고 나서 각 장표의 헤드메시지를 차례대로 오려서(또는 복사해서) A4지에 옮겨 붙인다. 그리고 나서 그 메시지들을 쭉 읽어보았을 때 마치 1페이지 보고서처럼 흐름이 매끄럽게 이어진다면 잘 작성된 헤드메시지라고 볼 수 있다.

이런 식으로 헤드메시지를 작성해서 각 장표에 담으면 문서를 구조화

하는 효과를 얻을 수 있기 때문에, 50페이지가 넘는 파워포인트 보고서를 30분 이내에 설명할 수 있을 정도로 가독성이 좋아진다. 만일 지금까지 헤드메시지 없이 파워포인트 보고서를 만들어왔다면 이제부터라도 반드시 헤드메시지를 활용해서 파워포인트 보고서 작성수준을 높일 수 있도록 해보자.

004 1페이지 보고서를 파워포인트 보고서로 쉽게 전환하는 방법

● The Total Solution for Reports

    1페이지 보고서와 파워포인트 보고서는 구조상의 차이가 있을 뿐 본질적으로 다르지 않다. 즉, 다음 쪽 그림과 같이 1페이지 보고서에 정리된 각각의 핵심내용을 파워포인트 보고서 각 장표의 헤드메시지로 옮기고, 1페이지 보고서의 근거가 되는 첨부문서의 내용을 파워포인트 보고서 헤드메시지 아래에 도표 등으로 배치하면 결국 본질적으로 같은 보고서가 되는 것이다.

    반대로 파워포인트 보고서를 1페이지 보고서로 바꾸는 경우에는 헤드메시지를 핵심내용으로, 헤드메시지 아래에 배치한 도표 등의 내용을 첨부문서로 옮겨오면 된다.

● 1페이지 보고서와 파워포인트 보고서의 구조와 연계성

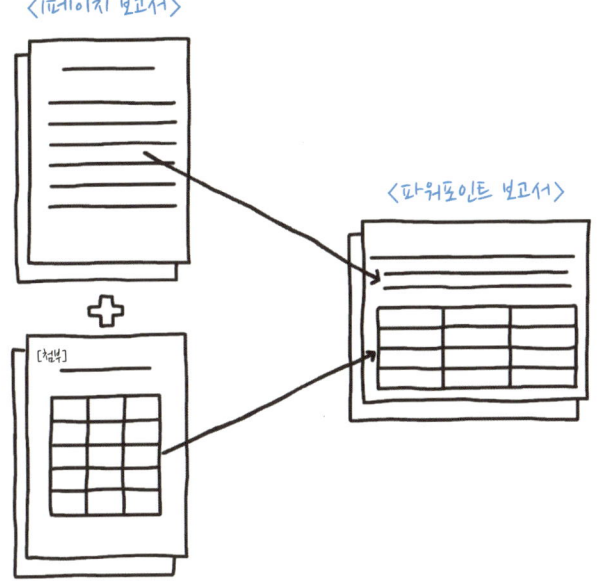

 이러한 구조를 이해하면 2가지 형태의 보고서를 서로 편리하게 변환해 활용할 수 있다. 특히 1페이지 보고서는 잘 쓰는데 파워포인트 보고서 작성은 어렵다고 생각하는 실무자라면 이 방법이 큰 도움이 될 수 있다. 그럼 다음 샘플을 기준으로 1페이지 보고서를 파워포인트 보고서로 변환하는 방법을 구체적으로 살펴보자.

20XX년 인력운영계획(안)

20XX.6.15 / ○○팀

1. 목 적

■ 본 보고의 목적은 20XX년도 경영목표 수정을 고려 연초 수립한 인력운영계획을 조정하고, 중장기적으로 회사 인력 생산성 강화를 위한 방안을 모색하는 데 있음

2. 20XX년 인력운영계획 조정

■ 경쟁사의 인당 매출액은 인력 기반의 인터넷사업 특성상 평균 2억대 초반에서 큰 변동없이 유지되고 있음. 당사는 ○○ 등을 제외하고 경쟁사와 동일기준에서 비교 시 20XX년 인건비율 24.7%, 인당 생산성은 1.6억 수준으로 낮게 나타남

■ 1~2년내에 경쟁사 수준을 달성하기 위해서 20XX년에는 최소 2억 수준의 인당 매출목표 달성이 필요하며 이를 위해 신규채용을 최소화하여 650명 수준의 인력을 운영목표로 함

연초 인력목표	수정 인력목표	현 인원	연초 목표 대비 인원증감	예상 인건비	연초 목표 대비 인건비 증감
696명 (정규/계약)	653명	638명	△43	340억	△36억 (연초 376억)

3. 인력 생산성 이슈분석

■ 밸류체인상 사업성과에 가장 큰 영향을 미치는 본원적 활동인 서비스기획/개발에 초점을 맞추고 당사 인력의 생산성 향상 이슈를 분석함

구분	내용
인력구조	-A사와 인력구성 비교 시 <u>서비스기획 인력의 비중은 높고, 개발/디자이너의 비중은 낮은 구조</u>로 R&D인력까지 고려 시 기획인력이 많은 상황으로, 서비스기획 인력의 생산성 검토가 필요하며, 개발/디자인인력의 규모에 대한 검토가 필요함
서비스기획	-서비스기획 인력은 <u>PM급 인력의 부족과 신규 서비스 개발경험/지식 부족</u>이 비효율적인 인적자원 활용 및 서비스기획의 리드타임이 길어지는 원인이 되고 있음 →핵심 PM급 인력의 확보 및 내부 인력 트레이닝이 필요함
기술/개발	-기술/개발분야는 자체 개발역량을 점진적으로 강화하면서, 매년 외주개발 비용을 낮추어 왔음(20X3년: 29억, 20X4년:20억, 20X5년:12억 예상) -기술/개발 인력 구성이 웹개발 인력중심으로 구성되어 있어, <u>초기설계/개발품질을 담당할 System Architecture, DB 모델링, QA인력이 부족</u>하여, 시스템 투자비용 저하, 품질 강화, 개발 프로세스 정립이 원활히 수행되지 못함
지적자산 관리	-각종 프로젝트 수행결과에 대한 산출물이 축적/ 공유/ 재생산될 수 있는 <u>지식자산 관리가 회사 차원에서 잘 이루어지지 못</u>하고 있어 산출물의 재활용을 통한 생산성 강화가 원활하지 못함

4. 20XX년 인적 경쟁력 강화 추진계획

■ 불확실성이 높은 경영환경 하에 인력의 생산성과 유연성 모두를 확보할 수 있는 플로우형 인사관리를 도입함

1 파워포인트 보고서의 첫 번째 장표에는 다음과 같이 1페이지 보고서의 제목과 작성일자 등을 그대로 적어준다. 이때 작성일자와 작성자는 반드시 적어주어야 한다.

```
┌─────────────────────────────────┐
│                                 │
│     ┌─────────────────────┐     │
│     │ 20XX년 인력운영계획(안) │     │
│     └─────────────────────┘     │
│                                 │
│            20XX.6.15            │
│                                 │
│             ○○○ 팀              │
│                                 │
└─────────────────────────────────┘
```

2 두 번째 장표에 담기는 목차 역시 1페이지 보고서에 있는 내용을 그대로 가져온다. 이때 다음과 같이 목차를 1페이지 보고서보다 약간 더 세밀하게 구성해주는 것이 좋다.

```
┌─────────────────────────────────────┐
│           < 목 차 >                 │
│                                     │
│   I. 목적                           │
│   II. 20XX년 인력운영계획 조정        │
│       1. 인당 생산성/인력규모 분석     │
│       2. 조직별 인력운영계획          │
│   III. 인력 생산성 이슈 분석          │
│       1. 분석방향                    │
│       2. XX 직무 인력현황 분석        │
│       3. XX 직무 인력현황 분석        │
│       4. 개발성숙도 분석              │
│       5. 조직운영 이슈 분석           │
│   IV. 20XX년 추진계획                │
│       1. Inflow 강화방안             │
│       2. 프로세스 강화방안            │
│       3. ○○ 강화방안                 │
│   V. 중장기 인력운영계획              │
│                                     │
│   [첨부 1] ○○직무 이슈/원인 분석      │
│   [첨부 2] ○○직무 이슈/원인 분석      │
│   [첨부 3] 직무별 인력군 분석         │
└─────────────────────────────────────┘
```

3 본문 첫 번째 장표의 상단 헤드메시지에는 1페이지 보고서에 나와 있는 목적을 적어주고, 장표 하단에 그것을 좀 더 세밀하게 풀어서 현재 이슈는 무엇이며 이 보고서는 어떤 내용을 담을 것이라는 내용을 도식, 표 등을 이용해서 작성하면 된다.

●1페이지 보고서●

1. 목 적
   본 보고의 목적은 20XX년도 경영목표 수정을 고려 연초 수립한 인력운영계획을 조정하고, 중장기적으로 회사 인력 생산성 강화를 위한 방안을 모색하는 데 있음

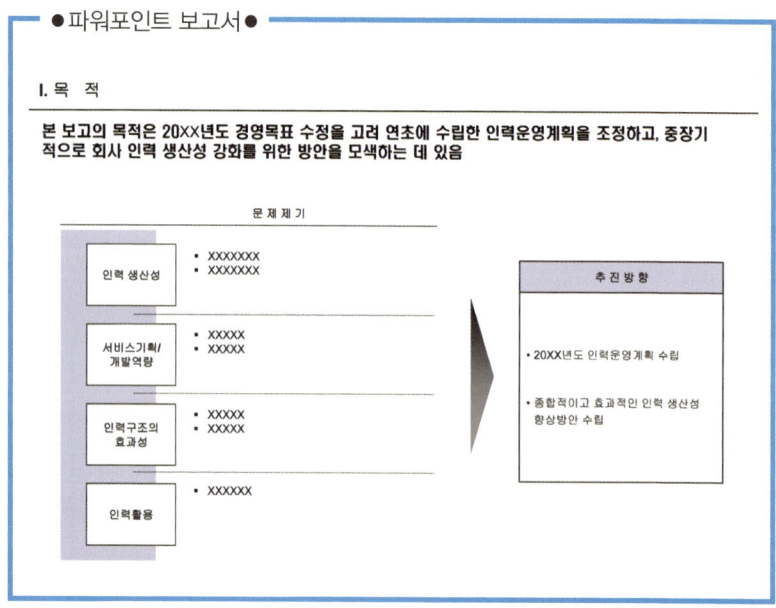

4 본문 두 번째 장표에는 1페이지 보고서 2번 항목 중 첫 번째 내용을 헤드메시지로 적어주고, 1페이지 보고서에 요약되어 있는 정보를 표와 도식으로 세밀하게 표현해주면 된다. 실제 업무현장에서는 핵심내용

을 요약한 1페이지 보고서로 보고하다가 '작년과 재작년에 인당 생산성은 어땠나?' 등의 질문이 나왔을 때 이러한 장표를 가지고 설명하는 경우가 많다.

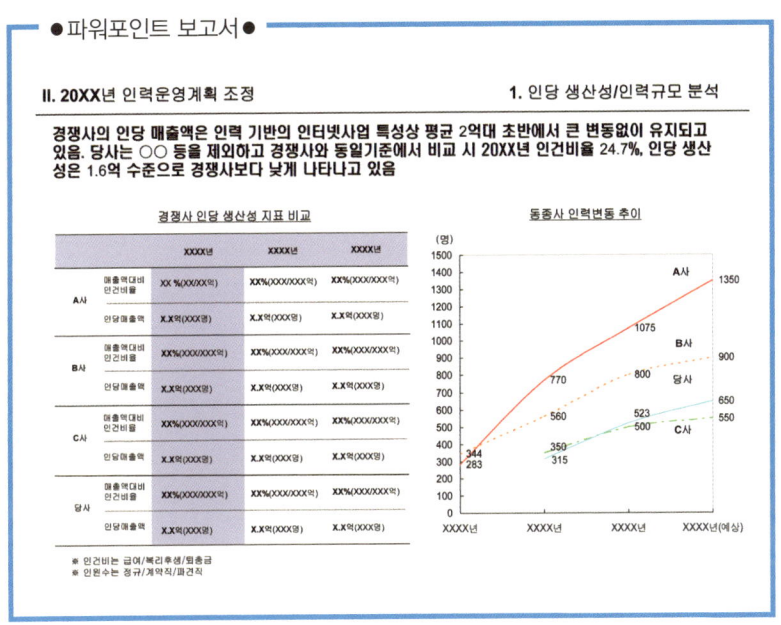

5 본문 세 번째 장표는 1페이지 보고서 2번 항목에 있는 두 번째 내용을 헤드메시지로 작성하고, 그 아래에 있는 표의 내용을 본부별 필요인원 등을 나타내는 식으로 좀 더 세분화해서 구성한다. 이 장표 역시 1페

이지 보고서로 보고하다가 '총 인원 수는 알겠는데 본부별 인원은 어떻게 되나'라는 질문을 받았을 때 설명자료로 활용되는 경우가 많다.

●1페이지 보고서●

■ 1~2년내에 경쟁사 수준을 달성하기 위해서 20XX년에는 최소 2억 수준의 인당 매출목표 달성이 필요하며 이를 위해 신규채용을 최소화하여 650명 수준의 인력을 운영목표로 함

연초 인력목표	수정 인력목표	현 인원	연초 목표 대비 인원증감	예상 인건비	연초 목표 대비 인건비 증감
696명 (정규/계약)	653명	638명	△43	340억	△36억 (연초 376억)

●파워포인트 보고서●

II. 20XX 년 인력운영계획 조정　　　　　　　　2. 조직별 인력운영계획

1~2년 내에 경쟁사 수준을 달성하기 위해서 20XX년에는 최소 2억 수준의 인당 매출목표 달성이 필요하며, 이를 위해 신규채용을 최소화하여 650명 수준의 인력을 운영목표로 함

	현 인원	연초 목표	조정 목표인원	운영(안)
△△사업본부	73	89	75	• ○○○ 프로젝트 수행인력 채용
XX사업본부	190	186	192	• 서비스 오픈 위한 개발인력 중심 채용
○○본부	116	126	117	• 검색서비스 방향 설정 담당 기획인력 충원 • XX분야 개발인력 충원
△△본부	33	37	32	• 현 인원 유지
기술본부	70	83	73	• 전문기술 인력 보강 - 시스템 효율성 증대 - 시스템아키텍트, DB전문가, QA전문가
UI 실	15	21	17	• 핵심 필요인력 위주 확보
XX조직	20	40	22	• 개발인력 2명 채용
연구소	10		19	• XX 투입/개발인력 채용(서비스 컨설팅 운영 여부 검토 필요)
스태프	90	88	90	• 경영전략 48명 / 경영지원 33명 / 기타(윤리경영 등) 8명
운영실	21	26	16	• G TF인력 조정 필요(축소 고려)
계	638	696	653	

이처럼 미리 작성해놓은 1페이지 보고서가 있다면 파워포인트 보고서를 한결 손쉽게 작성할 수 있다. 위에서 설명한 방식대로 1페이지 보고

서의 핵심내용을 파워포인트 보고서 각 장표의 헤드메시지로 옮겨놓으면 금방 전체적인 짜임새가 갖춰지고, 여기에 각 장표에 가장 적합한 근거자료를 하단에 배치하면 많은 양의 파워포인트 보고서도 금세 뚝딱 만들어낼 수 있는 것이다.

어찌 보면 파워포인트 보고서보다 자신이 설명하고자 하는 논지를 제한된 분량으로 요약해야 하는 1페이지 보고서를 만드는 것이 더 어려울지 모른다. 이에 비해 파워포인트 보고서는 활용할 수 있는 공간이 많은 만큼 자주 작성하다 보면 1페이지 보고서보다 쉽다고 느껴질 수 있다. 멋지게 꾸며야 한다는 두려움을 내려놓고 본질에 집중하다 보면 파워포인트 보고서를 작성하는 일이 훨씬 편안하게 생각될 것이다.

005 파워포인트 보고서 작성속도를 높여주는 5가지 패턴

● The Total Solution for Reports

필자가 그동안 수천 명을 대상으로 기획 및 보고서 관련 강의를 진행해본 경험에 의하면 헤드메시지 활용방법을 알려주었을 때 수강자들의 반응이 가장 좋았다. 또 헤드메시지 작성에 대한 질문을 많이 받기도 했는데, 그 중에서 특히 이런 질문이 많았다.

"1페이지 보고서를 이용해서 파워포인트 보고서의 헤드메시지를 작성하는 방법은 알겠는데, 그 아래에 어떤 내용을 채워야 하는지 감이 잘 안 잡힙니다. 좋은 방법이 없을까요?"

강의 때마다 이런 질문이 계속 나오자 필자는 자연스럽게 그런 고민을 쉽게 해결해줄 수 있는 방법을 찾아보게 되었고, 이를 위해 필자가 20여 년간 조직생활을 하면서 작성한 보고서들을 다시 한 번 세심히 돌이켜 보았다. 그리고 그 결과 몇 가지 주기적으로 반복되는 패턴들이 있다는 사실을 발견하고 이러한 패턴들을 크게 5가지로 정리해보았다. 사실

보고서뿐만 아니라 업무현장에서 작성되는 대부분의 문서가 이 5가지 패턴에서 크게 벗어나지 않는다. 따라서 이 5가지 패턴을 활용하는 방법만 제대로 익혀도 파워포인트 보고서를 포함한 업무문서들을 작성하는 데 큰 어려움을 느끼지 않을 것이다. 또한 일반적인 장표는 이 5가지 패턴을 이용해서 만들고, 특별히 강조하고 싶은 장표만 신경 써서 꾸민다면 보고서 작성시간도 크게 단축할 수 있을 것이다.

필자가 정리한 5가지 패턴의 특징들을 하나씩 살펴보면 다음과 같다.

박스 패턴

박스 패턴은 파워포인트 보고서(문서)에서 가장 많이 쓰이는 구조다. 이 패턴은 특히 강조하고 싶은 내용이 몇 가지 항목으로 나눠지거나, 1페이지 보고서상의 목적과 기대효과 등을 1페이지의 장표로 표현하고 싶을 때 활용하면 효과적이다.

다음 그림은 박스 패턴의 대표적인 사례를 나타낸 것으로, 사례처럼 구성하면 텍스트 위주로 된 내용을 균형미 있게 표현해줄 수 있다. 이때 같은 내용이더라도 박스를 둘러주지 않으면 균형미가 크게 떨어지게 된다.

> **6. 결론 – 프로젝트 성공을 위한 제언**
>
> 본 프로젝트가 지속적으로 성공하기 위해서는 순차적 현장 적용, 교육체계와의 연계, 회사운영의 기반으로 활용이라는 3가지 측면에 집중할 필요가 있음
>
> **1** 순차적 현장 적용 필요
> - 가능한 영역부터 순차적으로 채용해서 현장에 적용하고 대상직무를 확대해가는 노력 필요
> - 적용해가며 불필요한 부분은 줄이고 단순화시키는 작업 필요
>
> **2** 교육체계와의 연계
> - 기존 재직자를 대상으로 이러닝, NCS 교육과정과 연계된 교육과정 등을 잘 매칭하여 채용과 육성이 유기적으로 연계되는 구조를 구축할 필요가 있음
>
> **3** 회사 운영의 기반으로 활용
> - 향후 다양한 경영활동시 분석된 직무체계를 중심으로 활용
> - 채용/교육/보상 전반에 활용하여 일상적으로 내재화될 수 있도록 유도함

다음 그림은 1페이지 보고서상의 목적과 기대효과를 박스패턴을 이용해 파워포인트 보고서 장표로 옮겨온 사례를 나타낸 것이다.

● 1페이지 보고서 ●

1. 목 적
- 구성원의 지식/기술 이력을 체계적으로 관리하여 인적자원의 효율적 활용 극대화
- 채용/배치/경력개발 등 각종 인사업무시 최적의 의사결정 지원

2. 기대효과
- 전략지원 강화
  ▷ 전사 기술역량 자료를 바탕으로 각종 사업추진시 의사결정자료 지원
  ▷ 전사적 인적자원의 핵심역량 수준 파악 가능
- 효과적인 인력활용 강화
  ▷ 필요한 조직에 필요한 자원을 적시적재 배치하기 위한 핵심자료로 활용
  ▷ 프로젝트 추진시 필요한 각종 기술보유 인력에 대한 수시지원 가능
- 지식교류/육성업무 지원
  ▷ 구성원 상호간 지식에 대한 교류가 가능한 체계를 구축하여 학습조직화 지원
  ▷ 부족한 기술역량에 대한 육성수요 파악/개발지원 가능

● 파워포인트 보고서 ●

1. 목적/기대효과

구성원의 지식/기술 이력을 체계적으로 관리하여 인적자원의 효율적 활용을 극대화하고, 채용/배치/경력개발 등 각종 인사업무시 최적의 의사결정 지원

1. **전략지원 강화**
   - 전사 기술역량 자료를 바탕으로 각종 사업추진시 의사결정 자료 지원
   - 전사적 인적자원의 핵심역량 수준 파악 가능

2. **효과적인 인력활용 강화**
   - 필요한 조직에 필요한 자원을 적시적재 배치하기 위한 핵심자료로 활용
   - 프로젝트 추진시 필요한 각종 기술보유 인력에 대한 수시지원 가능

3. **지식교류/육성업무 지원**
   - 구성원 상호간 지식에 대한 교류가 가능한 체계를 구축하여 학습조직화 지원
   - 부족한 기술역량에 대한 육성수요 파악/개발 지원 가능

AS-IS, TO-BE 패턴

　AS-IS, TO-BE는 '현재는 이런 상황인데 앞으로는 이렇게 하면 좋겠다' 하는 개선의 의미를 담고 있다. 이러한 의미에 따라 AS-IS, TO-BE 패턴은 현재의 상황이나 이슈 등을 제시하고, 향후 개선방향과 시사점을 도출할 때 활용한다. 1페이지 보고서에서는 이 패턴을 '현황·이슈'라는 항목에 활용하기에 적합하다. 이 패턴을 활용할 경우 장표 좌측에 현황·이슈를 적고 우측에는 원인을 적어줄 수도 있고, 좌측에 현황·이슈·원인을 적고, 우측에는 그에 따른 시사점이나 개선방향을 적을 수도 있다. 다음 그림은 좌측에 현재의 현황·이슈를, 우측에 개선방향을 제시하는 방식으로 구성된 장표를 나타낸 것이다.

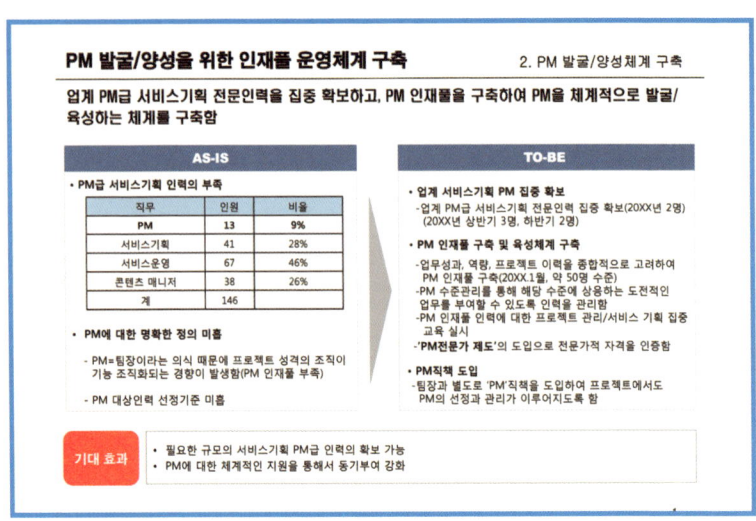

또한 다음 그림처럼 AS-IS, TO-BE 패턴을 응용해서 좌측에는 현황·이슈를 적어주고 우측에는 추진방향을 적어주는 방식도 가능하다. 여기에 도형을 이용해 간단히 꾸며주면 보고서가 한층 보기 좋아진다.

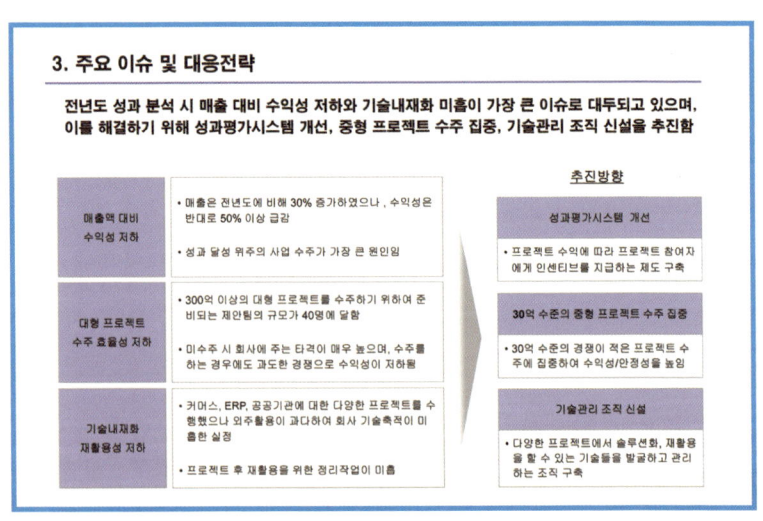

도형 패턴

도형 패턴은 말 그대로 도형을 이용해서 개선방향이나 추진방향 등의 방향성이나 핵심포인트를 제시하는 데 주로 활용된다. 예를 들어 어떤 문제에 대해 개선방향을 3가지로 잡았다면 다음 그림과 같이 삼각형 패턴을 활용해서 표현해주면 된다. 만일 개선방향을 4가지로 잡았다면 4각형 구조를, 5가지로 잡았다면 5각형 구조를 활용하면 된다.

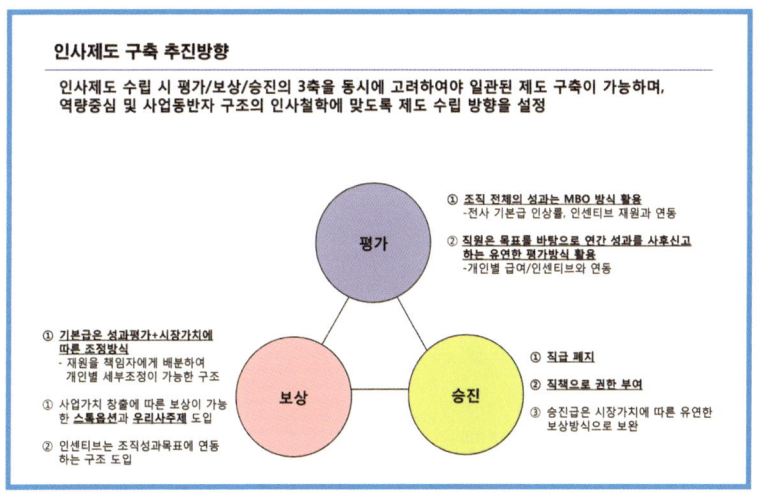

표 패턴

표 패턴 역시 파워포인트 보고서에서 많이 활용되는 방식 중 하나다. 표 패턴은 작성하기가 쉽고 내용이 체계적으로 잘 정리되며, 한 장표 안에 많은 내용을 담을 수 있다는 장점이 있다. 이 패턴은 세부 추진계획, 과제 및 추진일정 등을 구체적으로 기술해야 할 때 주로 활용된다.

표 패턴을 활용해서 장표를 구성한 몇 가지 사례를 살펴보자. 먼저 다음 그림은 개선방향, 개선과제, 내용, 일정 등의 세부 추진계획을 표 패턴으로 작성한 사례다. 다만 이 패턴을 활용할 때 보고서 작성시간의 여유가 있으면 사례처럼 도형(글상자)을 이어 붙이는 식으로 표를 꾸며도 좋지만, 그럴 시간이 없으면 그냥 파워포인트 프로그램의 표 기능을 활용하는 것이 바람직하다.

IV. 20XX년 추진계획		2. 프로세스 강화방안(내부인력 활용/육성체계 구축)	

사내공모제를 도입하여 내부인력 활용을 강화하며, 서비스 기획과 개발업무의 생산성 강화를 위해 표준화된 방법론을 내재화하고 사내 전문가를 통한 지식공유의 기반을 마련하는 데 역량을 집중함

개선방향	개선과제	내 용	추진일정
효율적인 인력운영 모델 수립	사업전략/세부업무 분석을 통한 적정인력 운영방안 수립	• 각 조직별 세부 업무분석과 사업전략(수행과제 등)을 종합적으로 분석하여 적정인력 산정, 낭비/불필요과업에 대한 분석/제거를 통해 효율적인 인력운영 강화	6~9월 중
탄력적 이동배치	사내공모제도 운영	• 충원수요 발생 시 사내공모를 통해 내부인력 우선 활용 - 개인의 경력개발(Career Planning)을 지원하고, 인적자원의 최적활용을 통한 조직의 효율적 운영 - 개인의 이동희망 등록 및 팀별 충원요청을 상시적으로 관리하여 매칭시킬 수 있는 시스템/프로세스 확립	7월 중
핵심직무 역량 강화 (서비스기획/개발)	생산성 강화를 위한 서비스기획 방법론 집중교육	• 서비스기획 방법론 수립 및 집중교육 실시 - 서비스기획 방법론, 개발방법론/프로세스 정립 후 집중교육을 통하여 역량향상/생산성 향상 도모 - 사내 전문과정 기획/운영(서비스기획, 마케팅 등) - 향후 사내강사 풀로 활용하여 사내 전문지식 공유/확산에 기여	6~8월
우수인재 차별화 교육 실시	우수인재 육성 차원의 사내 MBA 프로그램 실시	• 우수인재 육성 및 보상 차원의 차별화된 교육 실시 - 전략/기획/사업부문 역량 강화 및 경영 마인드 함양 중심 - MBA 과정 내 핵심인력 선별, 집중화된 교육 실시	9월 중

다음 그림은 업무 관련 프로세스를 표 패턴으로 작성한 사례다. 이때도 마찬가지로 작성시간의 여유가 없으면 파워포인트 프로그램의 표 기능을 활용하는 것이 좋다.

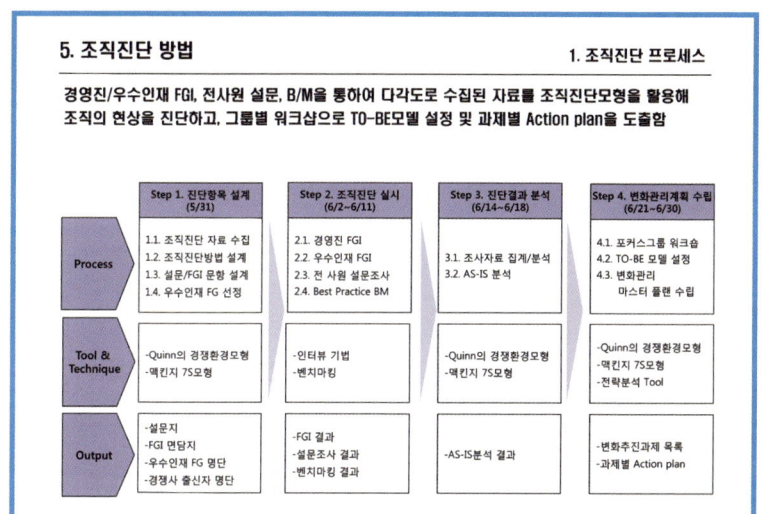

또한 다음과 같이 기본적인 표 패턴에 표 테두리 선을 지우고 약간의 도식을 반영해서 꾸미는 방식을 활용할 수도 있다.

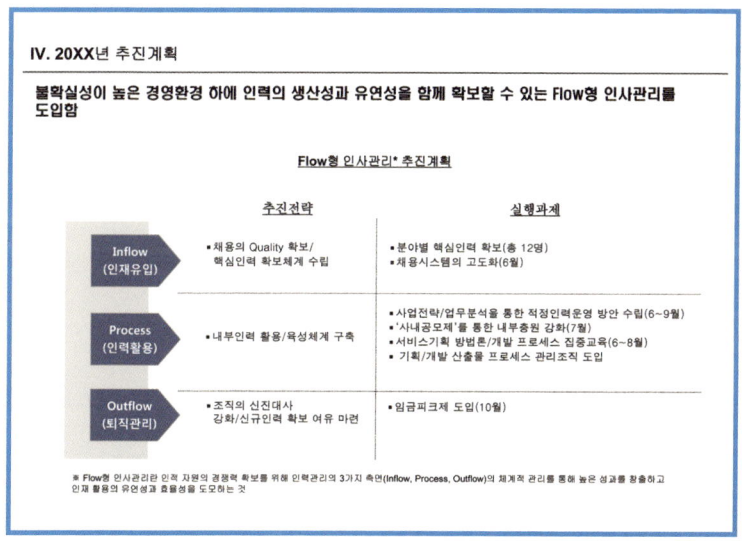

다음 그림은 표와 도식을 연동한 표 패턴을 활용한 사례다.

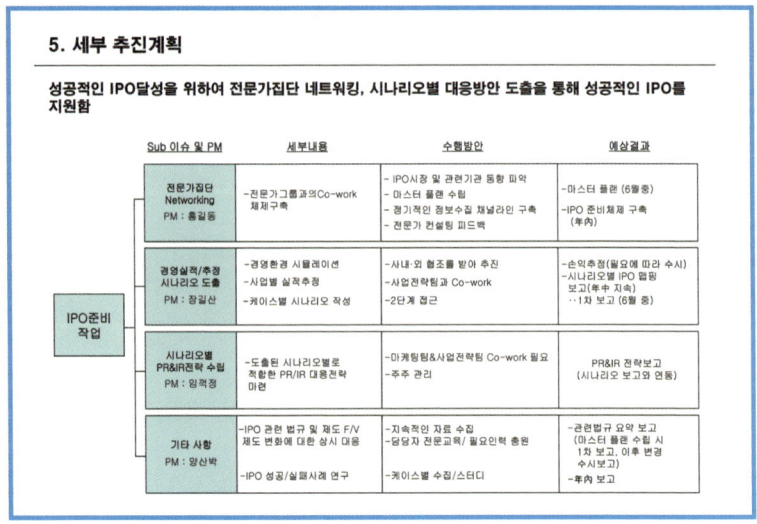

마지막으로 다음 그림은 업무 관련 세부일정을 간트차트로 나타낸 사례다.

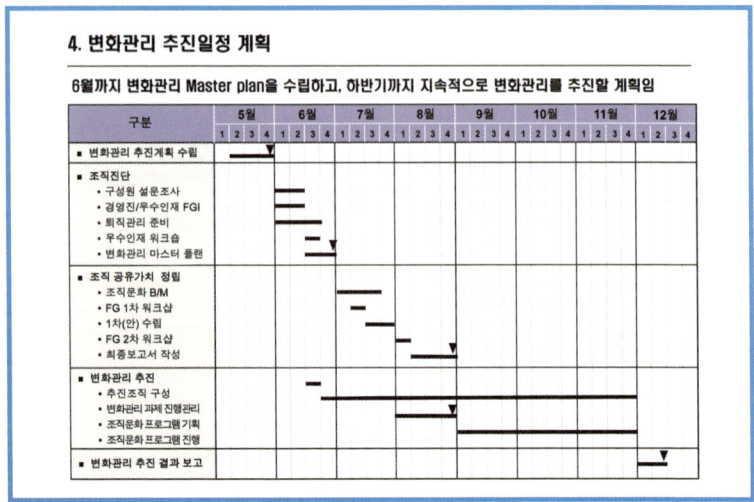

보고서를 작성할 시간이 부족할 때는 멋진 도식 등을 그린다고 시간을 허비하기 보다는 위와 같은 표 패턴들을 이용해서 빠르고 깔끔하게 편집하는 것이 바람직하다.

그래프 패턴

그래프 패턴은 내용의 중심이 되는 그래프를 제시하고 그것을 설명하는 방식으로, 주로 중요한 수치 데이터를 시각적으로 강조하기 위해 사용된다. 예를 들어 다음 그림을 보면 자사를 포함한 3개 회사의 매출액을 비교한 그래프가 표현되어 있는데, 이를 통해 A제품의 매출액은 3개 사 모두 비슷한 데 비해 신제품인 B제품에서는 A 사가 급격히 성장했다는 사실을 강조하고 있다. 그래프 패턴에서 순위를 비교할 때는 주로 가로 막대그래프를 활용하는데, 순위와 함께 구성비를 함께 나타내고 싶을 때는 그림과 같이 비율별 가로 막대그래프를 활용하면 된다.

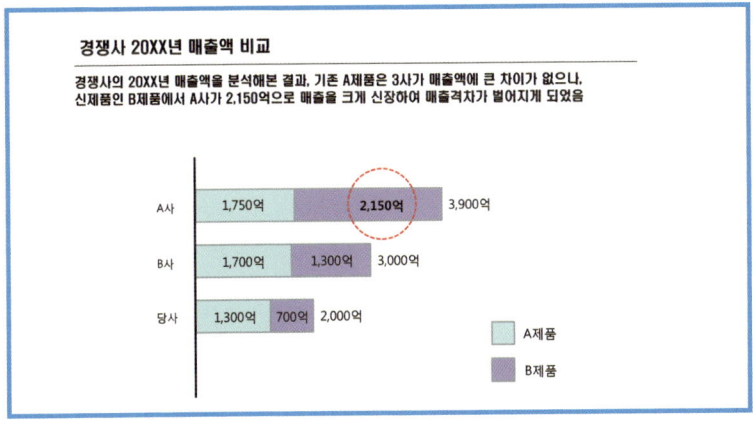

만일 시간적 추이와 비중을 같이 보여주고 싶다면 다음 그림처럼 세로 막대그래프를 활용해서 표현해주는 방식이 효과적이다. 이때 그림처럼 추정치를 담은 그래프를 활용하는 경우에는 반드시 장표 좌측 하단에 '※' 표시를 하고 자료의 출처를 기재해주어야 한다.

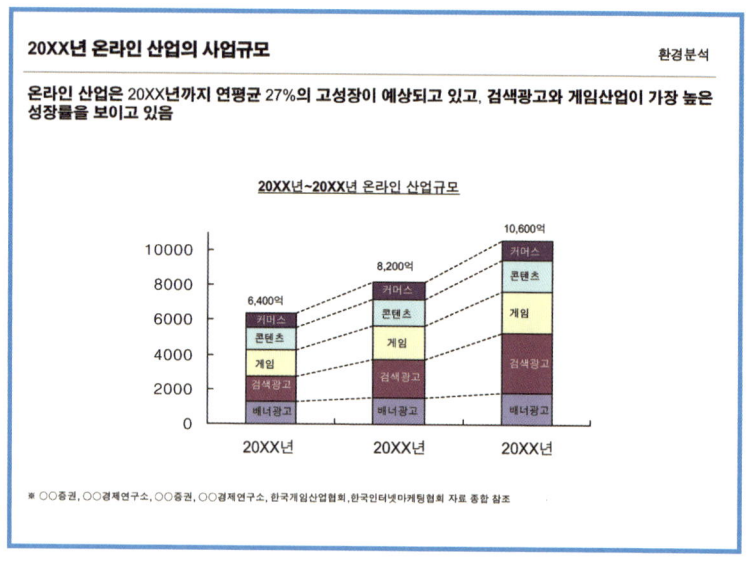

다만 보고서를 작성할 시간이 부족한 경우에는 그래프 패턴보다는 표 패턴을 활용하는 것이 바람직하다.

006 있어 보이는 보고서로 만들어주는 실전 편집 팁

The Total Solution for Reports

파워포인트 보고서는 내용과 편집의 균형미가 각각 절반의 중요성을 차지한다고 해도 지나친 말이 아니다. 내용이 좋더라도 편집의 균형미를 갖추지 못하면 잘 만들었다는 이야기를 듣지 못하는 경우가 많기 때문이다. 특히 파워포인트 보고서 작성경험이 적은 실무자들일수록 화려한 색과 도형을 활용하는 데 집중하는 경향이 있는데, 이럴 경우 오히려 촌스러운 느낌을 줄 수 있다는 점에 유의해야 한다. 여기에서는 파워포인트 보고서의 균형미를 조금 더 돋보이게 해주는 실전 팁을 몇 가지 정리해보겠다.

가로 폭 넓히기

파워포인트 프로그램에서 기본적으로 지정하고 있는 페이지의 크기는 '25.4 × 19.05cm'다. 이대로 사용해도 나쁘지는 않지만, 보통 회사나 조직의 내부 보고를 준비하다 보면 공간이 부족하다고 느끼는 경우가 많다. 또 기본으로 설정된 페이지 크기에 맞춰 작성한 보고서를 출력해보면 가로 폭이 좁아서 양쪽에 빈공간이 생기고 멋이 없어 보일 때가 많다.

그래서 일반적으로 파워포인트 보고서를 만들 때는 파워포인트 프로그램의 페이지 설정화면에 들어가서 가로 폭을 다음과 같이 '27.51 × 19.05cm' 정도로 넓혀준다. 이렇게 바꿔주면 보고서 내용을 표현할 공간이 넓어져서 보다 많은 내용을 담을 수 있고, 실제로 출력했을 때도 좀 더 균형 잡히고 세련된 느낌을 줄 수 있다.

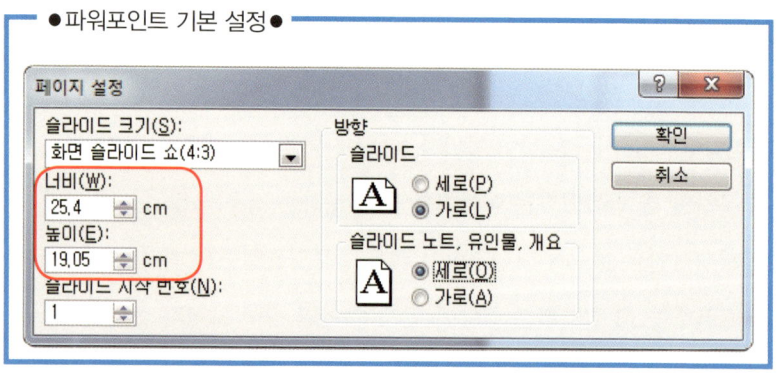

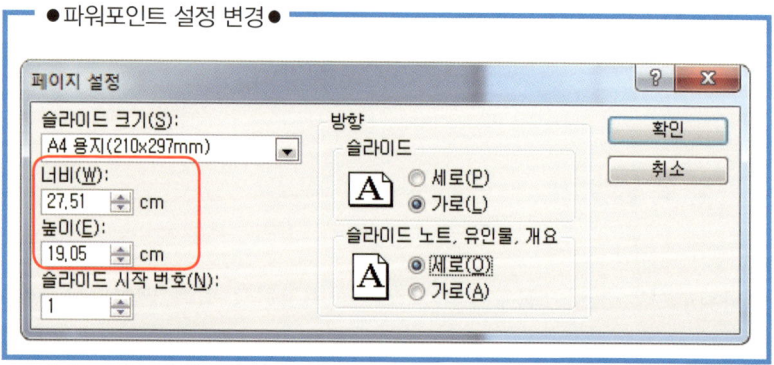

다음 그림은 각각 기본 설정된 페이지로 작성한 장표와 가로 폭 설정을 변경한 후 작성한 장표를 나타낸 것이다. 두 장표를 비교해보면 가로 폭을 넓힌 쪽이 확실히 더 균형미가 있음을 알 수 있다.

● 가로 여백을 기본 25.4로 지정한 장표 ●

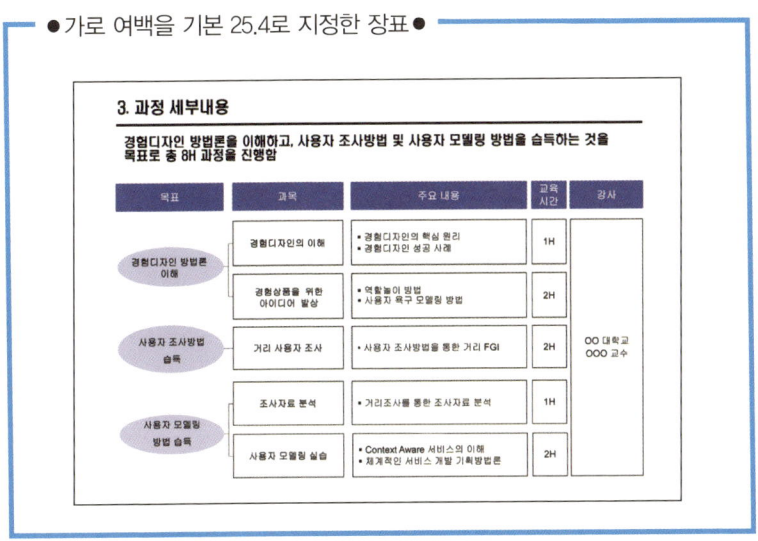

● 가로 여백을 27.51로 변경한 장표 ●

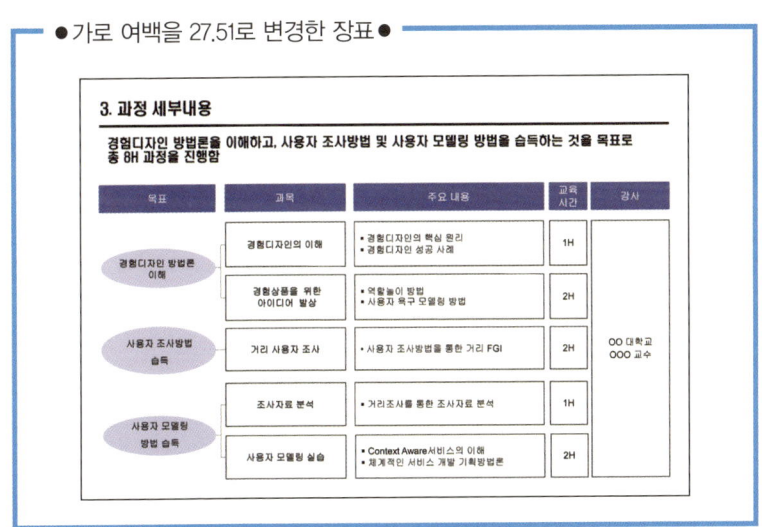

표의 선 연하게 하기와 선 지우기

앞서 파워포인트 보고서에서 표 패턴을 가장 많이 활용한다고 했는데, 일반적으로 파워포인트 프로그램에서 기본적으로 제공하는 표 형식은 조금 투박한 느낌을 주는 것이 사실이다. 그렇다면 같은 표라도 좀 더 아름답게 보이게 할 방법은 없을까? 이럴 때 쓸 수 있는 방법이 바로 '표의 선 연하게 하기'와 '선 지우기'다.

1 표의 선 연하게 하기

표의 선을 그냥 검은색으로 설정하면 내용이 잘 드러나지 않는 경우가 많다. 이럴 때 다음 그림과 같이 표의 선을 연한 회색이나 연한 파랑색 등의 계열로 설정해주면 표 안의 글을 좀 더 부각시켜줄 수 있다.

2 표의 선 지우기

표를 그리고 나서 표 양쪽 가장자리 선을 지워주면 좀 더 깔끔하고 시원한 느낌을 줄 수 있다. 예를 들어 위에서 제시한 표 사례에서 양쪽 가장자리를 지우면 다음 그림과 같이 다른 느낌을 줄 수 있다.

IV. 20XX년 추진계획						1. Inflow 강화방안(분야별 핵심인력 확보)
당사의 부족한 역량 중 서비스기획 PM역량과 전문기술 인력을 인적 네트워크 및 헤드헌팅을 활용하여 집중 확보함						
핵심 확보분야	Core Spec	확보규모				확보방법
		2/4	3/4	4/4	계	
서비스기획 PM	• 서비스 론칭 PM 경험 다수 보유자 • 성공 서비스기획 경험자(팀장급)	1	1	1	3	헤드헌팅 및 인적 네트워크 활용
Sys. Architect	• 대용량 System Architecture 설계, 튜닝, 분산처리 경험 보유자(4년 이상)	1		1	2	인적 네트워크 활용
DB전문가	• DB모델링 및 튜닝전문가 • 개발경험 4년 이상의 PM급 인력	1		1	2	인적 네트워크 활용
QA전문가	• 개발방법론, 형상관리, 감리전문가		1		1	헤드헌팅 및 인적 네트워크 활용
개발 PM	• 개발경험 5년 이상의 전문가로 대용량 분산시스템 구축 PM 경험자		1	1	2	헤드헌팅 및 인적 네트워크 활용
리서치 전문가	• 석사급 이상의 전문리서치 경험자 • 경제연구소 등 전문연구기관 출신자	1			1	헤드헌팅 활용
마케팅 전문가	• 마케팅 전략수립 역량 보유 인력(팀장급)	1			1	인적 네트워크 활용
계		5	5	2	12	

파워포인트 프로그램에서 이런 효과를 주려면 다음 그림과 같이 먼저 설정을 변경할 표 영역을 선택하고, ① 프로그램 상단의 '표 도구〉디자인'이라는 메뉴에서 '테두리'라는 항목을 선택한 후에 ② '테두리 없음' 버튼을 클릭해서 모든 테두리를 지운다. 그런 뒤에 ③ '안쪽 테두리', '위쪽 테두리', '아래쪽 테두리'를 한 번씩 클릭해주면 표의 왼쪽과 오른쪽 가장자리 선만 지워진 표가 완성된다.

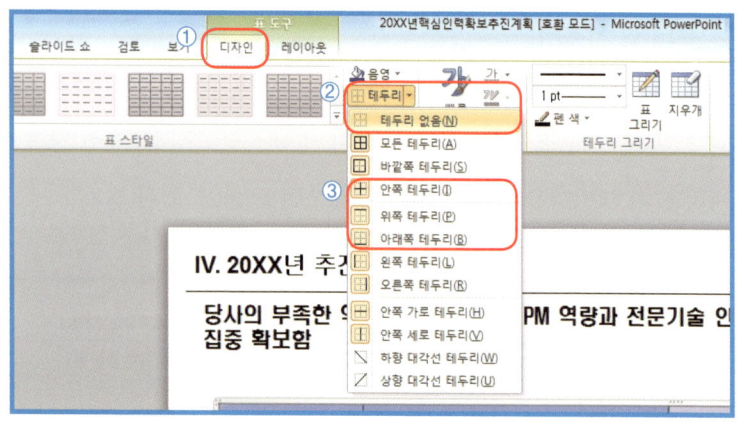

자주 쓰는 글꼴의 유형

　파워포인트 보고서를 작성할 때 글꼴(Font)의 제한은 없지만 반드시 주의해야 할 사항이 하나 있다. 특별하고 멋진 글꼴을 사용하려면 실제 출력하거나 빔 프로젝트를 이용해서 프레젠테이션을 할 때 반드시 본인의 PC를 활용하거나, 다른 PC라면 미리 해당 글꼴을 다운받아놓아야 한다는 것이다. 이런 점을 고려하지 않고 제안 설명회를 가서 그곳에서 제공한 PC를 이용해 USB메모리에 저장되어 있는 파워포인트 자료를 띄우면 글꼴이 맞지 않아 애써 정리한 자료가 이상하게 나오는 낭패를 겪을 수 있다. 이런 점을 고려해서 프레젠테이션 현장에서 본인의 PC를 이용할 수 없는 경우에는 가장 일반적으로 사용되는 글꼴을 사용하거나, 꼭 필요한 글꼴이라면 미리 USB메모리 등에 해당 글꼴을 저장해서 가져가야 한다.
　참고로 파워포인트 보고서에 가장 많이 쓰이는 글꼴은 다음과 같다.

1 제목

HY견고딕, HY헤드라인 등의 두꺼운 고딕체를 많이 활용한다. 글씨크기는 주로 18~24포인트 정도로 설정한다.

2 헤드메시지

HY견고딕, HY헤드라인, 맑은고딕 등의 고딕체를 많이 활용한다. 일반적으로 헤드메시지의 글씨크기는 제목보다 작게, 16~20포인트 정도로 설정한다.

3 본문

맑은고딕, 굴림, 돋움 등의 글꼴을 많이 활용한다. 이 중에서도 맑은고딕체가 가장 깔끔하게 나온다. 나눔고딕 같은 글꼴도 좋으나 다른 PC를 사용할 때는 해당 글꼴이 없을 수도 있다는 점에 주의해야 한다. 글씨크기는 주로 12~16포인트 정도로 설정한다. 다만 12포인트보다 작으면 프레젠테이션 화면에서 글씨를 인지하기 어려울 때가 많아서 일반적으로는 14포인트 정도를 활용한다.

상단 선 긋기와 헤드메시지

파워포인트 보고서는 같은 내용이라도 편집방법에 따라 얼마든지 다른 느낌을 줄 수 있다. 먼저 다음 3개의 장표를 비교해보자.

● 샘플 1 ●

리더 양성 프로그램 추진방향

(주)OO 인재상에 부합된 인재를 육성하며 효과적인 예산의 활용을 위해 잠재적 육성대상자에 대하여 우선적으로 OJT, 오프라인 교육, 멘토링 프로그램을 지원함

추진 필요성 및 방향

추진 필요성
- 리더 육성을 통한 인재가치 극대화
- Biz 환경 및 전략에 따른 새로운 조직역량 확보와 변화촉진을 위해 필요한 Biz 리더의 육성/활용/관리의 차별화 필요
- 개인 가치에 따른 장기적인 경력개발을 통해 성장 및 자아실현의 요구 증대

추진 방향
- 리더상에 따른 체계적 육성 제도 운영
- 현장 실무경험을 통한 육성(프로젝트 중심) 및 트레이닝을 병행한 육성체계 확보
- 미래경영자로 육성을 위한 멘토링 체계 수립

실행과제

1. Experience : 현장 실무경험 제공을 통한 육성
- 핵심 역할중심의 Fast Track을 통한 육성
- 특별 임무 부여를 통한 육성(프로젝트 중심)
- 조직 내 차별적 역할 부여를 통한 육성

2. Training : 리더십 교육 등 교육훈련기회 제공을 통한 육성
- 리더에게 요구되는 <리더십 역량 개발 프로그램> 제공
- 균형 잡힌 직무역량 강화 교육 제공

3. Mentoring Program
- 잠재적 육성대상자 후보군에 대한 지속적인 동기부여 및 개발·육성을 위해 멘토링 프로그램 제공

● 샘플 2 ●

리더 양성 프로그램 추진방향

추진 필요성 및 방향

추진 필요성
- 리더 육성을 통한 인재가치 극대화
- Biz 환경 및 전략에 따른 새로운 조직역량 확보와 변화촉진을 위해 필요한 Biz 리더의 육성/활용/관리의 차별화 필요
- 개인 가치에 따른 장기적인 경력개발을 통해 성장 및 자아실현의 요구 증대

추진 방향
- 리더상에 따른 체계적 육성 제도 운영
- 현장 실무경험을 통한 육성(프로젝트 중심) 및 트레이닝을 병행한 육성체계 확보
- 미래경영자로 육성을 위한 멘토링 체계 수립

실행과제

1. Experience : 현장 실무경험 제공을 통한 육성
- 핵심 역할중심의 Fast Track을 통한 육성
- 특별 임무 부여를 통한 육성(프로젝트 중심)
- 조직 내 차별적 역할 부여를 통한 육성

2. Training : 리더십 교육 등 교육훈련기회 제공을 통한 육성
- 리더에게 요구되는 <리더십 역량 개발 프로그램> 제공
- 균형 잡힌 직무역량 강화 교육 제공

3. Mentoring Program
- 잠재적 육성대상자 후보군에 대한 지속적인 동기부여 및 개발·육성을 위해 멘토링 프로그램 제공

● 샘플 3 ●

리더 양성 프로그램 추진방향

(주)00 인재상에 부합된 인재를 육성하며 효과적인 예산의 활용을 위해 잠재적 육성대상자에 대하여 우선적으로 OJT, 오프라인 교육, 멘토링 프로그램을 지원함

추진 필요성 및 방향

추진 필요성
- 리더 육성을 통한 인재가치 극대화
- Biz 환경 및 전략에 따른 새로운 조직역량 확보와 변화촉진을 위해 필요한 Biz 리더의 육성/활용/관리의 차별화 필요
- 개인 가치에 따른 장기적인 경력개발을 통해 성장 및 자아실현의 요구 증대

추진 방향
- 리더상에 따른 체계적 육성 제도 운영
- 현장 실무경험을 통한 육성(프로젝트 중심) 및 트레이닝을 병행한 육성체계 확보
- 미래경영자로 육성을 위한 멘토링 체계 수립

실행과제

1. Experience : 현장 실무경험 제공을 통한 육성
   - 핵심 역할중심의 Fast Track을 통한 육성
   - 특별 임무 부여를 통한 육성(프로젝트 중심)
   - 조직 내 차별적 역할 부여를 통한 육성

2. Training : 리더십 교육 등 교육훈련기회 제공을 통한 육성
   - 리더에게 요구되는 <리더십 역량 개발 프로그램> 제공
   - 균형 잡힌 직무역량 강화 교육 제공

3. Mentoring Program
   - 잠재적 육성대상자 후보군에 대한 지속적인 동기부여 및 개발·육성을 위해 멘토링 프로그램 제공

위의 3개의 장표 중에서 어떤 것이 가장 좋아 보이는가? 아마도 대부분 〈샘플 3〉을 선택할 것이다. 〈샘플 2〉도 나쁘지는 않지만 조금 투박한 느낌이 든다. 실제로도 〈샘플 3〉의 형식을 실무에서 가장 많이 활용하고 있다. 'Simple is Best.' 비즈니스에서는 심플한 것이 가장 좋다는 개념이 보고서 작성에도 적용되는 것이다.

〈샘플 3〉과 같은 형식을 만드는 방법은 간단하다. 상단의 일정한 위치에 가로선을 하나 긋고, 그 선 위아래에 각각 제목과 헤드메시지를 배치하면 된다. 대부분의 컨설팅 보고서가 이와 같은 구조로 되어 있다. 상단에 긋는 선에는 주로 검은색, 회색, 남색, 진한파랑 등의 색을 활용하며, 이때 선의 굵기를 약간 두껍게 해주는 것도 좋은 방법이다.

색감은 단순하게

세계적인 컨설팅회사인 맥킨지에서는 지금도 '흑백' 보고서를 주로 활용한다고 한다. 흑백으로 작성된 보고서는 투박해보일 것이라고 생각할지 모르지만, 실제로 흑백으로 구성된 보고서를 접하면 매우 깔끔하고 시원하고 강렬한 느낌을 받게 된다. 이런 사례처럼 파워포인트 보고서는 색을 너무 많이 사용하거나, 색을 너무 진하게 또는 연하게 적용해도 강조하는 내용이 눈에 잘 안 들어올 수 있으므로 색을 적절히 사용할 필요가 있다. 파워포인트 보고서의 색감을 효과적으로 조율하는 실전 팁은 다음과 같다.

① 파워포인트 보고서에 사용하는 색은 보통 2~3가지 이내로 정하는 것이 좋다. 예를 들어 다음 그림과 같이 파랑색을 썼다면 연한 회색 등 그와 유사한 색을 활용하는 것이 좋다.
② 강조하고 싶은 내용은 표나 도형에 진한 바탕색을 입히고 그 위에 흰색 글씨로 표현하는 방식을 활용하는 것이 좋다. 다만 너무 많이 사용하면 오히려 촌스러워 보일 뿐 아니라 잉크 낭비도 심해진다는 점에 유의한다.
③ 강조하고 싶은 내용에만 글자 색을 진하게 하거나 밑줄을 긋는 정도로 표현하는 것이 좋다. 한 장표 안에 있는 글자들에 너무 많은 색을 적용하면 오히려 산만해보일 수 있다.
④ 다음 그림처럼 특별히 강조하고 싶은 내용을 두꺼운 빨간색 점선을 이용해서 표현해주면 눈에 잘 띄게 만들 수 있다.

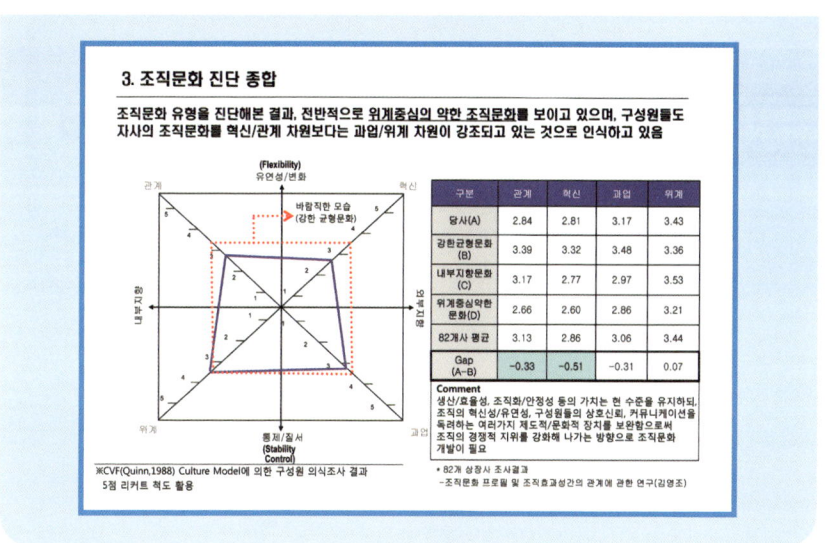

기본제공 양식은 절대 쓰지 마라

마지막으로 강조하고 싶은 팁은 '파워포인트 프로그램에서 기본적으로 제공하는 양식은 절대로 쓰지 말라'는 것이다. 그 중에도 나름 멋있어 보이는 양식이 있기는 하지만, 이런 양식들을 사용하면 보고나 프레젠테이션을 받는 사람들에게 '아마추어 같다'는 인식을 줄 우려가 있다. 오히려 이보다는 299쪽에서 설명한 구분선 위아래로 제목과 헤드메시지를 배치하는 단순한 형식을 사용하는 편이 훨씬 낫다. 보고서가 멋지게 보이는 것과 상대방이 느끼는 전문성이나 균형미는 다를 수 있다는 사실을 항상 염두에 두기를 바란다.

007 시각적인 자료를 효과적으로 활용하는 방법

● The Total Solution for Reports

보고서 작성이나 프레젠테이션의 성공률을 높이기 위해서는 시각적인 자료(그래프, 도형, 표 등)를 효과적으로 활용하는 기술이 필요하다. 실제로 한 연구결과에 의하면 시각자료와 언어를 개별적으로 사용하는 것보다는 2가지 요소를 효과적으로 조합했을 때 다음 표와 같이 기억효과가 비약적으로 높아진다고 한다.

● 전달도구에 따른 기억효과

기억능력	3시간 후	3일 후
말	70%	10%
시각자료	70%	20%
말+시각자료	85%	65%

※출처 : Dale E. 1969. Cone of experience, in Educational Media: Theory into Practice. Wiman RV (ed). Charles Merrill: Columbus, Ohio.

그런데도 보고서나 프레젠테이션 자료를 작성할 때 시각적인 자료를 효과적으로 활용하지 못하거나, 메시지에 적합하지 않은 자료를 삽입하는 실무자들이 상당히 많다. 여기서는 파워포인트 보고서에 시각적인 자료를 효과적으로 활용하는 방법에 대해 살펴보자.

메시지에 적합한 자료를 선택

파워포인트 보고서의 헤드메시지가 결정되면 그에 맞는 시각적인 자료를 활용해야 한다. 이때 자료의 활용목적은 데이터가 아니라 전달하려는 메시지와 연계된 '근거'를 제시하는 데 있음을 명심해야 한다. 따라서 시각적인 자료는 메시지를 최대한 강조할 수 있는 것을 선택해야 한다. 예를 들어 다음과 같이 'A 사와 B 사의 지역별 판매비율'이라는 정보가 있을 때는 어떤 자료를 선택해야 할까?

구분	A 사	B 사
서울	27%	27%
인천	25%	28%
대구	35%	6%
부산	13%	39%

이런 경우 먼저 전달하려는 메시지가 무엇인지부터 생각해야 한다. 위의 정보는 결국 A 사는 대구에서, B 사는 부산에서 판매비중이 가장 높

다는 점을 강조하고 있으므로 다음 그림과 같이 '백분율 기준 누적 가로막대그래프'를 활용하는 방법이 가장 효과적이다.

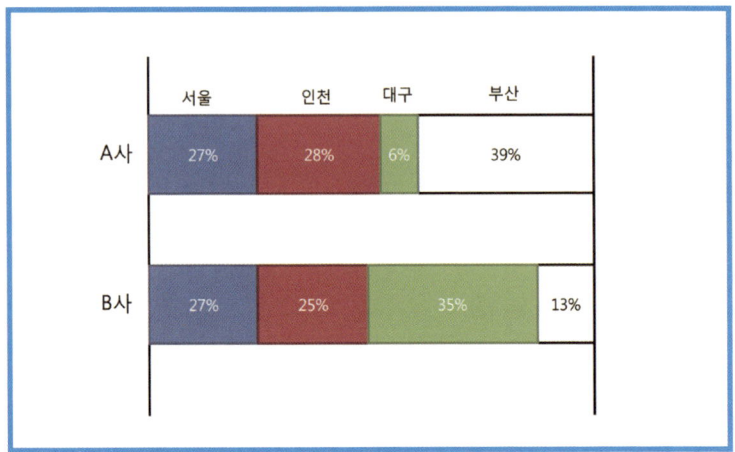

이처럼 파워포인트 보고서에 그래프를 활용할 때는 데이터 중에서 가장 핵심적인 관점을 반영하는 메시지(위 사례에서는 '각 회사의 지역별 판매비중')를 결정해서 그것을 그래프 등의 시각자료로서 부각시키는 것이 무엇보다 중요하다.

비교유형을 강조하는 그래프를 선택

일반적으로 그래프는 데이터를 시각적으로 비교해서 보여주기 위해 활용하는 경우가 많다. 다음 표는 파워포인트 보고서에서 많이 쓰이는 5가지 비교유형과 각 유형에 적합한 그래프의 형태를 나타낸 것이다.

구분	구성비교	항목비교	시간적 추이비교	도수분포 비교	상관성 비교
내용	전체의 백분율	대상의 순위	시간에 따른 변화	범위에 포함되는 항목 수	변수들 간의 관계
효과적인 그래프 유형	• 원그래프 • 비율별 막대그래프	• 가로 막대그래프	• 세로 막대그래프 • 선그래프	• 세로 막대그래프 • 선그래프	• 점그래프 • 선그래프

또한 다음 표는 비교유형별 사례와 그에 적합한 그래프의 형태를 나타낸 것이다.

비교유형별 사례	비교구분	그래프 형태
매출은 향후 10년 동안 증가할 것이라고 예상된다.	시간적 추이	세로 막대그래프, 선그래프
3,000만 원에서 3,500만 원을 버는 직원 수가 가장 많다.	도수분포	세로 막대그래프, 선그래프
휘발유가 더 비싸다고 성능이 더 좋은 것은 아니다.	상관성	점그래프, 선그래프
11월에 3개 부서의 이직률은 거의 비슷했다.	항목	가로 막대그래프
영업사원이 판매에 활용하는 시간은 근무시간의 20퍼센트에 불과하다.	구성	원그래프
공헌도는 근무연한과 무관하다.	상관성	점그래프, 선그래프

파워포인트 보고서에 화려하고 멋진 그래프를 삽입하면 메시지를 시각적으로 강조하는 데는 확실히 효과적이다. 그러나 이것이 모든 메시지에 적용되지는 않는다는 점에 유의해야 한다. 때로는 화려한 그래프보다 간단한 표로 표현했을 때 메시지를 더 잘 설명해줄 수도 있다.

시각적인 자료를 활용할 때 고려해야 할 사항

파워포인트 보고서에 그래프를 포함한 시각적인 자료를 활용할 때는 다음 4가지 원칙을 반드시 고려해야 한다.

1 단순한 색 활용

여러 색을 사용하기 보다는 색을 단순하게 구성하는 것이 효과적이다. 앞서 이야기한 매킨지의 흑백 보고서가 대표적인 사례다.

2 단순·간결

단순하고 간결하게 만든다. 화려한 자료를 활용해서 보고서를 만든다고 해서 보는 사람의 마음을 사로잡을 수 있는 것이 아니다. 만일 파워포인트 보고서에 그래프 자료를 활용한다면 파워포인트 프로그램에 들어 있는 기본차트(그래프)를 활용해도 좋고, 다음 그림처럼 단순하게 선과 그래프 형태의 박스만으로 전체적인 이미지를 제시하는 방법을 활용해도 좋다. 다만 어떤 자료를 활용하든 복잡하지 않고 눈에 잘 들어오게 해야 한다는 점만은 반드시 고려해야 한다.

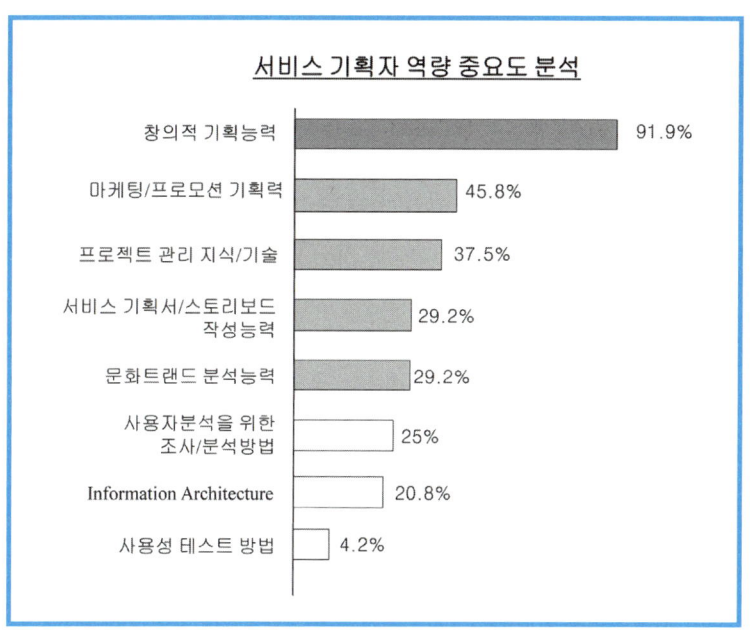

3 가독성

파워포인트 보고서를 만들 때는 반드시 가독성을 고려해야 한다. 예를 들어 시각적인 자료에 깨알같이 작은 글씨를 적용하면 가독성이 크게 떨어진다.

4 사전 밑그림 그리기

시각적인 자료를 바로 파워포인트 프로그램으로 만들기 보다는 연습장에 연필로 한 번 그려보는 것이 오히려 작성속도를 높이는 데 효과적이다. 때로는 아날로그 방식이 큰 도움이 될 때가 있다.

마지막으로 시각적인 자료를 만들 때는 반드시 '납기'라는 데드라인을 고려해야 한다. 데드라인 때문에 보고서에 자신이 원하는 시각적인 자료를 모두 반영하기 어려운 경우가 많기 때문이다. 이런 점을 고려해서 우선 세부자료는 표로 작성하는 데 집중하고, 중요한 포인트가 되는 부분만 그래프 등의 시각적인 자료를 활용하는 것이 바람직하다. 보고서의 핵심은 '보여주는 것'이 아니라 '통(通)하는 데' 있음을 항상 명심하자.

Part 3_ 실전 보고 및 프레젠테이션 역량 높이기

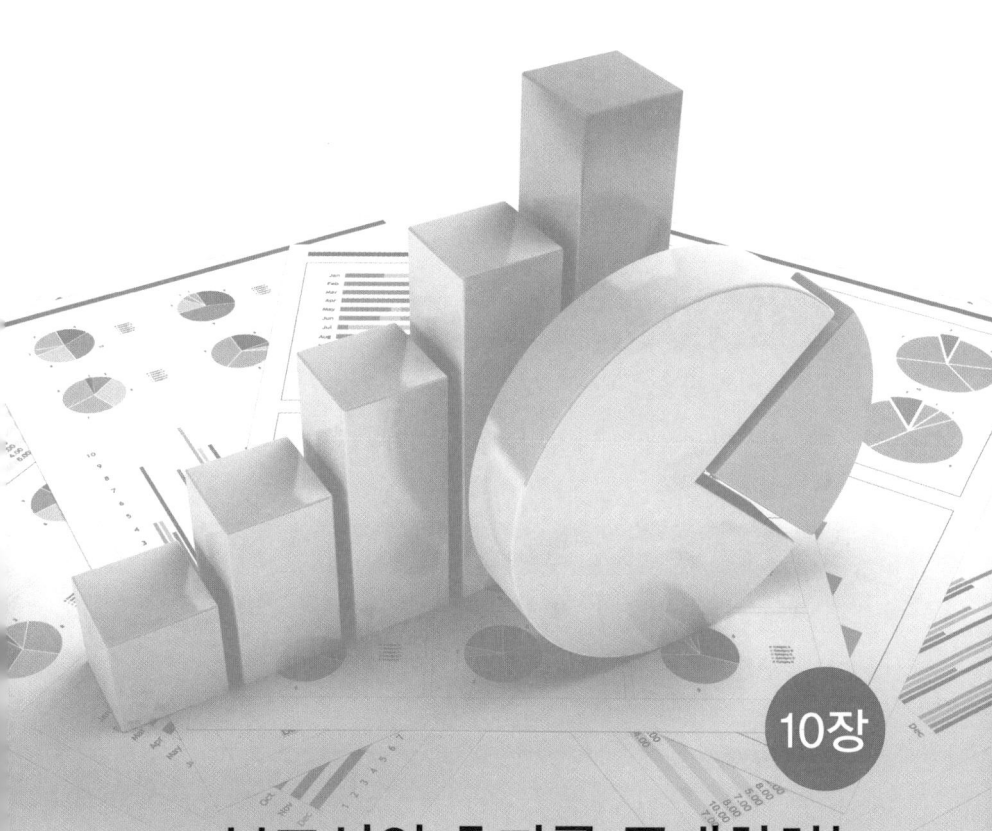

10장

보고서의 효과를 극대화하는 최강의 보고법

※ 실전 보고 셀프 체크 리스트

> 실전 보고법을 살펴보기 전에 먼저 스스로의 보고역량을 점검해보자. 아래 10개의 문항은 보고 역시 하나의 중요한 커뮤니케이션이라는 관점에서 핵심적인 포인트들을 정리한 것이다. 각 문항을 읽고 편안한 마음으로 A나 B 중 한 가지를 선택해보자. 너무 오래 생각하지 말고 즉각적으로 답을 하는 것이 실제 자기 역량을 체크해보는 데 더 도움이 된다.

1 상사에게 보고하러 갈 때, 나는…

A. 상사의 반응이 예측되고, 그에 따른 대응이 미리 고민된다.
B. 상사의 반응을 미리 예측하는 데 어려움을 겪고 있다.

2 남들을 설득할 수 있는 효과적인 메시지를, 나는…

A. 구상할 수 있다.
B. 구상하는 데 어려움을 느낀다.

3 상대에게 말을 할 때, 나는…

A. 내가 하고 싶은 말의 목적을 분명하게 알고 있다.
B. 말하다 보면 결론이 잘 나지 않는다.

4 상대가 말하는 의도를, 나는…

A. 항상 명확히 이해된다.

B. 가끔 잘못 이해할 때가 있다.

5 회의를 할 때, 나는…

A. 대부분 결론이 잘 도출된다.

B. 열심히 대화하지만 결론 도출이 안 되거나 다시 회의할 일이 생긴다.

6 평소 사람들과 대화를 나눌 때, 나는…

A. 말이 이해하기 쉽다는 소리를 듣는다.

B. 말이 길거나 집중이 잘 안 된다는 소리를 듣는다.

7 상대와 대화할 때, 나는…

A. 상대가 좋아할 말을 알고 있다.

B. 상대가 무엇을 좋아하는지 잘 모른다.

8 대화나 협상을 할 때, 나는…

A. 좋은 업무결과를 가져온 적이 있다.

B. 대화를 통해 상대를 설득하는 데 어려움을 느낀다.

9 나와 대화를 나눌 때, 사람들은…

A. 자신의 이야기를 잘 들어준다고 하며 깊이 있는 이야기를 털어놓는다.

B. 이야기에 잘 집중하지 않고 말이 많다고 한다.

10 문서를 만들 때, 나는…

A. 문서로 생각을 전달하는 데 어려움을 느끼지 않는다.

B. 문서로 생각을 전달하는 것이 어렵게 느껴지고 힘들다.

※A를 선택한 항목 수에 따른 보고·커뮤니케이션 역량

- **4개 이하** : F
→ 기초부터 다시 학습해야 한다. 커뮤니케이션이 업무에 지장을 줄 수 있다.
- **5개 이상** : B
→ 보통 수준. 앞으로 계속 노력해야 한다.
- **7개 이상** : A
→ 상당한 수준의 보고 및 커뮤니케이션 능력을 갖추고 있지만 약간의 추가 노력이 필요하다.
- **9개 이상** : S
→ 탁월한 보고 및 커뮤니케이션 능력을 갖추고 있다.

001 보고대상에 따라 달라지는 보고의 기술

● The Total Solution for Reports

　많은 기획자나 행정가들이 '좋은 보고서를 만들면 나머지 일들이 원활하게 진행될 것'이라는 착각을 하곤 한다. 그러나 실제로는 전체 보고업무에서 '보고서'가 차지하는 비중은 50% 정도라고 보면 된다. 물론 보고서는 기본적으로 잘 써야 하지만, 보고법이나 말하는 방법에 따라 그 결과가 상당히 달라질 수 있다는 것이다.

　실무자들이 업무현장에서 가장 많이 하는 실수가 보고대상에 따라 보고방식과 내용을 달리해야 한다는 사실을 모른다는 것이다. 예를 들어 보고대상이 팀장급이라면 부하직원이 작성해놓은 보고서를 펼쳐 놓고 내용을 점검하면서 자신이 먼저 의견을 피력하는 경우가 많다. 따라서 이런 경우 보고서만 잘 작성했다면 보고나 설명의 수준이 좀 떨어져도 크게 문제가 되지 않는다.

　반면에 보고대상이 본부장급 이상의 경영진이라면 상황이 달라진다.

이런 경우 설명을 제대로 못하면 아무리 보고서를 잘 작성했더라도 보고에 실패하거나 보고를 다시 해야 할 가능성이 크다. 이와 관련해 필자가 겪었던 사례를 하나 소개하겠다.

과거 한 직장에서 대리로 근무할 때 직속상사에게서 필자가 작성한 보고서를 토대로 상무님께 직접 보고를 해보라는 지시를 받았다. 필자는 직속상사인 실장님에게서 보고서를 잘 작성했다는 칭찬을 받은 터라 보고서만 믿고 아무 생각 없이 상무님께 보고를 하러 들어갔다.

그런데 필자가 인지하지 못한 사실이 하나 있었다. 바로 보고를 받을 상무님이 회사 내에서 성격 급하기로 유명한 분이셨다는 사실이다. 심지어 말을 꺼내기도 전에 몸부터 부르르 떠신다고 할 정도였다.

상무님은 필자가 보고를 하러 들어가자 다리를 꼬고 앉은 상태에서 짧게 "보고해 봐!"라고 하시더니 필자에게서 건네받은 보고서를 쫙쫙 넘겨보기 시작했다. 그런 위압감에 긴장한 필자는 설명도 제대로 못하고 계속해서 말을 더듬었는데, 그런 필자의 모습을 잠시 지켜보던 상무님은 갑자기 이렇게 호통을 치시면서 더 이상 보고를 받지 않으셨다.

"야! 무슨 말이 그렇게 어려워! 그리고 떨긴 왜 그렇게 떠나! 내가 알아들 수 있게 다시 정리해서 보고해!"

그렇게 상무님실을 빠져나온 필자는 잠시 멘붕에 빠졌으나 이내 다시 정신을 차리고 보고에 실패한 원인을 찾아보았다. 오랜 고민 끝에 필자가 깨달은 사실은 바로 이것이었다.

'상대방이 편하게 들어줄 준비가 안 되어 있는 상태에서는 설명하기가 쉽지 않구나. 게다가 실장님은 나와 같은 업무를 하고 있으니까 보고서만으로도 내용을 이해할 수 있고 이런저런 전문적인 의견을 주실 수도 있지만, 경영진으로서 다양한 업무를 담당하는 상무님께서는 내용을 보다 쉽게 설명해야 이해하실 수 있겠구나.'

필자는 이런 깨달음을 얻고 나서 상무님 앞에서 떨지 않고 자신 있게 보고할 수 있도록 A4지 3분의 1 분량 정도에 미리 인사말, 핵심 콘셉트, 결론 등 첫 보고문안을 작성해서 그 내용을 달달 외웠다. 그리고 며칠 후 필자는 다시 상무님 앞에 섰고, 이번에는 외운 내용 덕분에 자연스럽게 보고를 진행할 수 있었다. 그런데 그렇게 보고를 진행하던 중에 상무님이 또 갑자기 보고서를 막 넘기시더니 "그래서 뭐 하자는 거야?"라는 질문을 던지셨다. 이때 역시 필자는 미리 외워둔 핵심 콘셉트와 결론을 토대로 "네, 상무님. 결과적으로 A안으로 진행하자는 의견이며, 그 관련근거는 보고서 5페이지를 봐주시기 바랍니다"라고 이야기하고 상무님이 해당 페이지를 펼치시기를 기다렸다가 핵심적인 결론만 짧게 설명해 드렸다. 그랬더니 상무님이 내 설명을 차분하게 들으시고 나서 밝은 목소리로 이렇게 이야기했다.

"그래, 좋아! 이 대리가 제안한 결론대로 진행하도록 해!"

필자는 이 일을 통해 다음과 같은 사실을 절실히 깨달았다.

'보고는 보고서 50% + 보고법 50%다.'

이와 함께 경영진을 대상으로 보고할 때는 또 하나의 중요한 요소를 감안해야 한다는 사실도 알게 되었다. 바로 '유대감'이다. 예를 들어 늘

수첩을 들고 다니면서 경영진과 자주 대화를 나누는 팀장과, 중간 중간 대화하는 과정 없이 자리를 지키고 앉아서 보고서를 세밀하게 다듬은 후 비서를 통해 보고시간을 잡고 경영진에게 보고하는 팀장이 있다고 가정해보자. 과연 어느 쪽이 더 좋은 결과를 얻을 수 있을까? 필자가 여러 회사에서 경험한 바에 의하면 대부분 전자 쪽이었다. 후자처럼 평소 대화로 의견조율을 하지 않고 보고서만 세밀하게 만들어서 보고하면 경영진 입장에서 더 냉정하게 평가하는 경우가 많았다.

오랜 기간 기획이나 행정업무를 하다 보면 자신이 만든 보고서나 문서에 대해 자신감을 넘어 자만심에 빠지는 경우가 많다. 그러나 위의 사례처럼 성공적인 보고는 잘 만든 보고서만으로 가능한 일이 아니다. 보고서는 커뮤니케이션을 위한 하나의 수단일 뿐, '보고'라는 실전은 업무의 종합예술이 필요한 영역이다.

다시 한 번 강조하지만 보고는 '보고서 50%+보고법 50%'다.

002 보고 전에 반드시 고려해야 할 사항들

● The Total Solution for Reports

가장 효과적인 보고방식의 선택

이 책은 '기획 → 보고서 작성 → 보고'의 과정으로 구성되어 있지만 실제로는 모든 보고가 이런 과정을 거치지는 않는다. 예를 들어 사소한 사안이라면 구두보고만으로 마무리되는 경우도 많기 때문이다. 따라서 보고를 할 때는 가장 효과적인 보고방식을 적절히 선택할 필요가 있다. 특히 요즘에는 업무현장에서 전자결재와 이메일, 문자메시지, 메신저 등 다양한 보고수단들이 활용되고 있으므로 보고상황에 맞춰 가장 효율적인 보고수단과 방식을 선택하는 것이 좋다. 예를 들어 즉각적인 보고가 필요한 경우에는 스마트폰을 활용하는 방법이 효과적일 수 있다.

여기서는 구두보고, 문서보고, 구두+문서보고라는 가장 일반적인 보고방식들을 기준으로 각각 어떤 경우에 어떤 방식을 활용하는 것이 효과적인지 살펴보자.

1 구두보고 방식이 효과적인 경우

구두보고 방식은 주로 현재 진행 중인 일 등에 대해 중간보고를 할 때, 단순 사안에 대해 설명하고 의견을 받아야 할 때, 문서로 보고하기에는 다소 껄끄러운 사안에 대해 상사의 의중을 사전에 확인해볼 때 활용된다.

2 구두보고+문서보고 방식이 효과적인 경우

가장 일반적인 보고방식으로, 주로 중요 정책이나 사안에 대해 의사결정을 받아야 할 때 활용된다. 이러한 보고방식은 일반적으로 1:1 대면보고 형식으로 이루어지지만, 때로는 프레젠테이션 형식으로 이루어질 때도 있다. 이 방식을 활용할 때는 보고사안에 대한 다양한 대안과 근거가 미리 준비되어 있어야 한다.

3 문서보고 방식이 효과적인 경우

이 방식은 주로 보고를 받는 사람의 즉각적인 피드백이 필요 없거나, 알고 있으면 좋은 정보들 또는 상황설명만으로도 보고대상을 안심시킬 수 있는 사안들을 보고할 때 활용된다. 예를 들면 일이나 프로젝트 등의 진행사항 설명이나 간략한 통계 또는 동향정보 제공 등이 여기에 해당한다. 또한 위 2번 방식을 통해 승인받은 내용에 대한 전자결재를 요청할 때도 이 방식을 활용한다.

보고대상자의 상황에 따른 효과적인 보고시점

'보고는 타이밍이다'라는 말을 많이 한다. 이런 말이 자주 나오는 이유는 보고를 받는 사람의 상황에 따라 특정 대안을 받아들이기도 하고 받아들이지 않기도 하기 때문이다.

인간은 이성적 존재인 한편 감성적 존재이기도 하다. 스티븐 로빈슨(Stephen P. Robinson) 등이 공저한 《조직행동론》에서는 '많은 경영자들이 인간을 합리적인 존재로만 생각하고 감정적인 요소를 무시하는 경향이 있다'고 비판한다. 그들의 주장처럼 상사든 부하든 모두 감정을 가진 인간이다. 인간은 감정이나 컨디션에 따라 몰입도에 차이가 나고, 상황을 보는 시야도 넓거나 좁아질 수 있다. 또 기계처럼 아무 때나 업무효율이 발생하지도 않고, 업무의 시동을 거는 시간도 필요하다. 또한 다양한 이슈가 한꺼번에 몰려서 집중하기 어려운 상황에 놓이기도 한다.

따라서 보고를 할 때는 위와 같은 상황들을 고려해서 최적의 보고시점을 선택하는 것이 중요하다. 물론 그 시점을 일반화시켜 정의할 수는 없지만, 하루 일과를 기준으로 어떤 시점에 어떤 보고방식이 효과적인지를 보편적으로 정의해보면 다음과 같다.

1 출근~오전 10시까지

보통 사람들은 아침에 와서 그날의 업무계획도 고민하고, 인터넷으로 동향정보 등도 수집하면서 업무에 시동을 거는 시간을 가진다. 또 이메일을 읽으면서 조금씩 업무몰입도를 높이기도 한다. 따라서 대부분의 직장인들은 출근하고 나서 10시 이전까지는 자기만의 시간을 가지고 싶어

하는 경향이 있다.

　이런 점을 고려했을 때 이 시간대에 가장 효과적인 보고방식은 '이메일 보고'다. 즉, 현재 맡고 있는 일의 진행상황 등을 전날 퇴근 전이나 야근할 때 적어서 보고하거나, 지금 당장 필요하지는 않지만 더 좋은 방식이나 방법을 제안하는 제안형 보고서를 이메일 등으로 미리 보내 놓는 것이다. 이럴 경우 상사가 오전에 이메일을 읽어보고 맘에 드는 내용이 있으면 점심시간이나 오후에 차 한 잔 하면서 좀 더 이야기해보자고 하는 경우가 많다.

2 오전 10시~11시 30분까지

　이 시간대에는 1페이지 보고서나 파워포인트 보고서 등으로 격식을 갖추어서 보고하는 방식이 효과적이다. 이 시간대에는 보통 보고 받는 사람의 컨디션도 나쁘지 않고, 오전이어서 집중도 잘 되며, 상황을 넓게 볼 수 있는 상태이기 때문이다. 특히 서로의 의견을 주고받으면서 논의해야 하는 정책이나 개선방안 등을 보고하기에 적합한 시간대다. 다만 12시에 가까워지면 식사약속 등으로 집중도가 떨어질 수 있으므로 되도록 11시 30분 이전에 보고하는 것이 좋다.

3 점심식사 시간 또는 오후 티미팅 시간

　이때는 사회적인 이야기나 취미·가족 등에 대한 이야기 등 다양한 일상적인 대화가 이루어지는 시간대다. 사람은 누구나 배가 부르면 기분이 좋아진다. 따라서 이 시간대에는 문서로 바로 보고하기 껄끄러운 사안들에 대해 이야기하면서 상사 등의 의중을 알아보는 데 효과적이다. 이밖에 일의 진행사항에 대한 중간보고를 하는 데도 적합한 시간대다. 예를 들면 이런 식이다.

> "그런데, 팀장님!"
> "응, 왜? 무슨 할 말 있어?"
> "지난번 지시하신 일을 진행하고 있는데 ~와 ~ 같은 이슈들이 있어서 진행에 어려움이 좀 있습니다."
> "아, 그래? 그럼 어떻게 하면 좋을까?"
> "네, 고민 좀 해봤는데 진행방식을 ~~하게 약간 수정해보면 어떨까 하는 생각이 들었습니다."
> "음… 나쁘지 않은데? 그럼 내가 팀장 미팅 다녀와서 4시쯤 다시 구체적으로 이야기해볼까?"

위와 같이 일상적인 상황이었다면 상사가 다소 짜증을 낼 만한 사안들도 이 시간대를 잘 활용해서 이야기하면 비교적 부드럽게 넘어갈 가능성이 크다.

4 오후 1시~2시

점심식사를 하고나면 대부분 오후에 식곤증이 몰려와서 집중력이 떨어지기 때문에 일에 몰두하거나 상황을 넓게 보면서 판단하는 데 어려움을 느낄 수 있다. 이런 점을 고려해서 이 시간대에는 가급적 구두보고 보다는 전자품의나 이메일 등을 활용한 문서보고를 하는 것이 좋다.

5 오후 2시~5시 30분

이 시간대에는 일반적으로 부서 간 회의나 접촉이 많이 이루어지기 때문에 보고 받는 사람이 장시간 집중하기 어려울 수 있다. 따라서 이 시간대에는 되도록 오전에 보고할 때보다는 시간을 줄여서 핵심 포인트 위주로 보고하는 것이 좋다. 일명 '당이 딸린다'는 말이 많이 나오는 시간대이므로 보고하는 시간이 길어지면 상사가 쉽게 짜증을 낼 수 있고, 오전에 비해 상황을 판단하는 시야가 좁아질 수도 있기 때문에 가급적 두괄식으로 결론부터 설명하면서 보고하는 방식이 바람직하다.

6 오후 5시 30분 이후

퇴근 무렵에 머리를 많이 써서 판단해야 하는 사안을 보고하면 좋은 결과를 얻기 힘들다. 따라서 이 시간대에는 되도록 간단한 사안에 대한 구두보고나 이메일 보고를 하는 것이 효과적이다.

7 야간

쉬는데 연락이 오는 것을 좋아하는 사람은 별로 없다. 따라서 야간에는 긴급한 경우 외에는 보고하지 않는 것이 좋으며, 보고가 반드시 필요한 상황이라면 우선 문자나 메신저로 전반적인 사안을 정리해서 보낸 다음 전화를 하는 것이 좋다. 꼭 전화통화가 필요하지 않은 사안이라면 문자나 메신저로 보고하는 것만으로도 충분하다.

앞서 전제했듯이 지금까지 설명한 내용들은 매우 보편적인 경우를 기준으로 한 것으로, 실제로는 조직이나 상사 등의 특성에 따라 차이가 있을 수 있다. 예를 들어 상사가 에너지가 넘치고 업무에 밤낮을 가리지 않는 스타일이라면 너무 바쁜 시간대만 피하면 되고, 상하 간 대화가 편하게 이루어지는 조직이라면 시간대에 구애받지 않고 좀 더 유연하게 보고를 진행하면 된다. 이처럼 상사의 행동방식이나 스타일, 조직의 문화 등을 잘 관찰해서 가장 좋은 보고시점을 잡는 것이 중요하다.

각종 커뮤니케이션 도구의 효율적인 활용방법

필자가 직장생활을 시작할 때만 해도 대면보고가 대부분이었고 급한 보고는 전화를 이용하는 정도였는데, 지금은 매우 다양한 커뮤니케이션 도구가 보고에 활용되고 있다. 그 중에서도 가장 많이 활용되는 전자결재시스템, 이메일, 문자메시지, 메신저 등의 효율적인 활용방법을 알아보자.

1 전자결재시스템

전자결재는 주로 간단한 의사결정을 받아야 할 때나, 이미 보고서와 구두보고로써 승인받은 사항을 품의서로 정리해서 공식적인 결재를 받아야 할 때 활용된다. 그런데 실무자들이 경영진을 대상으로 전자결재를 요청할 때 자주 하는 실수가 있다. 바로 경영진이 자신이 보고한 내용을 모두 기억할 것이라는 생각으로 결재요청을 한다는 것이다. 그러나 하루에도 수많은 보고를 받는 경영진이 모든 보고내용을 일일이 기억할 것이라는 생각은 그야말로 착각일 뿐이다. 따라서 이런 경우 자칫 경영진에게서 결재를 거부당하거나, 보고내용을 다시 설명하라는 지시를 받을 수 있다. 이런 일을 겪지 않으려면 이미 구두보고로써 승인받은 사항이더라도 결재요청을 할 때 다음과 같은 결재의견을 첨부해서 구두보고 내용을 다시 확인시켜줄 필요가 있다.

> 사장님! 지난번 인터뷰하신 ○○회사 ○○○ 본부장 채용품의입니다. 지난 번 구두로 보고 드린 전반적인 사항은 다음과 같습니다.
>
> 1. ○○○ 본부장의 현재 연봉은 ×××만 원이며, 추가로 30%의 인센티브를 받고 있는 것으로 확인되었습니다. 이에 사장님께서 지난번에 주신 가이드를 기준으로 연봉을 ×××만 원로 책정했으며, 해당 사실을 본인에게도 통보해서 최종 확정을 받았습니다. 현재 회사의 보상기준으로 보았을 때 무리가 없는 연봉수준이라고 판단됩니다.
> 2. ○○○ 본부장에 대한 업계 평판을 재확인해본 결과 ○○분야에서 국내 몇 안 되는 경험자라는 사실이 동일하게 확인되었고, 열정적이고 겸손해서 같이 일하고 싶은 사람이라는 의견이 전반적이었습니다. 다만 업무역량에 비해 효과적인 관리능력이 다소 부족하다는 점이 일부 약점으로 제시되었습니다. 이런 의견들을 종합해볼 때 현재 회사가 추진하고 있는 ○○사업의 기반을 구축하는 데 많은 도움이 될 것 같습니다.
> 3. 입사 후 2개월 정도 제가 지속적인 미팅을 통해 필요한 사항을 지원하면서 회사 적응을 돕도록 하겠습니다.
>
> 감사합니다.

2 이메일

앞서 설명했듯이 업무속도의 중요성이 강조됨에 따라 현재 많은 회사에서 이메일을 중요한 보고수단으로 활용하고 있다. 특히 대부분의 IT회사에서 이메일을 1페이지 보고서를 대체하는 수단으로 활용하고 있기도 하다. 또한 이메일은 문자메시지나 메신저보다 기록 보존성이 강하다는 측면에서 점차 공식문서로서 인식하는 경향이 커지고 있다.

이메일 보고는 특정 현황이나 진행상황 등을 보고하거나, 특정 사업이나 일을 제안할 때 효과적으로 활용할 수 있다. 예를 들어 다음과 같이 이메일을 이용해 추진하고자 하는 일의 대략적인 교육 콘셉트를 제안해서 상사의 관심을 이끌어내면 그 일에 대한 구체적인 논의가 이루어지거나 곧바로 일을 진행하게 될 수도 있다.

From: 홍길동 과장
Sent: 20××-05-04 (수) 18:07:02
To: 장길산 부장님
Subject: 보고서 작성 실무교육 과정 구상

부장님, 안녕하십니까? 홍길동 과장입니다. 지난번 말씀주신 구성원 보고서 작성 실무교육 과정 구상에 대해 아래와 같이 의견을 드립니다.

1. 본 과정은 보고서 작성에 필요한 역량을 핵심적인 팁 위주로 빠르게 체득하게 함으로써 구성원들의 기획역량을 향상시키는 데 집중할 계획입니다.
2. 기존의 과정들을 살펴보면 내용은 재미있는데 실제 실무적용에 어려운 경우가 많았고, 주로 파워포인트 보고서 작성에 집중되어 있으며, 보고서의 콘셉트를 잡는 과정과 구체적인 보고서 작성과정이 나눠져 있어서 교육효과가 떨어진다는 이슈가 있었습니다.

3. 따라서 본 과정은 짧게 3시간 동안 보고서 작성의 근본원리 및 실제 현장에서 쓰이는 스킬 및 팁 위주로 구성함으로써 과정을 이수한 구성원들이 현업에 돌아가서 배운 내용을 지속적으로 활용할 수 있는 수준을 목표로 하고 있습니다.
4. 커리큘럼은 몰입방법, 기획방법, 1페이지 보고서 작성방법, 파워포인트 보고서 작성방법, 실전 보고 및 프레젠테이션 방법으로 구성할 예정입니다.
5. 본 과정을 위해 현업경험이 많고 관련 서적을 저술했거나 관련 교육 콘텐츠를 가지고 있는 강사를 소싱할 예정이며, 현재 이윤석이라는 강사가 적합한 것으로 판단됩니다.
6. 앞서 말씀드린 대로 본 과정은 총 4시간으로 구성할 예정입니다. 강의 날짜는 20XX.05.25로 예정하고 있으며, 강의시간은 구성원들의 집중도를 고려해 오전 9~13시 사이에 배정할 예정입니다. 아울러 교육 대상자들을 신입~6개월, 대리~과장급 등 2개 과정으로 나눠 진행할 예정입니다.
7. 비용은 강사료 ×××천 원, 강의장 임대료 ×××천 원, 다과비 ×××천 원 등 대략 총 ×××천 원이 소요될 것으로 보입니다.

위 교육과정에 대한 대략적인 방향을 정리해보았으며, 내일 오전에 부장님께 의견을 여쭌 후에 좀 더 구체적으로 기획해보도록 하겠습니다.

감사합니다. 즐거운 오후 되십시오.

또한 이메일 보고는 다음과 같이 보고서를 작성해서 구두로 승인받은 사안에 대해 확인 및 기록을 남기는 차원에서 활용할 수도 있다.

> 대표님, 안녕하십니까. 고성대 과장입니다.
>
> 금일 보고 드린 보고자료를 첨부하여 다시 보고 드립니다.
> 지시하신대로 ㅇㅇ계약 건은 당사의 배분비율 마지노선이 30%가 되도록 진행해보도록 하겠습니다.
>
> 감사합니다. 즐거운 오후 되십시오.

3 문자메시지와 메신저

문자메시지나 메신저는 이메일에 비해 기록 보존성이 약하다는 단점이 있지만 상황에 따라 꽤 효과적인 보고수단으로 활용할 수 있다. 예를 들어 일의 진행사항을 보고해서 상사를 안심시킬 필요가 있을 때, 진행 상황을 수시로 보고할 필요가 있을 때, 다음날 아침 일찍 진행해야 할 사항을 확인시킬 필요가 있을 때, 출장 중인 상사에게 보고할 때, 이메일이나 전자결재를 올린 후 전반적인 보고내용을 설명할 때, 전화통화가 가능한 상황인지를 확인할 때 등에 활용하면 효과적이다.

특히 문자메시지로 보고내용을 전달하면 상사 등 상대방이 빨리 집중해서 읽을 수 있기 때문에 어설프게 전화로 보고하는 것보다 보고내용을 각인시키는 데 효과적이며, 이 방식과 다른 보고수단을 적절히 조합해서 활용하면 보고의 효과를 더욱 높일 수 있다. 예를 들어 출장 중인 상사에게 다음과 같이 문자메시지로 일의 진행사항을 보고함으로써 상사를 안심시킬 수 있는 것이다.

상무님, 안녕하십니까. 박유식 팀장입니다. 장기간 출장으로 피곤하실텐데 건강 잘 챙기고 계시지요?

1. 오현석 부장이 말씀드렸던 협력업체 활용 건은 지난번 말씀주신 기준에 맞추어 설득 완료해서 품의를 올렸습니다. 검토 부탁드립니다. 협력업체에서 손해 볼 가능성에 대해 걱정하고 있는 상황이나, 비전이나 성장성 등의 측면을 강조하고 향후 추가적인 협력사항 등에 대해서도 이야기해서 잘 설득해놓았습니다.

추가로 2개 업체는 회사 내부 추천을 받거나, 관계사 등에서 추천을 받으려고 진행 중입니다.

2. 새로 확보한 영업직 경력사원 2명은 현재 업무에 잘 적응해가고 있습니다. 말씀주신 부분들을 잘 숙지하도록 OJT를 하도록 하겠습니다.

그럼 남은 출장 잘 마무리하십시오. 감사합니다.

상사의 성격분석에 따른 효과적인 보고패턴

사람들은 대부분 행동이나 판단을 할 때 성격의 영향을 많이 받는다. 이렇듯 사람마다 행동이나 판단의 기준이 다르기 때문에, 직장에서도 상사나 동료들이 하는 행동 등을 이해하기 힘든 상황을 자주 겪게 된다.

그런데 이를 반대로 생각해보면 상사나 동료의 성격패턴을 분석해보면 어떤 상황에 대해 그들이 어떻게 행동하고 판단할지를 대략적으로 예측할 수 있다는 의미가 된다. 이처럼 사람의 성격패턴을 파악하는 데 도움을 주는 도구가 바로 '에니어그램(Enneagram)'이다. 에니어그램은 다음 2가지 항목의 조합을 통해 사람의 성격을 9가지로 구분하고 있는데, 이를 통해 상사나 동료의 성격을 알게 되면 보고나 커뮤니케이션의 효과를 월등히 높일 수 있다. 가벼운 마음으로 성격을 알고 싶은 상사나 동료의 유형을 다음 조합에 대입해보자.

〈생각 · 감정 · 행동유형〉
1. 생각형 : 생각이 상당히 많은 유형이다. 미리 예상을 많이 한다.
2. 감정형 : 생각이 많기는 한데, 항상 남을 의식하거나 내가 이렇게 하면 남이 어떻게 볼까를 고민하는 유형이다.
3. 행동형 : 적당히 생각하고 행동하는 유형이다. 고민을 깊게 하기 보다는 우선 행동부터 하는 유형이다.

〈의사표현 유형〉
a. 자기주장을 잘 하는 편이다.
b. 대세나 다수결에 따르는 편이다.
c. 자기주장은 있는데도 좀처럼 표현하지 않는 편이다.

이 2가지 유형을 조합하면 다음 표와 같이 상사나 동료의 성격을 어느 정도 파악할 수 있게 된다. 만일 어느 한 가지 유형으로 확정하기 어렵다면 몇 가지 유형을 더 선택하고 표에 제시된 내용을 읽으면서 가장 잘 맞는 성격을 찾아보면 된다.

구분	성격유형	싫어하는 것	해당 유형에 맞춰서 일하는 방법
1a	재미를 추구, 빠르고 열정적인 유형	느리고 아이디어 없는 것	초안을 빨리 만들어 중간보고를 빨리 해서 의견을 받아야 한다. 속도가 중요하다. 아이디어를 적극적으로 제시하고 긍정적 태도를 갖는다.
1b	성실하고 책임감 있는 유형. 모범생 유형	믿을 만한 자료가 없는 것	눈으로 보여줘야 믿기 때문에 과거 정보나 벤치마킹 내용을 제시하는 것이 중요하다. 좋은 보고사례를 활용한다. 신중하고 꾸준히 보고한다.
1c	지식탐구, 관찰, 분석하는 유형	논리가 없는 것	항상 정보와 논리로 접근한다. 감정보다는 냉철한 분석으로 접근해야 하며, 적절한 거리를 유지한다.
2a	성취·성공·목표 지향 유형	납기(데드라인)를 어기는 것	정확한 목표를 가지고 접근하고, 효율성을 강조한다. 추진력 있는 것을 좋아한다. 납기를 준수해야 한다.
2b	남을 잘 돕고, 지원하고 협력하는 유형	싸우고 협업하지 않는 것	협력·협업방식으로 일을 처리한다. 보고를 좋아한다. 팀 활동을 잘하고 배려하는 자세를 갖는다.
2c	특별한 존재가 되고 싶은 예술가 유형	과정을 무시하는 것	취향과 취미를 맞추는 노력이 필요하고, 상사의 창조력에 공감해준다. 튀는 행동을 좋아하지 않는다.
3a	도전적이고 승부사적 유형	핑계를 대거나 정직하지 않은 것	열정적이고 발로 뛰는 것을 좋아한다. 계획을 잘 세워서 이야기한다. 핑계나 말 돌리기를 싫어하므로 솔직하게 대한다.
3b	원칙적이고 완벽주의를 추구하는 유형	올바르지 않은 것	각종 규칙이나 규정을 준수하는 것을 좋아하므로 그것에 기반해 보고한다. 보고 시 근거가 명확해야 한다. 행동으로 보여주고 노력하는 것을 좋아한다.
3c	안정적이고 여유와 평화를 추구하는 유형	호언장담이나 허세를 떠는 것	다른 조직과 업무갈등을 만들지 말고, 겸손함과 포용력을 보여준다. 어떤 일을 하고 있는지 수시로 보고하고 의견을 구한다.

003 구두보고의 효과를 높이는 실전 노하우

● The Total Solution for Reports

보고로 인정받는 2가지 유형

필자가 오랜 기간 직장에서 인사 책임자로 일하면서 관찰해본 결과 보고로 인정받는 유형은 크게 2가지였다. 하나는 보고서 작성수준은 떨어지지만 말로 보고(구두보고)를 잘해서 인정받는 유형이고, 다른 하나는 보고서에 엄청난 공을 들여서 보고함으로써 인정받는 유형이다. 그런데 후자의 경우 앞선 필자의 사례처럼 성질 급한 상사를 만나면 보고서의 내용을 제대로 설명하지 못해서 낭패를 겪을 수 있다. 이러한 낭패를 겪지 않으려면 보고서 작성을 위한 노력만큼이나 구두보고에도 많은 노력을 기울여야 한다.

구두보고를 잘하는 방법

그렇다면 구두보고를 잘하려면 어떻게 해야 할까? 그 핵심적인 사항을 정리해보면 다음과 같다.

1 전달할 메시지와 대안을 미리 문서로 만들어 외운다

핵심적인 보고내용을 1~2개의 문장으로 정리하고, 그에 대한 여러 경우의 수와 대안도 몇 가지로 압축해서 정리한다. 특히 보고경험이 많지 않은 실무자라면 긴장감을 줄이고 자신감을 확보하기 위해 이렇게 정리한 내용들을 미리 외워두는 것이 좋다.

2 첫 메시지에 핵심내용을 담는다

결론을 먼저 이야기한 후 부연설명을 한다. 즉, 다음 사례와 같이 첫 메시지에서 보고를 받는 사람의 관심을 끌 수 있도록 결론이 되는 핵심내용을 잘 설명하는 것이 중요하다. 또한 사례처럼 결론에 따른 1~3개의 대안을 정리했다는 사실을 바로 밝히는 것이 좋다.

> 금번 조사결과 서비스 장애가 일어나는 핵심적인 원인은 시스템 구조의 복잡성 때문인 것으로 밝혀졌는데, 현재 회사 내에 이를 해결할 전문가가 없다는 문제가 있습니다.
> 따라서 우선 타깃 리쿠르팅을 통해 업계경험이 풍부한 시스템 구조 전문가를 확보할 필요가 있으며, 두 번째로 시스템 구조 개편 전까지는 장애 전파 체계를 구축함으로써 장애 대응시간을 최소화할 필요가 있을 것으로 보입니다.

> 3페이지를 보시면 전체적인 현황과 대안을 종합적으로 정리해놓았습니다.

3 대안에 대한 경우의 수를 분석해서 의견을 준비한다

보고받는 입장에서 대안 없는 보고는 의미가 없다. 따라서 보고를 한 번에 성공하려면 보고서에 제시된 대안들에 대한 장·단점과 추천 대안에 대한 의견은 물론, 보고현장에서 상사(또는 이해관계자)가 제시할 만한 대안 등을 미리 꼼꼼히 분석해놓아야 한다. 그렇지 않으면 '확인해서 보고드리겠습니다' 등의 말을 하면서 보고를 한 번에 마무리하지 못할 가능성이 크다.

4 눈을 마주치고 정확한 발음으로 보고한다

보고서만 보면서 읽는 보고방식은 전달력이 크게 떨어진다. 전달력을 높이려면 기본적으로 보고내용을 외운 상태에서 보고받는 사람과 눈을 마주치고 정확한 발음으로 보고해야 한다. 또 보고경험이 부족하면 긴장해서 자신도 모르게 말이 엄청나게 빨라질 수 있는데, 이러면 보고받는 사람에게 신뢰감을 주지 못한다. 따라서 보고할 때는 여유 있게 최대한 한마디씩 또박또박 말하도록 노력해야 한다.

5 반론 제시에 따른 대응에 유의한다

보고를 할 때 상사나 이해관계자가 반론을 제시하면 그 의견을 인정한다는 의사표현을 한 후 조심스럽게 자신의 의견을 밝혀야 한다. 인간은 감정을 가진 존재다. 상사나 이해관계자 역시 마찬가지다. 따라서 위와 같은 경우에도 최대한 예절을 갖춰서 상대의 입장에도 공감한다는 표현을 한 후에 필요한 의견을 적절히 제시하는 태도를 보여야 한다. 그렇지 않고 자신의 주장만 강조하면 절반의 성공도 거두기 어려울 수 있다. 특히 상사를 가르치려고 하는 태도는 매우 위험하다. 고집이 센 상사나 경영진이라면 자신의 반론에 이의를 제기하는 것 자체를 못마땅해 할 수 있다는 점에도 유의해야 한다. 보고를 할 때 중요한 것은 자신이 만든 보고서대로 일을 진행하는 것이 아니라 합리적인 결론을 찾아서 일을 성공시키는 데 있다는 사실을 명심해야 한다.

지금까지 설명한 5가지 사항을 잘 실천한다면 구두보고의 효과를 크게 높일 수 있다. 다만 구두보고를 잘해서 상황을 잘 넘기더라도 보고서 작성수준이 떨어지면 이 경우 역시 절반의 성공에 불과하다는 점을 잊어서는 안 된다.

004 보고상황 시뮬레이션부터 보고 메시지 작성까지

● The Total Solution for Reports

보고상황에 대한 사전 시뮬레이션 방법

실제 보고에 들어가기 전에 가장 중요한 일은 머릿속으로 보고상황을 미리 시뮬레이션해보아야 한다는 것이다. 이것은 실제 보고를 하면서 자신이 어떤 말을 했을 때 상사나 이해관계자가 어떻게 반응할지를 대략 떠올리면서 머릿속으로 공방을 해보는 과정을 말한다. 많은 실무자들이 시간이 부족하다는 이유로 이 과정을 뛰어넘곤 하는데, 여기에 들어가는 시간은 약 5~10분 정도면 충분하다. 보고 전 시뮬레이션을 위한 4가지 과정은 다음과 같다.

① 상사에게 보고하는 장면을 머릿속에 구체적으로 떠올려보고, 그 상황에서 상사가 어떤 말이나 반응을 할지 미리 예측해본다.
② 상사는 무엇을 알고 싶을지, 무엇을 고민하고 있을지를 생각하면서 예상질문을 생각해보고, 필요하면 그 질문들을 노트에 적어놓는다.
③ 사안에 따라 보고 중에 갑자기 발생할 수 있는 위험요소, 즉 상사가 화 또는 짜증을 내거나, 보고를 거부하거나, 다른 일정 때문에 보고가 중단되거나 할 가능성을 미리 파악해보고 그에 따른 대안을 미리 생각해놓는다.
④ 보고 시 보고내용과 대안에 대한 질문에 말문이 막히지 않도록 왜(Why)와 어떻게(How)를 구체적으로 생각해놓는다.

위와 같은 시뮬레이션은 결국 보고의 명확한 목표와 전략을 세우는 과정으로 볼 수 있으며, 이것을 보다 구체화하려면 스스로에게 다음 6가지 질문을 던져서 그 답을 찾아보아야 한다.

① 나는 무엇을 원하고 있는가?
② 상사(또는 보고 받는 대상)는 현재 어떤 상황에 있으며, 무엇을 원하고 있는가?
③ 상사가 두려워하고 있는 것은 무엇인가? 그것을 피하려면 어떻게 해야 하는가?
④ 상사에게 제시할 수 있는 대안은 몇 가지며, 각각의 장·단점은 무엇인가?
⑤ 내가 선택하고 집중해야 할 방안은 무엇인가?
⑥ 보고를 할 때 발생할 수 있는 위험요소(리스크)는 무엇이고 어떻게 대처해야 하는가?

여기서 가장 중요한 사항은, ③번 질문에 따라 '상사(또는 보고를 받는 대상)가 두려워할 만한 요소'를 파악해서 그것을 피해갈 수 있는 대안을 찾아야 한다는 것이다. 예를 들어 거래처 일정에 맞춰 상품 출고가 이루어지지 않거나, 거래계약이 깨져서 회사가 손해 볼 가능성이 있거나 하는 등 상사가 보고내용과 관련해서 두려워할 만한 상황들을 파악해서 그러한 상황을 피해갈 수 있는 대안을 미리 생각해놓아야 한다.

보고 메시지 작성을 위한 2가지 고려사항

시뮬레이션을 통해 보고목표를 설정하고 그에 따른 전략수립까지 끝냈다면 이제 보고 메시지를 고민해야 한다. 이때 가장 중요한 포인트는 다음 2가지다.

① 광고카피 쓰듯이
② 두괄식으로

인간의 주의집중 시간은 얼마나 될까? 1시간? 20분? 심리학자들이 연구한 바에 의하면 '30초'라고 한다. 아이들이 광고를 좋아하는 이유도 30초 안에 모든 메시지가 완결되어 보기 편하기 때문이라고 한다. 특히 상황이 매우 급하게 돌아가고, 여러 이슈가 얽혀있는 비즈니스 환경에서는 더더욱 상대방 또는 상대 조직의 집중을 장시간 이끌어내기가 어려울 수밖에 없다.

보고에 서툰 사람일수록 논점이 약하고 말이 길어지는 경향이 있다.

그런데 하루에도 수십 건씩 보고를 받는 상사 입장에서는 이런 장황한 보고에 집중하기가 쉽지 않다. 이럴 경우 보고 도중 상사에게서 "그래서 뭘 어떻게 하겠다는 건가?" 하는 말이 나올 가능성이 크다.

맥킨지에는 '30초 프레젠테이션'이라는 훈련이 있다. 엘리베이터를 타고 내려가는 30초 동안 고객사의 경영진을 설득하거나 이해시키는 프레젠테이션을 말한다. 이것을 가능하게 하는 방법은 '상대의 관심을 끄는 결론을 한 문장으로 말해 버리는 것'이다. 광고카피와 같은 원리다. 그러면 상대는 순간 집중하면서 속으로 '왜?'라는 의문을 갖게 된다. 이럴 때 간단한 부연설명을 하면 상대를 쉽게 이해시키거나 설득할 수 있다.

필자도 과거 직장생활을 하면서 바쁜 경영진이나 사장님을 상대로 보고할 때 이 방법을 자주 활용했다. 예를 들어 사장님과 함께 엘리베이터를 타고 내려가는 짧은 순간에 "사장님, 지난번 말씀주신 사안에 대한 해결방법을 찾았습니다. 이러저런 방법을 사용하면 비용절감 효과가 클 것 같습니다. 자세한 사항은 찾아뵙고 보고 드리겠습니다. 언제가 괜찮으신지요?"라고 보고하는 것이다. 그러면 사장님에게서 "그래? 그럼 오후에 시간 비어 있으니까 비서와 일정 잡아보게"라는 대답을 들을 수 있었.

이러한 원칙은 간단한 보고뿐만 아니라 장시간에 걸친 강의나 프레젠테이션에서도 동일하게 적용된다. 즉, 전체적인 시간은 길더라도 짧은 단위로 상대방이 집중할 수 있는 메시지를 작성해야 한다.

보고 메시지의 4가지 기본요건

보고경험이 부족하면 긴장을 해서 자신의 역량을 40%도 발휘하지 못할 때가 많다. 따라서 처음에는 귀찮더라도 미리 보고 메시지를 작성해서 외워두는 것이 좋다. 이때 메시지 분량은 A4지 5분의 1에서 4분의 1 정도면 충분하다. 물론 보고를 할 때 상사와 주고받는 대화가 100% 보고 메시지대로 흘러가지는 않겠지만 이렇게 미리 준비하는 것이 긴장감을 줄이는 데는 매우 효과적이다. 이런 식으로 첫 도입부를 잘 풀어 가면 의외로 보고가 쉽게 끝나는 경우도 많다.

보고 메시지를 작성하는 방법은 여러 가지지만, 가장 기본적으로 들어가야 할 요건은 다음 4가지다. 다만 첫 도입부가 너무 길어도 안 좋을 수 있으므로 각 요건별로 적절한 분량을 설정하는 것이 좋다.

① 인사말 : 상사나 이해관계자에게 할 인사말을 적는다.
② 보고의 개요 : 보고내용이 무엇인지를 한 문장으로 설명하는 것이 효과적이다.
③ 대략적인 결론과 대안 : 도출된 대략적인 결론과 대안을 간략하게 정리해서 반영한다.
④ 설명할 순서 : 대략적인 설명순서를 이야기하면 좋다. 다만 경우에 따라 이 부분은 생략할 수도 있다.

물론 꼭 위의 4가지 요건에 맞출 필요는 없으며, 현재 자신이 담당하고 있는 업무나 상사 또는 이해관계자의 성향을 고려해서 적절히 수정하면 된다. 다음은 위의 요건에 따라 기본적인 보고 메시지를 작성해본 것이다.

① 인사말
상무님, 안녕하십니까? 이윤석입니다.

② 보고의 개요
최근 자주 발생하고 있는 해킹에 의한 보안사고 개선방안에 대해 보고 드리겠습니다.

③ 대략적인 결론
현장에서 원인을 분석해 보니 결론은 서버나 네트워크 쪽의 문제라기 보다는 프로그램 오류 때문인 경우가 많았습니다. 이를 해결하기 위한 개선방안을 3가지 정도로 정리해보았습니다.

④ 설명할 순서
그럼 현황, 이슈, 개선방안 순서로 설명 드리겠습니다. 먼저 보고서 4페이지를 봐주시기 바랍니다.

005 커뮤니케이션의 오류를 줄여주는 메모의 기술

The Total Solution for Reports

메모습관으로 얻을 수 있는 이점

직장인들은 일반적으로 '상사가 부르면 빨리 가는 것이 좋은 태도다' 라고 생각한다. 물론 옳은 생각이지만 간혹 이보다 중요한 사실을 간과하는 경우가 있다. 바로 '상사의 지시를 놓쳐서는 안 된다'는 것이다. 이를 위해서는 상사가 찾을 때 반드시 수첩을 들고 다니는 습관을 들여야 한다. 그렇지 않으면 상사가 여러 가지 지시를 했을 때 자리에 돌아와서 1~2가지 지시를 기억해내지 못하는 상황이 생길 수 있다. 이런 경우 다시 물어보기도 어려워 혼자 전전긍긍하다가 결국 일을 제대로 처리하지 못해서 질책을 받을 가능성이 크다. 필자 역시 직장생활 초기에 좋은 기억력만 믿고 메모습관을 들이지 않았다가 여러 차례 그런 실수를 하곤 했다.

일 처리가 완벽하지 못하고 불안하면 상사와의 신뢰관계가 약해진다. 상사와 완벽한 신뢰관계를 쌓기 위해서는 '저 사람에게 일을 맡기면 걱정이 없다'는 생각이 들게 해야 한다. 따라서 상사가 부를 때는 무조건 수첩을 들고 가서 상사가 하는 이야기를 모두 적고, 그 내용을 토대로 상사와 지시내용을 다시 논의하고 조정하는 식으로 일을 처리하는 것이 바람직하다.

이런 식으로 메모습관을 들였을 때 얻을 수 있는 이점은 다음과 같다.

> ① 메모로 지시사항을 정리해놓으면 일의 우선순위가 명확해지기 때문에 엉뚱한 일을 먼저 하는 실수를 막을 수 있다.
> ② 상사의 지시를 구체적으로 메모한 내용이 있으면 상사에게 추가로 질문을 하거나 일의 우선순위를 확인할 때 큰 도움이 된다.
> ③ 상사에게 지시를 정확히 듣고 관심을 기울여 경청하고 있다는 이미지를 줄 수 있다.

안타깝게도 신입사원뿐만 아니라 대리, 심지어 과장급 직장인들도 메모습관을 들이지 못한 경우가 많다. A급 인재와 B급 인재의 차이가 이런 사소한 습관에서 생기는 데도 말이다.

메모의 효과를 높여주는 실전 팁

메모를 활용해서 업무의 오류를 줄이기 위해서는 '확인-우선순위-일정'이라는 3가지 절차를 반드시 기억하고 있어야 한다. 이를 기준으로 메모를 업무에 활용하는 흐름을 정리해보면 다음과 같다.

1 기본적으로 상사와 대화할 때는 항상 수첩을 펴고 메모한다. 이를 통해 상사에게 '나는 당신의 이야기를 경청하고 있습니다'라는 이미지를 줄 수 있고, 지시사항 등에 대한 논의도 더욱 효과적으로 할 수 있다.

2 나중에 기억하기 쉽도록, 상사가 말하는 거의 모든 사항을 핵심 키워드를 활용해 메모한다. 메모할 때 상사의 이야기 중에서 대략 몇 개만 요약해서 적는 경우가 많은데, 이럴 경우 나중에 시간이 지나면 일부 내용들이 기억나지 않을 수 있다. 따라서 메모할 때는 가능한 한 세밀하게 모든 사항을 적고 상사의 말하는 뉘앙스 등까지 기록해야만 일을 실수 없이 처리할 수 있다.

3 상사의 말이 끝나면 메모내용을 토대로 "이러이러하게 말씀하셨는데, 이러저러하게 실행하도록 하겠습니다"는 식으로 지시사항을 재확인해야 한다. 바쁘다 보면 상사들이 깊게 고민하지 못하고 지시할 때가 많기 때문에 이러한 확인과정이 매우 중요하다. 그렇지 않으면 상사의 생각과 실제 지시사항이 일치하지 않아서 엉뚱한 일을 하게 될 수도 있다.

상사 입장에서 부하직원이 '이렇게 하라는 것이지요?'라는 식으로 지시내용 재확인을 요청하면 자신이 지시한 내용을 한 번 더 고민해보게 된다. 그리고 나서 그 내용대로 하라고 하면 당초 지시대로 일을 처리하면 되고, 만일 '아니, 내가 말한 의도는 그게 아니고 이렇게 하라는 것이야' 하는 식으로 이야기하면 변경된 사항에 맞춰 일을 진행하면 된다. 이런 식으로 대화하는 자리에서 재확인하지 않으면 나중에 다시 물어보아야 하므로 시간낭비가 될 뿐 아니라, 왠지 상사에게 집중력이 부족하다는 인상을 준 것 같은 찜찜함을 느끼게 된다.

4 상사가 여러 지시를 내렸다면, "이러저러하게 지시하셨는데, 무엇을 먼저 하는 것이 좋겠습니까?"라는 식으로 우선순위를 파악해야 한다. 이렇게 우선순위를 확인하지 않고 자신이 편한 순서대로 일을 처리하다 보면 상사의 생각과 차이가 생겨서 '왜 물어보지 않고 자의적으로 처리했느냐'는 질책을 들을 수 있다. 따라서 여러 지시를 받았을 때는 "어떤 일부터 할까요?"라는 질문을 해서 상사를 고민하게 만들어야 한다.

5 우선순위를 듣고 끝나면 안 된다. 마지막으로 "언제까지 하면 좋을까요?"라는 질문으로 정확한 납기, 즉 데드라인을 확인해야 한다. 그렇지 않으면 정확한 일정이라는 측면에서도 상사와 이견이 생길 수 있다. 따라서 위와 같은 질문으로 상사를 고민하게 해서 일의 데드라인에 대한 확답을 받아야 한다. 이렇게 하면 상사와 부하직원이 구두로서 지시한 업무에 대한 계약을 맺는 것과 같은 효과를 얻을 수 있다.

회사의 업무가 대부분 상사의 지시로 시작된다는 점에서, 위와 같은 메모의 기술이 어쩌면 이 책의 전체 내용 중 가장 중요한 부분에 해당된다고도 볼 수 있다. 메모의 기술을 익히면 지시 받은 일을 오류 없이 순차적으로 처리하는 데 가장 큰 도움이 되기 때문이다. 메모습관처럼 커뮤니케이션 오류를 줄이기 위해 하는 노력들이 결국 업무성과 향상과 직결된다는 사실을 항상 기억하길 바란다.

006 실전에서 가장 중요한 중간보고의 핵심기술

● The Total Solution for Reports

중간보고는 잽이다

영화나 드라마를 보면 간혹 주인공 회사원이 혼자 밤새 PC 앞에서 프로젝트 자료를 만들고, 다음날 멋지게 프레젠테이션을 해서 사람들에게서 '와!' 하는 감탄사와 함께 기립박수를 받는 장면이 등장한다. 그러나 현실에서는 일을 이렇게 처리하면 박수 보다는 상사의 마음을 답답하게 하는 부하직원으로 찍힐 가능성이 크다. 무엇이 문제일까? 바로 보고에서 매우 중요한 '중간보고' 과정을 간과했기 때문이다.

중간보고는 권투경기로 치면 '잽'과도 같다. 어떤 선수들은 힘만 믿고 스트레이트 한 방에 경기를 끝내려고 하지만 이러면 헛방만 거듭 하다 결국 제풀에 지칠 위험이 크다. 실제로는 잽을 계속 날리다 가볍게 휘두른 스트레이트가 적중해서 승기를 잡는 경우가 더 많다. 보고에서 최종보고가 결정적인 스트레이트 한 방에 해당한다면, 이 결정타에 효과를 더하는 잽이 바로 중간보고에 해당한다고 볼 수 있다.

중간보고의 중요성을 인지하지 못하는 실무자들은 대부분 '최종보고로 좋은 평가를 받으면 된다'고 생각한다. 이런 생각은 주로 '나 혼자 완벽하게 준비해서 보고해야 똑똑하고 일을 잘한다는 평가를 받을 수 있다'는 잘못된 고정관념에서 비롯된다. 이러한 고정관념으로 인해 중간보고를 소홀히 하거나, 심지어 중간보고의 존재조차 인지하지 못하게 되는 것이다.

앞에서 이해관계자를 분석하려면 그 사람의 욕구와 두려움을 분석해야 한다고 설명했다. 그렇다면 만일 실무경험이 부족한 부하직원에게 일을 맡기는 상사라면 무엇을 두려워할까? 아마도 가장 큰 두려움은 '부하직원이 자신이 원하는 날짜에 맞춰 일을 처리하지 못해서 업무가 밀리는 상황'일 것이다. 이런 상사의 두려움을 방치해두고 운 좋게 보고 최종일에 보고서를 완성해서 보고를 잘 마무리하더라도 상사의 답답한 마음은 해소되지 않을 뿐 아니라, 자칫 연말 인사평가 시 커뮤니케이션 역량이 부족하다는 의견을 받을 위험도 있다.

일을 할 때는 상사의 입장에서 생각해보는 자세가 중요하다. 상사는 일을 지시하고 결과물을 받을 때까지 기다려야 한다. 게다가 결국 책임은 자신이 져야 한다. 그러니 자신이 요청한 날까지 부하직원이 일을 마무리할 수 있을지, 진행은 잘 되고 있는지 궁금하기는 한데, 그렇다고 일이 잘 되고 있는지 계속 물어볼 수도 없으니 답답한 마음이 들 수밖에 없다. 이런 상사의 두려움을 해결해주는 가장 좋은 방법이 바로 '중간보고'라는 잽을 계속해서 날리는 것이다.

중간보고를 하면 일의 성공확률도 높일 수 있다. 앞에서 수첩을 들고 경영진과 자주 접촉해서 대화하는 노력을 하는 팀장이 화려한 보고서로 승부를 보려는 팀장보다 일을 성공시킬 확률이 높다고 했는데, 중간보고의 효과 역시 이것과 마찬가지라고 보면 된다. 예수님은 내가 대접받고 싶은대로 남을 대접하라고 했다. 상사가 묻기 전에 먼저 알려 주는 것이 중간보고의 핵심이다.

또한 중간보고를 통해 상사와 일을 조율하는 과정 없이 일을 진행하면 시행착오로 인해 일 전체를 그르칠 위험이 있을 뿐 아니라, 자칫 상사에게 '결과를 받아드리라'는 의미의 강압감을 느끼게 할 수도 있다. 이럴 경우 당연히 상사 입장에서 기분이 좋을 수 없다.

또 중간보고를 다른 상황에서 활용할 수도 있다. 예를 들어 상사가 너무 바쁜 나머지 별 고민 없이 부하직원에게 업무지시를 내렸다고 가정해보자. 이때 부하직원 입장에서 상사의 지시대로 일을 진행하면 결과가 좋지 못할 것이라고 판단된다면 어떻게 해야 할까?

먼저 '상사의 지시니까 일단 따르자'라는 생각으로 일을 진행한 후 그 결과물을 그대로 보고하는 사람이 있을 수 있다. 그런데 이런 경우 "자네는 생각도 없나?"라는 핀잔을 들을 가능성이 크다. 물론 "지시하신 대로 진행했습니다"라는 식으로 대응할 수는 있겠지만, 그렇다고 상사의 부정적인 인식이 사라지지는 않는다.

물론 부하직원 입장에서 상사의 지시가 잘못 되었다고 해서 그 자리에서 바로 오류를 지적하기는 쉽지 않다. 이럴 때 바로 중간보고가 필요해진다. 즉, 일단 일을 지시대로 진행하되, 자료와 정보를 수집·분석해 개괄적인 방향이 나왔을 때 다음과 같은 방식으로 중간보고를 하면 일을 진행하기가 훨씬 수월해진다.

"팀장님! 지시하신 사항을 검토해 보니 몇 가지 이슈가 있어서 논의를 드리려고 합니다. 제가 분석해본 결과 A안으로 진행했을 때는 이런 문제가, B안으로 진행했을 때는 저런 문제가 있으므로 C안으로 진행하면 어떨까 싶습니다."

이런 식으로 중간보고를 하면 일의 방향성을 바로잡을 기회와, 상사에게서 긍정적인 평가를 받을 기회를 동시에 얻을 수 있다.

중간보고의 효과를 높이는 실전 팁

그렇다면 중간보고를 어떻게 하면 가장 효과적이며, 어떤 점을 유의해야 할지 살펴보자.

1 일의 진척도와 이슈에 대해 주기적으로 보고한다

만일 부하직원이 일을 진행하면서 중간보고를 하지 않으면 상사는 궁금한 마음에 계속해서 일의 진행사항을 확인해보고 싶어 할 것이다. 순한 상사는 답답하더라도 참겠지만, 독한 상사라면 큰소리를 한 번 지를 수도 있다. 반면에 중간보고를 통해 일의 진척도와 이슈를 주기적으로 보고하면 이러한 상황을 사전에 막을 수 있다. 핵심은 '묻기 전에 먼저 설명하라'는 것이다. 꼭 구두보고 방식이 아닌 이메일 보고나 문자 메시지·메신저 등으로 보고해도 좋다. 특히 업무 진척도에 대한 중간보고를 할 때 간트차트(353쪽 내용 참조)를 이용하면 상사에게서 더욱 강한 신뢰감을 얻을 수 있다. 또한 지속적인 중간보고를 통해 상사를 안심시키면 업무의 자율성을 확보하는 데도 크게 도움이 된다.

2 상황이 급변했을 때는 긴급하게 보고한다

일을 진행하는 과정에서 내·외부환경의 변화 등으로 방향을 급하게 수정·변경·폐기해야 하는 경우에는 긴급하게 보고를 해야 한다. 예를 들어 계약하기로 한 납품업체에서 갑자기 다른 의견을 내세우는 등 뭔가 찜찜한 느낌이 드는 상황이 발생했을 때는 곧바로 책임 있는 상사에게 그 사실을 보고해야 한다. 특히 이러한 보고는 시점을 놓치면 큰 낭패를 겪을 수 있다는 점에 주의해야 한다. 조금 혼날 것이 두려워 보고를 미루다가는 더 큰 사고로 발전할 수 있으므로 이럴 때는 반드시 곧바로 전화나 구두로 보고해야 한다.

3 상사의 지시가 이상할 경우 일정 기간 고민한 후 중간보고를 통해 방향을 수정한다

상사의 지시내용에 문제가 있다고 판단될 때는 상사의 성향에 따라 각기 다른 대응이 필요하다. 먼저 생각이 비교적 유연한 상사라면 지시 받은 자리에서 바로 문제 제기를 해도 대화가 잘 통할 수 있다. 반면에 고집이 센 상사라면 "자네는 왜 해보지도 않고 그런 이야기를 하나?"라고 이야기할 가능성이 크다. 그렇다고 찜찜한 상태에서 '상사의 지시니까 어쩔 수 없다'는 마음으로 그대로 일을 진행하면 나중에 실제로 문제가 생겼을 때 "자네는 생각도 없나? 하라는 대로 다 하나?"라는 이야기를 들을 수 있다. 실제로 조직에서는 이와 같이 상사의 지시를 받고 이러지도 저러지도 못하는 상황이 자주 발생한다. 이때 특히 주의해야 할 점은 상사가 처음 지시를 내린 시점에 얼굴 붉힐 일을 만들어서는 안 된다는 것이다. 즉, 지시에 문제가 있다는 사실을 언급하더라도 당장 바뀔 것이 없는 상황이라면 굳이 표정관리를 잘못해서 상사와 감정의 골을 만들 필요가 없다는 것이다.

이런 경우 일단 상사의 지시를 경청하고 자리에 돌아와 일정 시간 후에 중간보고를 통해 방향을 수정하는 것이 바람직하다. 즉, 어느 정도 시간이 지난 후에 상사에게 가서 "팀장님! 지시하신 사항에 대해 고민해보았는데 이런저런 이슈가 있어서 팀장님의 의견을 들어보았으면 합니다."라고 이야기하면 신기하게도 상사가 그 의견을 듣고 방향을 바꿔 줄 때가 많다.

위와 같이 일을 진행하면 물론 시간이 좀 더 걸릴 수는 있겠지만, 이런 식으로 상황을 유연하게 풀어 가야만 어떤 상사를 만나더라도 일을 올바른 방향으로 이끌어갈 수 있다.

4 항상 복수의 대안을 고민해야 한다

보고를 받는 상사 입장에서는 아무래도 부하직원이 상황을 넓게 보고 판단해주기를 바란다. 따라서 보고자가 하나의 대안을 강하게 주장할 때보다는, 몇 가지 대안을 도출해서 각각의 장·단점을 분석한 자료를 제시하고 그 중에서 가장 효과적인 대안을 제안하는 식으로 보고할 때 그 의견을 지지해줄 확률이 높다. 그렇지 않고 전자처럼 하나의 대안만 주장하면 상사에게서 "이런 방식은 생각해 보았나?"라는 질문을 받고 말문이 막혀서 보고에 실패할 확률이 높다.

5 완성되지 않은 초안의 보고서로 보고한다

중간보고 없이 완성된 보고서를 제출했다가 상사와 방향성이 맞지 않으면 보고서의 틀 자체를 수정해야 하므로 시간과 노력의 낭비가 될 수 있다. 따라서 보고서의 콘셉트와 방향이 일정 수준 구성된 상태에서 일단 중간보고를 하는 것이 좋다. 초안의 중간보고 시점은 전체 작업기간의 3분의 1에서 2분의 1 기간 이내가 바람직하다. 이때 현재 보고하는 내용이 초안이라는 점과, 최종적으로 어떤 식으로 보고하겠다는 의견을 밝혀야 한다. 초안 보고 시에는 멋지게 편집하려고 애쓸 필요가 없으며, 목적과 개요, 목차 정도만 잡힌 상태의 보고서라도 괜찮다. 이런 경우 보고서의 완성도가 떨어진다는 것 정도는 상사 입장에서도 충분히 이해할 수 있기 때문이다. 특히 이런 식으로 중간보고를 하면 상사의 의견을 합쳐서 내용을 보다 빠르고 세밀하게 정리할 수 있으므로 일의 진행속도도 획기적으로 줄일 수 있다.

007 간트차트를 활용한 중간보고의 기술

● The Total Solution for Reports

간트차트는 프로젝트 관리기법의 핵심도구

　필자가 예전에 다녔던 회사에서 있었던 일이다. 어느 날 필자에게 회사의 주식보상 전략을 세우고 실행하는 업무가 맡겨졌다. 처음 맡는 일이라서 필자 자신도 긴장되었지만, 상사 역시 "이런 업무 처음이지? 과장, 차장급도 어려운 업무인데… 잘 할 수 있겠어?"라며 은근히 걱정스러운 마음을 내비추었다. 이에 필자는 긴장감을 감추고 '꼭 해보고 싶었던 프로젝트이고 잘 할 수 있다'고 대답했지만 여전히 상사는 걱정스러운 마음을 완전히 해소하지 않은 듯 보였다. 이때 필자가 상사의 신뢰도 얻고 업무계획도 미리 세워보자는 차원에서 활용한 도구가 바로 다음 그림과 같은 '간트차트'였다.

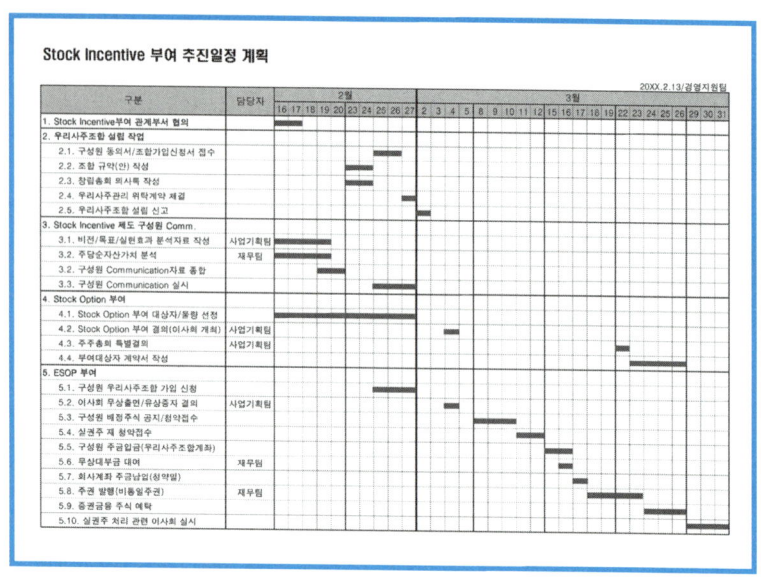

　필자는 위와 같이 해야 할 일을 크게 쪼개고, 그것을 다시 세부과업으로 쪼개서 목표일정을 잡는 방식으로 간트차트를 만들어서 매일 상사에게 보고를 들어갔다. 이렇게 지속적으로 간트차트를 보여드리며 "현재 A단계가 진행 중이며 일정은 잘 준수되고 있습니다. 사소한 이슈는 있지만 목표한 일정까지 모든 일을 완료하는 데 문제는 없습니다"라고 중간보고를 하다 보니 어느 순간부터 상사도 일에 대한 걱정을 하지 않게 되었고, 나중에는 더 이상 중간보고를 하지 말고 알아서 하라는 의견을 주었다.

　위의 사례처럼 간트차트를 활용해서 일정을 관리하는 방법은 프로젝트 관리기법에서 비롯되었다. 프로젝트 관리기법의 핵심은 '일을 쪼개서 성취한다'는 것이다. 예를 들면 10,000미터 달리기를 할 때 구간을 1,000미터씩 나누어서 전력질주를 하는 방식을 말한다. 이처럼 전체 일을 세부적으로 쪼개고, 쪼개진 일들을 하나하나 정복해나가는 방법을 'Divide and Conquer'라고 한다. 이런 방식이 효과적인 이유는 장기목표를 쪼개서 몇 단계에 걸친 단기목표를 설정할 경우 각 목표마다 최선을 다해 전력질주를 할 수 있기 때문이다.

이러한 프로젝트 관리기법의 핵심적인 도구가 바로 '간트차트'다. 간트차트는 세로항목에는 과업을, 가로항목에는 일정을 기록하는 간단한 형태로 되어 있는데, 이것을 활용하면 프로젝트의 진행상황을 한 눈에 쉽게 확인할 수 있다. 특히 필자의 사례처럼 간트차트를 작성해놓으면 프로젝트 현황에 대해 중간보고를 할 때 매우 효과적으로 활용할 수 있다.

엑셀 프로그램으로 간트차트를 쉽게 만드는 방법

엑셀 프로그램을 이용해서 간트차트를 쉽게 만드는 방법은 다음과 같다.

1 가장 큰 단위의 업무목록을 만든다.

먼저 1., 2., 3., … 등의 번호를 붙여 가장 큰 단위의 업무목록을 만든다. 예를 들어 웹서비스 개발 프로젝트라면 다음과 같이 만들어볼 수 있다.

○○ 웹서비스 개발 프로젝트

구분	담당자	2월				
		16	17	18	19	20	23
1. 기획							
2. 디자인							
3. HTML퍼블리싱							
4. 개발							
5. QA							

2 한 단계 하위목록을 만든다

 가장 큰 제목 아래에 한 단계 하위목록, 즉 좀 더 세분화된 상세과업을 기록한다. 이때는 가장 큰 제목을 기준으로 한 칸 들여쓰기를 하고 '1.1, 1.2, 1.3, …' 등의 번호를 붙여서 만들면 된다. 예를 들어 가장 큰 제목이 '1. 기획'이라면 그 아래에 다음 그림과 같이 기록하면 된다.

○○ 웹서비스 개발 프로젝트

구분	담당자	2월						
		16	17	18	19	20	23	24
1. 기획								
1.1. 상위 콘셉트 기획								
1.2. 화면기획								
2. 디자인								
3. HTML퍼블리싱								
4. 개발								
5. QA								

이때 세심한 고민을 통해 중요한 과업이 빠지는 일이 없도록 주의해야
한다. 또한 과업을 어느 단계까지 쪼갤지가 고민될 수 있는데, 프로젝트
관리와 관련된 전문서적을 보면 최종 하위업무 단위를 보통 80시간 이
내로 잡으라고 되어 있다. 그런데 필자의 경험으로는 40시간 이내(1주)로
잡는 것이 효과적이었다. 이 이상 지나치게 길어지면 프로젝트 관리가
느슨해지는 경우가 많기 때문이다.

3 담당자와 목표일정을 붙인다

상세과업을 정한 뒤에는 다음 그림과 같이 각 과업별 담당자나 목표일
정을 정하고, 실제 진행되는 일정에 맞춰 구간표시를 해주면 된다. 이때 구
간표시는 엑셀의 각 셀(칸)에 색을 채우는 방식도 좋지만, 그림처럼 별도의
굵은 막대 선으로 표시하는 편이 시각적으로 좋은 효과를 낼 수 있다.

○○ 웹서비스 개발 프로젝트

구분	담당자	2월								
		16	17	18	19	20	23	24	25	26	27
1. 기획											
1.1. 상위 콘셉트 기획	기획팀										
1.2. 화면기획	기획팀										
2. 디자인											
3. HTML퍼블리싱											
4. 개발											
5. QA											

Part 3_ 실전 보고 및 프레젠테이션 역량 높이기

11장

프레젠테이션의
핵심기술

001 3P 분석은 프레젠테이션 성공의 필수조건

● The Total Solution for Reports

 프레젠테이션이란 여러 가지 전달매체를 이용해서 제한된 시간에 발표내용을 정확하게 전달하고, 상대방(또는 청중)의 판단과 의사결정을 유도하는 일종의 커뮤니케이션 기술이다. 실제 프레젠테이션 현장을 가보면 발표자료뿐만 아니라 발표하는 사람의 프레젠테이션 능력이 결과에 상당한 영향을 미친다는 사실을 알 수 있다.

 필자 역시 몇 차례 정부과제 심사위원으로 참석해본 경험을 통해 이러한 사실을 실감할 수 있었다. 발표자료는 약간 부족하지만 발표자의 프레젠테이션 역량이 뛰어나서 좋은 결과를 얻는 경우가 있는 반면, 발표자료는 좋았는데 발표자가 중요한 질문에 적절히 대응하지 못해서 좋지 않은 결과를 얻는 경우도 많았던 것이다.

 조직생활을 하다 보면 수시로 프레젠테이션을 해야 하는 상황이 발생하기 때문에, 프레젠테이션 능력이 부족하면 상위 관리자로 승진하는 데 어려움을 겪을 수 있다. 최근에는 신입사원을 채용할 때도 프레젠테이션 역량을 중요한 판단요소로 활용하고 있다.

프레젠테이션을 하기 위해서는 사전에 '프레젠테이션의 3P'라는 요소를 고려해야 한다. 3P의 의미는 다음과 같다.

- Person : 프레젠테이션을 들어주는 청중
- Purpose : 프레젠테이션을 통해 얻기를 원하는 목적이나 목표
- Place : 프레젠테이션을 하는 환경 및 공간

필자 역시 강의요청이 들어오면 가장 먼저 3P 분석을 위해 현장에 조금 일찍 가거나 전화로 교육담당자를 찾아서 이런 질문들을 한다.

"오늘 강의를 듣는 분들의 연령, 경력, 직책, 직무는 주로 어떻습니까? 그분들은 교육을 통해 무엇을 얻기를 바라십니까?"

"이 교육을 통해 회사에서 달성하려는 목표는 무엇인가요?"

"교육장소는 어떤 구조로 되어 있습니까?"

특히 교육장소의 구조를 미리 확인하지 않으면 강의나 프레젠테이션의 효과를 떨어뜨리는 장애요인이 될 수 있다. 필자의 경우 토의식 강의를 해야 하는데 계단식 강의장을 잡아놓아서 장소를 바꾼 적도 있었다.

이런 사항들을 고려해서 프레젠테이션을 준비할 때는 항상 스스로에게 다음과 같은 질문들을 던져보아야 한다.

① 내가 설득해야 하는 대상은 누구이고, 어떤 지식과 경험을 가지고 있으며, 무엇을 원하는가?
② 나는 이 프레젠테이션을 통해 어떤 목적을 이루고, 어떤 목표를 달성하고 싶은가?
③ 프레젠테이션 장소는 어떤 구조로 되어 있으며, 발표장비나 환경은 어떠한가?

002 프레젠테이션은 자신감이 절반이다

● The Total Solution for Reports

프레젠테이션 성공의 가장 중요한 요소는 바로 '자신감'이다. 자신감 없는 발표자를 신뢰할 청중은 별로 없을 것이기 때문이다. 자신감은 아우라(Aura)와도 일맥상통하는 의미로 볼 수 있는데, 이러한 아우라를 대표하는 인물로는 도올 김용옥 교수를 들 수 있다.

필자가 강의에 도움을 얻기 위해 다양한 프레젠테이션 관련 책들을 살펴보니 대부분 목소리와 호감형 이미지가 프레젠테이션에 도움이 된다고 적혀 있었다. 그러나 김용옥 교수는 이 2가지 요소 어디에도 해당되지 않았다. 목소리는 쇳소리가 나서 그다지 편하지 않았고, 죄송한 말씀이지만 호감이 넘치는 외모로 보기도 어려웠다. 그럼에도 불구하고 그가 이 시대 최고의 강연자로 인정받는 이유는 무엇일까? 필자는 그가 강의를 하면서 은연중에 자신을 정약용에 비견하는 것을 보고 순간적으로 그 답을 깨달았다.

'아, 그렇구나…. 자신이 가진 지식과 경험에 대한 자신감! 저것이었구나!'

즉, 자신의 분야에서 세계 최고의 지식을 가지고 있다는 김용옥 교수의 자신감이 그로 하여금 강력한 전달력을 발휘하게 해준다고 생각한 것이다. 실제로 프레젠테이션 경험이 있는 사람들은 이 의미를 좀 더 쉽게 이해할 것이다. 나보다 경험과 지식이 많은 사람들 앞에서 프레젠테이션을 할 때 느끼는 어려움과, 반대로 경험과 지식이 부족한 후배들에게 프레젠테이션을 하는 편안함을 비교해보면 된다. 결국 자신감의 차이다. 따라서 성공적인 프레젠테이션을 위해서는 자신감의 원천, 즉 발표내용에 대해 누구보다도 다양하고 깊이 있는 정보와 명확한 대안을 확보하고 있어야 한다. 여기에 다음과 같은 4가지 요소를 추가한다면 청중들에게 발표자의 자신감을 강하게 전달할 수 있다.

① 목소리가 작으면 청중이 몰입하지 못하므로 큰소리로 이야기한다. 또한 밝은 음성으로 이야기해야 프레젠테이션 현장의 분위기가 좋아진다.
② 미소와 자신감 있는 제스처를 활용한다. 긴장된 얼굴보다는 가볍게 미소를 지으면서 자신감 있게 손짓 등의 제스처를 활용하는 것이 중요하다.
③ '~했습니다' 등으로 말끝을 명료하게 한다. 말끝이 정확하지 않고 기어 들어가면 청중은 발표자가 자신감이 없다고 인식한다.
④ 정면을 바라보면서 이야기한다. 청중의 눈을 피하지 말고 가볍게 맞추면서 이야기한다.

003 프레젠테이션 시나리오를 쉽게 작성하는 방법

● The Total Solution for Reports

프레젠테이션 시나리오는 프레젠테이션의 성공을 좌우하는 목숨줄과도 같다. 시나리오를 손에 쥠으로써 긴장감을 크게 완화할 수 있고, 프레젠테이션 화면이 아닌 정면을 바라보면서 청중과 여유 있게 눈을 맞추게(Eye contact) 해주기 때문이다.

프레젠테이션 시나리오를 만들 때 가장 중요한 사항은 프레젠테이션 자료의 양이 아닌 시나리오 자체로 발표시간을 조절할 수 있어야 한다는 것이다. 그런데도 실제 프레젠테이션 현장에서는 파워포인트 장표로 발표시간을 조절하려다 결과적으로 시간을 초과하는 실수가 많이 나온다. 만일 발표시간이 10분으로 정해진 제안 설명회에서 그 시간을 정확히 맞추지 않으면 도중에 발표가 끊길 수도 있다.

그렇다면 발표시간이 5분이라면 몇 장의 시나리오를 만들어야 할까? 사람마다 차이가 있겠지만, 보통 A4지 한 장의 시나리오를 발표하는 데

3분 정도의 시간이 걸리므로, 5분이면 대략 A4지 한 장 반 정도의 분량이 된다. 사람이 말로 설명하는 데는 생각보다 많은 시간이 들어간다.

이런 사실을 감안해서 프레젠테이션 시나리오를 보다 쉽게 작성하려면 다음과 같은 방법을 활용하는 것이 좋다.

① 파워포인트 각 장표의 헤드메시지를 추려서 시나리오에 배치한다. 헤드메시지가 없으면 각 장표의 내용을 설명할 메시지를 1~3줄로 요약한다.
② 헤드메시지 이외에 각 장표에서 추가적으로 설명해야 하는 주요 내용을 발췌해서 시나리오에 반영한다. 즉, 많은 설명이 필요 없는 장표는 헤드메시지만 반영하고, 추가적인 설명이 필요한 주요 장표의 경우에만 헤드메시지와 함께 포인트가 되는 내용을 간략하게 추가하는 방식이 좋다.
③ 수정할 시간이 없는 상황에서 파워포인트 자료에 추가하고 싶은 내용이 생각났다면, 그 내용을 시나리오에 반영해서 프레젠테이션 시 보충설명하는 방식으로 운용한다.
④ 시나리오에 재미있는 예시나 격언 등을 간략하게 추가하면 프레젠테이션 분위기를 보다 매끄럽고 흥미롭게 이끌 수 있다.

004 강한 몰입도를 유도하는 아이컨택 기술

● The Total Solution for Reports

아이컨택은 프레젠테이션 현장에서 절대적인 효과를 발휘한다. 이와 관련해 필자가 아이컨택의 중요성을 깨달은 사례 하나를 소개하겠다.

예전에 근무했던 회사의 연말행사 자리에서 있었던 일이다. 행사 초반에는 구성원들이 돌아가면 노래자랑을 하는 시간이 이어졌다. 그런데 노래를 부르는 사람들이 모두 노래방 기계에 뜬 가사를 보기 위해 등을 돌리고 있다 보니 듣는 사람들이 앞 몇 소절만 호응하다가 이내 술을 마시며 잡담을 나누기 바빴다. 그러다 잠시 후 초대가수가 한 명 소개되었다. 지금은 유명해진 '린'이라는 가수였는데, 당시만 해도 신인가수여서 사람들의 첫 호응이 그리 크지 않았다. 그런데 20여 초가 흐른 뒤 반전이 일어났다. 사람들이 하나 같이 그녀의 노래에 열광하기 시작한 것이다. 물론 린의 노래실력이 뛰어나서이기도 했지만, 그보다 중요한 요인이 하나 있었다. 바로 그녀가 청중 한 명 한 명과 눈을 마주치며(아이컨택) 노래했다는 것이었다. 필자 역시 당시 그 가수가 필자의 눈을 보면서 노래하고 있다는 생각이 들어서 노래에 몰입했던 기억이 남아있다.

흔히 우리가 보디랭귀지라고 부르는 비언어적인 메시지 중에서 가장 중요한 것이 바로 '아이컨택'이다. 실제로 커뮤니케이션의 80% 이상은 '시각'에 의해 이루어진다고 한다. TV의 오디션 프로그램에서도 눈을 감고 노래를 부르면 노래는 잘 되는 반면, 관객과의 공감은 잘 이루어지지 않는다고 이야기하는 경우가 많다.

아이 컨택과 관련된 또 하나의 사례를 살펴보자. 필자가 알고 있는 프레젠테이션 전문가 A 씨의 이야기다. 그는 국내 최대 SI회사의 프로젝트 매니저(PM)로서 고객사를 대상으로 제안 설명회를 하는 경우가 많았다. 이런 제안 설명회에서 거의 실패해본 적이 없다고 하는 A 씨가 꼽은 가장 중요한 성공요소가 바로 '아이컨택'이었다. 그는 고객사의 의사결정자에게 아이컨택을 하면서 설명하다 보면 1~3분 정도만에 프레젠테이션의 성공 여부를 알 수 있다고 했다.

이와 같이 아이컨택을 프레젠테이션에 효과적으로 활용하는 기술을 정리해보면 다음과 같다.

① 핵심인물에게 눈을 맞추고 이야기한다.
② 핵심인물의 반응을 지속적으로 살피면서 이야기한다.
③ 자신감 있고 신뢰감 있는 눈빛을 핵심인물에게 전달한다.
④ 핵심인물을 중심으로 주변인물들에게 돌아가면서 눈을 맞추다가 다시 핵심인물에게 눈을 맞춘다.

⑤ 발표를 하다보면 개인에 따라서 왼쪽 뒷편에 앉은 청중이나 오른쪽 뒷편에 앉은 청중들에게 시선이 잘 안 갈 때가 많다. 이럴 때는 의식적으로라도 시선을 그쪽 방향으로 주기적으로 주도록 노력해야 한다.

005 보디랭귀지의 효과적인 활용방법

● The Total Solution for Reports

보디랭귀지의 강력한 메시지 전달력

만일 프레젠테이션을 하면서 차려자세를 취한다면 어떻게 될까? 아무래도 부자연스러운 자세 때문에 원활한 프레젠테이션이 어려울 것이다. 이번에는 반대로 듣는 사람 입장에서 특급강사의 MP3 파일을 들으면서 책으로 공부하는 경우와 강사의 강의를 직접 듣는 경우 중에서 어느 쪽이 더 학습효과가 좋을까? 이 경우에도 마찬가지로 강사에게서 직접 듣는 쪽이 더 좋은 효과를 얻을 수 있다. 이런 차이가 생기는 이유가 바로 '보디랭귀지'에 있다.

미국의 유명 심리학자인 앨버트 메라비언(Albert Mehrabian)은 오랜 연구 끝에 '메라비언의 법칙'을 내놓았는데, 이 법칙에 따르면 다음 그림과 같이 커뮤니케이션을 통해 상대방을 설득하는 데 있어서 '몸짓과 음색 등의 비언어적인 보디랭귀지가 93%의 비중을 차지한다'고 한다. 여기에서의 보디랭귀지에는 목소리도 포함된다. 반면에 언어로 표현하는 논리적인 설명의 비중은 7%에 불과하다고 한다.

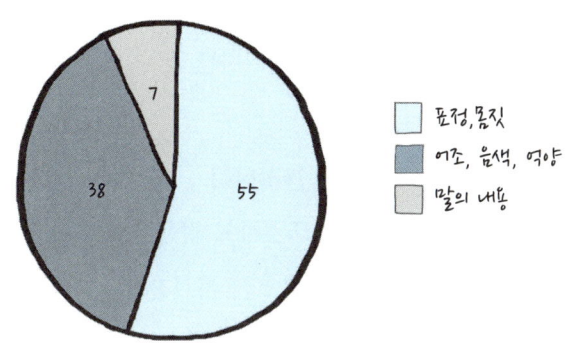

우리가 목소리 좋은 배우가 연기를 잘 한다고 생각하는 이유도 이 때문이다. 그 대표적인 사례로 배우 이영애를 들 수 있다. 그녀는 데뷔 초기에 발성이 좋지 않아서 연기력이 부족하다는 평가를 받았으나, 발성이 좋아진 후 출연한 〈대장금〉으로 큰 인기를 누리게 되었다. 반면에 연기를 잘 하더라도 발성이 안 좋으면 연기를 못하는 것처럼 느껴지기도 한다.

보디랭귀지의 효과를 높이는 방법

그렇다면 어떻게 하면 보디랭귀지를 프레젠테이션에 효과적으로 활용할 수 있을까? 그 방법은 다음과 같다.

1 의상 및 이미지에 신경을 쓴다

외모와 이미지도 청중에게 신뢰감을 주는 매우 중요한 요소다. 따라서 대중 앞에 나설 때는 깔끔한 인상과 머리스타일, 의상을 갖추어서 좋은 인상을 주어야 한다. 지저분한 외모와 이미지로는 좋은 인상과 신뢰감을 주기 어렵다. 또 미소 띤 인상도 중요하다. 침울하거나 딱딱한 인상을 하고 있으면 청중에게 부정적인 이미지를 줄 수 있다.

2 맑은 눈빛과 목소리를 관리한다

프레젠테이션을 할 때는 또렷하고 맑은 눈빛을 유지해야 한다. 전날 과음을 한 듯한 흐릿한 눈빛으로는 자신감이나 신뢰감을 느끼게 할 수 없다. 목소리 역시 맑게 유지해서 청중의 귀를 즐겁게 해주어야 한다. 프레젠테이션 전에 자신의 목소리를 녹음해서 들어보고 문제점을 찾아내 개선하는 것도 좋은 방법이다. 좋은 목소리는 감미로운 음악처럼 상대를 집중하게 만든다.

3 적절한 동작을 활용하되 너무 과장되게는 하지 않는다

보디랭귀지는 중요한 점을 강조할 때 활용해야 효과를 볼 수 있다. 너무 과장된 동작을 취하면 오히려 부정적인 느낌을 줄 수 있다. TV 공개 오디션에서 손동작이 과도한 가수 지망생이 좋은 점수를 받지 못하는 것과 같은 이치다. 적절한 손동작을 적절한 타이밍에 활용하는 것이 중요하다.

006 박수를 받고 시작하는 프레젠테이션 인사법

● The Total Solution for Reports

간혹 조직명이 긴 공공조직의 공무원이 프레젠테이션을 하는 현장에 가보면 다음과 같이 첫 인사말이 길어질 때가 있다.

"안녕하십니까? 저는 ○○○○부 산하 ○○○연구소 ○○부서에서 ○○업무를 담당하고 ○○○팀 소속 ○○○입니다."

이런 경우 청중들이 언제 박수를 쳐야 할지 몰라서 서로 눈치만 보며 머뭇거리는 바람에 결국 박수도 받지 못하고 발표를 시작하게 된다. 무대에 오르면 누구나 떨리기 마련인데 이렇게 박수도 받지 못하고 발표를 시작하면 더욱 긴장되어서 프레젠테이션을 원활하게 진행하지 못할 가능성이 크다.

이처럼 프레젠테이션에서 첫인사는 매우 중요한 역할을 한다. 대부분의 초보 발표자들이 이 첫인사를 제대로 하지 못해서 첫 단추가 잘못 끼워진 것처럼 프레젠테이션을 계속해서 불안하게 끌고 가는 경우가 많다.

그렇다면 다음 2가지 첫인사 방법 중에서 어떤 쪽이 더 좋은 반응을 얻을 수 있을까?

> ① "안녕하십니까? ○○회사 ○○부서 ○○팀 ○○○입니다"라고 말하는 동시에 인사를 한다.
> ② "인사드리겠습니다"라고 말하면서 인사를 한 후에 "○○회사 ○○부서 ○○팀의 ○○○입니다. 여러분을 뵙게 되어서 반갑습니다"라고 말한다.

첫 번째 사례는 앞서 이야기한 조직명이 긴 공무원의 사례처럼 인사말이 길어져서 청중이 박수를 칠 타이밍을 맞추기가 어렵다. 반면에 두 번째 사례는 먼저 짧은 인사말로 청중에게 천천히 인사부터 하고, 박수를 받은 뒤 주위를 둘러보며 자신을 소개하는 식이므로 좀 더 여유 있게 프레젠테이션을 진행할 수 있다. 두 번째 사례는 필자가 발표를 잘 하는 프레젠터에게서 배운 방법이자, 필자에게서 보고 관련 강의를 들은 많은 수강자들이 실제 써보니 효과가 좋았다고 피드백해준 방법이기도 하다.

프레젠테이션은 무조건 박수부터 제대로 받고 시작하자. 그래야 보다 자신감 있게 프레젠테이션을 진행할 수 있다. 이것을 실전에서 바로 적용하기는 어려울 수 있으니 평소에 미리 연습해보는 것이 좋다.

007 긴장감을 줄여주는 프레젠테이션 실전 노하우

● The Total Solution for Reports

발성과 발음을 잡아주는 아에이오우 훈련법

좋은 발성과 발음은 매우 중요한 프레젠테이션 요건이다. 발표자의 발성과 발음에 따라 청중의 몰입도가 달라지기 때문이다.

사실 필자는 어릴 적부터 발음이 좋지 않았다. 혀도 짧은 데다 성격까지 급해서 말을 빨리 하다 보면 발음이 꼬여서 필자의 어머니조차 무슨 말을 하는지 알아듣지 못하실 정도였다. 필자도 이 사실을 알고 있었지만 쉽게 고쳐지지 않아서 꽤 오랫동안 고생을 했다.

특히 군 생활을 할 때가 힘들었다. 그 중에서도 가장 곤혹스러웠던 일은 새벽까지 일직사관을 서고 다음날 구령대 위에서 아침점호를 해야 할 때였다. 보통 아침점호 시에는 100여 명의 병사들을 뒤로 돌아서게 해서 함성을 지르게 했는데, 이때 필자가 '뒤로 돌아'라는 구령을 혀 짧게 "뒤도 도닷~!" 하고 발음하면 병사들이 터져 나오려는 웃음을 애써 참아내곤 했다. 군 생활 내내 연습해보았지만 이 '뒤도 도닷!'이라는 발음은 영 고쳐지지가 않았다.

그랬던 필자가 지금은 발음을 고쳐서 강의도 많이 하고 평가도 잘 받고 있으며, e-러닝 촬영에 TV 촬영까지 하고 있으니 일종의 인간승리라고 볼 수 있지 않을까? 필자에게 이런 결과를 안겨준 발음교정 비법이 바로 '아에이오우 훈련법'이었다. 입을 크게 벌리면서 '아!', '에!', '이!', '오!', '우!'라고 천천히 또박또박 발음하는 훈련을 한 것이다. 이때 울림이 있어야 한다는 것이 매우 중요하다. 울림이 있다는 것은 목에 힘을 빼고 내 성대가 가장 자연스럽게 작동되는 상태를 의미한다.

필자는 지금도 발표나 강의를 하기 전에 10~15분 정도 '아에이오우!'를 반복한다. 특히 멀리 강의를 하러 차를 몰고 갈 때는 차 안에서 '아에이오우!'를 하기 때문에 주위 사람을 신경 쓸 필요가 없어서 좋다. 물론 필자는 아직까지도 보통 사람들에 비해 혀가 잘 움직이는 편은 아니지만, 그래도 몇 년 동안 이런 연습을 한 결과 발음이 몰라보게 좋아지고, 발성도 좋아지는 효과를 볼 수 있었다.

아에이오우 훈련법으로 발성연습을 자주 하다 보면 입 주변에 근육이 생긴다는 느낌을 받을 수 있다. 필자의 경우 이렇게 입 주변에 근육이 생기면서부터 말이 빨라지고 발음이 꼬이는 현상을 현저히 줄일 수 있었다. 습관은 이토록 무서운 것이다. 올바른 습관을 지속적으로 투입하면 없던 재능도 만들 수 있다. 꼭 발음에 문제가 없더라도 발표 10분 전에 '아에이오우' 발성연습을 해보면 많은 도움이 될 것이다.

긴장하지 않고 말의 속도를 조절하는 방법

프레젠테이션을 할 때 주의해야 할 또 하나의 중요한 요소는 '말의 속도'다. 프레젠테이션 경험이 적은 사람들이 자주 하는 실수가 바로 자신도 모르게 긴장해서 말의 속도가 빨라진다는 것이다. 이러면 청중들의 몰입도가 떨어지고 이로 인해 발표자는 더욱 긴장해서 프레젠테이션을 망칠 가능성이 크다. 다음과 같은 방법을 활용하면 프레젠테이션을 하면서 말의 속도를 조절하는 데 큰 도움이 된다.

① 프레젠테이션 전에 5분 정도 아에이오우 발성법으로 입 운동과 발성연습을 한다.
② 무대에 오르면 의식적으로 평상시 말의 속도의 70% 정도의 속도로 입을 크게 벌리면서 꾹꾹 눌러 박듯이 또박또박 말을 한다.
③ 정확한 발음으로 천천히 말하면 청중들의 시선이 집중되는 느낌을 받을 수 있는데, 이때부터는 자연스럽게 조금씩 말의 속도를 올려도 된다.

프레젠테이션 현장에서 긴장감을 줄이는 방법

'긴장'은 프레젠테이션 최대의 적이다. 긴장만 안 해도 절반은 성공한 셈이다. 프레젠테이션을 하기 전에 긴장하지 않으려면 일단 '생각'을 하지 말아야 한다. 특히 대기장에서의 프레젠테이션 시뮬레이션은 절대 금물이다. 대기장에서 이렇게 저렇게 프레젠테이션을 해야겠다고 생각하는 순간부터 긴장되기 시작해서 결국 프레젠테이션을 망칠 가능성이 커지기 때문이다. 프레젠테이션을 앞두고는 그냥 편안한 마음으로 정신을 집중해주는 편이 좋다. 취업면접을 볼 때 미리 대기장에서 이렇게 답변하자고 생각을 많이 하다가 정작 면접장에서는 긴장이 되어서 면접을 망치는 경우와 유사하다.

불필요한 걱정이나 생각을 멈추는 가장 좋은 방법은 '눈동자를 고정'시키는 것이다. 눈동자가 구르면 걱정이라는 잡념이 계속 들어온다. 이것을 기준으로 다음 방법을 활용하면 프레젠테이션을 편안한 마음으로 준비하는 데 도움이 된다.

- 눈동자를 고정시키고 주먹을 쥐었다 폈다 하는 행동을 반복하면서 손에 의식을 집중한다. 이러면 긴장감이 상당히 떨어진다.
- 복식호흡을 한다. 숨을 깊게 들이마시고 길게 내쉬고를 반복하면 긴장감을 해소할 수 있다.
- 프레젠테이션 장소에 미리 가서 대기한다. 급하게 가면 긴장감이 커지게 된다.
- 사전 리허설 횟수를 늘려서 자신감을 높인다. 특히 중요한 발표라면 꼭 사전 리허설을 해보는 것이 좋다.
- 프레젠테이션 전까지 걱정을 내려놓고 동료 등과 대화를 나누면 긴장감을 상당히 떨어뜨릴 수 있다.
- 스스로 '좀 실수하면 어때'라고 격려하고, 91쪽에서 설명한 '지금 이 순간! 딱 좋다!'라는 선언을 마음속으로 반복하면서 평정심을 유지한다.

프레젠테이션 시 청중의 반응을 확인하는 방법

프레젠테이션은 생방송이다. 청중과 교감하면서 소통하고, 이를 통해 공감을 이끌어내서 의사결정권자가 결단을 내리게 해야 한다. 반면에 청중의 공감과 반응을 얻지 못한다면 그 프레젠테이션은 실패할 확률이 높다. 따라서 프레젠테이션의 성공확률을 높이려면 청중 또는 의사결정권자의 반응을 수시로 살피면서 말의 톤, 속도, 내용, 강조점, 이야기 전환점 등을 다각도로 고민해야 한다. 청중의 긍정적 반응 또는 부정적 반응을 알 수 있는 신호는 다음과 같다.

긍정적 반응	부정적 반응
• 눈빛을 마주쳐준다. • 고개를 끄덕이는 경우가 있다. • 몸을 앞으로 기울인다. • 미소를 띠는 경우가 있다. • 집중되는 느낌이 든다.	• 팔짱을 끼고 듣는다. • 눈빛이 집중되지 않는다. • 비스듬히 앉는다. • 유인물만 바라보고 있다. • 산만한 느낌이 든다.

만일 청중들에게서 부정적인 반응들이 나타난다면 빠르게 판단해서 이야기를 전환하든지, 분위기를 바꿀 수 있는 재미있는 이야기를 하든지, 말의 톤과 속도를 조정해서 다시 몰입을 유도해야 한다.

에필로그

　보고를 포함한 대부분의 일에서 가장 중요한 성공요소는 '관점의 전환'이다. 특히 내 보고서나 업무가 소비되는 장면을 '리얼하게 상상'하는 것이 가장 중요하다. 이 책에서 설명한 세부적인 각론들은 결국 이 관점의 전환을 응용해서 업무분야별로 세밀하게 확장시킨 것들이다.
　보고서든, 보고든, 프레젠테이션이든 모두 커뮤니케이션의 일종이다. 커뮤니케이션을 잘 하려면 상대방과 마음이 통하고 공감할 수 있어야 한다. 결국 커뮤니케이션의 성공요소 또한 '관점의 전환'인 것이다.
　또 하나의 일의 핵심 성공요인으로는 이 책에서 설명한 '직관과 논리를 함께 활용하는 방법'을 들 수 있다. 즉, '아!' 하며 머릿속을 스치는 직관적인 생각과 함께 그런 생각을 논리적으로 설명할 수 있는 논리력이 있어야 가장 최적의 대안을 도출하고 제시해서 일의 성공확률을 높일 수 있다. 이를 위해 이 책의 91쪽에서 제시한 몰입방법을 지속적으로 연습하기를 적극적으로 권한다.

21세기에는 컴퓨터와 로봇이 인간의 일을 대체하는 현상이 계속해서 진행될 것이다. 그러나 아무리 빅데이터나 인공지능이 발달하더라도 기획과 판단이 필요한 일들은 여전히 인간의 영역에 속해 있다. 이 책이 미래 경쟁력의 핵심이 되는 기획력과 판단력, 커뮤니케이션 역량을 높이는 데 조금이라도 도움이 되기를 바라며, 또한 각자의 상황에서 가장 효과적인 보고 및 보고서 작성법을 찾는 데 있어서 좋은 가이드 역할을 할 수 있기를 바란다.

항상 옆에서 지켜봐주시고 격려해주시는 부모님과 누나, 장인·장모님, 바쁘다는 핑계로 많은 시간 함께하지 못하는 남편과 아빠를 이해해주고 도와주는 아내 엄희정과 두 아들 준섭, 준용에게 감사한다.

책의 기획부터 출간까지 모든 과정에서 끊임없이 조언해주고 격려해준 아틀라스북스 송준화 편집장님과 박진규 본부장님, 몰입과 인문학을 가르쳐주신 홍익학당 윤홍식 대표님, 조직과 인사를 가르쳐주신 강제상 교수님, 업무와 삶의 현장에서 많은 깨달음을 주신 윤용기 대령님, 박선일 중령님, 한성주 이사님, 노경한 대표님, 김인호 대표님, 최길성 상무님, 오창훈 부사장님, 심준형 본부장님, 정기준 부사장님, 김광구 교수님, 옆에서 많은 도움을 준 진보은 님께 진심으로 감사드린다.